九色鹿

成一农 著

天下、中国与王朝

中国古代
政治地理结构
再认知

社会科学文献出版社
SOCIAL SCIENCES ACADEMIC PRESS (CHINA)

目 录

谁的"中国",谁的"天下"?

谁的"中国"，谁的"天下"？在讨论这一问题之前，我们首先要回顾一下王朝时期以及近现代关于"中国疆域沿革史"的叙述。

　　就今人的理解而言，王朝时期的"疆域沿革史"很有可能出现于历朝编纂的地理总志和正史地理志中，但通过梳理可以发现，王朝时期的地理总志和正史地理志，或缺乏对疆域的描述，如《续汉书·郡国志》《新五代史·职方考》《元和郡县图志》《太平寰宇记》《元丰九域志》《大明一统志》和《嘉庆重修大清一统志》；或只是记述了其所论及的王朝的疆域，如《隋书·地理志》《宋史·地理志》《辽史·地理志》《金史·地理志》《元史·地理志》《明史·地理志》以及《清史稿·地理志》；或只是记载了其所论及的王朝以及少量之前王朝的疆域，如《旧唐书·地理志》在介绍历代政区沿革和政区数量时描述了秦朝、隋朝和唐朝的疆域，类似的还有《汉书·地理志》《晋书·地理志》和《新唐书·地理志》。总体来看，王朝时期的地理文献中虽然存在少量对当时王朝疆域的描述，偶尔也有对之前王朝疆域的描述，但都不系统且缺乏连贯性，因此难以构成"疆域沿革史"。

　　除了文本之外，王朝时期还绘制有一些历史地图集，按照今人的理解，这些历史地图集对历朝的政区和疆域进行了描绘，因此可以被认为是一种图像版的"中国疆域沿革史"，因为学界以往对这方面关注较少，此处进行简要的介绍。

我国现存最早的历史地图集是宋代的《历代地理指掌图》，其中收录地图44幅，各图都附有图说，但仅仅在"古今华夷区域总要图"所附大量图说之一的《古今地理广狭》中谈到了历朝的地域范围，且内容基本引自正史地理志；各图的图说中记录的基本是相应王朝的政区沿革。不仅如此，就绘制范围而言，除了几幅天象图和"古今华夷区域总要图"之外，其他地图的绘制范围基本一致，大致东至海，南至海南岛，西南至南诏，西至廓州，西北至沙州，北至长城，东北至辽水。①

除《历代地理指掌图》之外，宋代很可能还存在另外一套在以往研究中被完全忽视的历史地图集。这套历史地图集的原书已经散佚，作者也不清楚，但宋代的《十七史详节》《陆状元增节音注精议资治通鉴》《音注全文春秋括例始末左传句读直解》《永嘉朱先生三国六朝五代纪年总辨》和《笺注唐贤绝句三体诗法》中可能保存了这一图集中的大部分地图。这五部著作中收录的这些地图，在轮廓、内容和绘制方法上非常近似：皆在宋金政区的基础上，极为简要地勾勒出历代高层政区的轮廓，且不讲求准确性，仅是示意；图中除历代都城等少量内容外，基本没有其他行政治所的信息；没有太多域外的信息，只是在少量地图上标注了"西域""大宛"等的位置；除了黄河、长江之外，基本没有其他自然地物；各图绘制范围基本一致，大致东至海，南至海南岛，西至四川路，西北至永兴路，北至燕山路，东北至河北东西路。②

明代中期之前，在各类著作中出现的依然是源自上述两套历史地图集的地图，直至明末崇祯年间才出现新的历史地图集，即《今古舆地图》和《阅

---

①　地图参见《宋本历代地理指掌图》，上海古籍出版社，1989，第6页。

②　地图参见成一农《中国古代舆地图研究》（修订版），中国社会科学出版社，2020。

史约书》。《今古舆地图》，崇祯十六年（1643）由沈定之、吴国辅编绘，1册，纸本，分为上、中、下3卷，共包括58幅舆图，采用“今墨古朱”的绘制方法，当时（即明朝）的府县用墨书标注，而明代以前历代政区的沿革异同则用朱色标注，各图中均附有图说。《阅史约书》，王光鲁撰，5卷，该书专供读史者考订之用，其中“地图”1卷，收图35幅，用朱色表示明朝地名，用黑色表示古地名。《今古舆地图》和《阅史约书》所收地图的绘制范围近似，大致北至大漠，西北至大漠以北的哈密和吐鲁番，西至河源，西南包括了今天的云南，南至海南岛，东北地区则一直描绘到“五国城”。①

清代前中期的几部历史著作中包括了表现不同时期王朝政区的一些历史地图，由此这些著作也可以被看为历史地图集，主要有以下几种：成书于明末清初的朱约淳的《阅史津逮》，朱约淳认为阅读史书必须熟悉地理状况，因此该书中附有大量地图，其中属于历史地图的有21幅；马骕的《绎史》，成书于康熙时期，160卷，是一部广采各家著作而成的纪事本末体史书，其中有表现从上古直至秦代疆域变迁的历史地图8幅；李锴的《尚史》，107卷，是根据马骕的《绎史》改编而成的纪传体史书，其中有表现从上古直至战国时期疆域变迁的历史地图7幅。上述这三套历史地图集的绘制范围相近，大致北至河套，东北至渤海湾北侧，东南和南至海，西北至“三危”，西至河源、江源，西南至交趾（但不包括交趾）。另外还有成书于清代中期的汪绂的《戊笈谈兵》10卷，是对历代兵书图籍的汇辑和评论，其中有历史地图10幅，这些地图涵盖的地理范围是目前所见中国古代绘制的历史地图集中最为广大的，北至和宁，南至暹罗，西至撒马尔罕，东至日本。

清代后期出现了数量众多的历史地图集，如李兆洛晚年编绘，后经

---

① 《今古舆地图》可参见日本东方文化学院京都研究藏崇祯刻本。

校刊而成的《新校刊李氏历代舆地沿革图》，该图以李兆洛基于《皇舆全览图》和《内府舆图》编绘的《皇朝一统舆地全图》为底图，收录上至禹贡、下至明代的地图 16 幅。六严绘、马征麟订正的《历代地理沿革图》，收录的地图上起"禹贡九州图"，下至"明地理志图"。厉云官编绘的《历代沿革图》，共有地图20幅，上起"禹贡九州图"，下至"明地理志图"。①叶仁在厉云官《历代沿革舆图》（即《历代沿革图》）同治九年版的序中记述，"仪征厉方伯（即厉云官）有《历代舆地沿革图》二十，云本之江阴六氏，而六氏实本之李养一先生兆洛《皇朝舆地图》而缩摹者也"，②由此来看上述三者有着明确的承袭关系。在清代后期众多的历史地图集中，最为著名的就是杨守敬以刊行于同治二年（1863）的《大清一统舆图》为底图编纂的《历代舆地沿革险要图》。这套图集从清光绪三十二年至宣统三年（1906—1911）陆续刊行，共 44 个图组，分订成 34 册，纸本朱墨双色套印。大致而言，清代晚期的这些历史地图集绘制的地域范围近似，以杨守敬的《历代舆地沿革险要图》为例，"杨图各时代都只画中原王朝的直辖版图，除前汉一册附有一幅西域图外，其余各册连王朝的羁縻地区都不画，更不要说与中原王朝同时并立的各边区民族政权的疆域了。所以杨守敬所谓《历代舆地图》，其春秋讫明代，基本上都只画清代所谓内地 18 省范围以内的建置，不包括新疆、青、藏、吉、黑、内蒙古等边区"。③

　　总体而言，从绘制范围来看，自宋代《历代地理指掌图》开始，直至清末，除了汪绂的《戊笈谈兵》之外，所有历史地图集绘制的空间范

---

① 上述三套历史地图集的详细介绍和版本情况，参见北京图书馆善本特藏部舆图组编《舆图要录》，北京图书馆出版社，1997，第 87 页。

② 北京图书馆善本特藏部舆图组编《舆图要录》，第 87 页。

③ 谭其骧：《历史上的中国和中国历代疆域》，《中国边疆史地研究》1991 年第 1 期，第 1 页。

围，与《禹贡》中所载"九州"大致相当。①而且需要强调的是，这些历史地图集的绘制目的在于辅助读史和谈论天下大势，绘制者因此重点展现了历代政区的沿革、地理险要之地、古今军事上的得失等，而"疆域沿革"并不是他们关注的重点。更为重要的是，这些历史地图集中几乎所有地图的绘制范围都是一致的，无法真正表现王朝实际的控制范围，因此实际上也无法展现王朝时期的"疆域沿革史"。

通过上文对相关文本和地图集的分析，可以认为，王朝时期没有太明确的"疆域沿革史"概念，少有的对历代疆域的记述也附属于政区沿革，亦即古人重视的是政区沿革，而不是疆域沿革，且他们关注的地理范围主要集中在"九州"；此外还需要强调的是，即使是与"疆域沿革"有关的论述，在标题中也都没有"中国"两字。

直到民国时期，才出现了以"中国疆域沿革史"为标题和研究对象的论著，除了具有影响力的顾颉刚和史念海合撰的《中国疆域沿革史》②之外，其他一些著名的历史学家和地理学家也都撰写过这方面的论著，如童书业于1946年出版的《中国疆域沿革略》③以及张其昀于1936年发表的《中国历代疆域的变迁》④等。大致而言，这些对"中国疆域沿革史"的叙述在细节上虽然存在些许差异，⑤但在撰写的方式上基本是一致的，即在统一王朝时期，挑选与这些王朝疆域扩张有关的历史事件进行叙述，并且通常也对这些王朝疆域最为广大时期的疆域范围进行描述；

---

① 更为详细的论述可以参见成一农《"实际"与"概念"——从古地图看"中国"陆疆疆域认同的演变》，《新史学》第19辑，大象出版社，2017，第254页。

② 顾颉刚、史念海：《中国疆域沿革史》，商务印书馆，1938。

③ 童书业：《中国疆域沿革略》，开明书店，1946。

④ 张其昀：《中国历代疆域的变迁》，《地理教育》第1卷第8期，1936年；张其昀：《中国历代疆域的变迁（续）》，《地理教育》第1卷第9期，1936年。

⑤ 这些细节上的差异并不是此处所关注的重点。

而对于分裂时期，则叙述当时并存的各王朝的疆域；除此之外，对疆域的叙述往往与对王朝行政区划演变的介绍，亦即政区沿革放置在一起。下面以汉代的疆域为例进行介绍。

顾颉刚和史念海的《中国疆域沿革史》，在这一部分的第一节中介绍了汉初的封建制度，第二节则是"西汉之郡国区划及其制度"，第三节的标题是"西汉地方行政制度"，这三节实际上介绍的是西汉地方行政区划制度的演变，与疆域并无直接的关系；第四节的标题为"西汉对外疆土之扩张"，介绍了收复河南地、置河西四郡、张骞通西域及对西域的经略、设真番等四郡、对南越以及西南夷的征服等，正如其标题所述，这些都是西汉对外疆土的扩张，而没有介绍西汉后期疆土的丧失。

首先需要说明的是，童书业的《中国疆域沿革略》只是在该书的第一篇"历代疆域范围"中涉及疆域，其第二篇为"历代地方行政区划"，第三篇为"四裔民族"，也即该书同样包括了行政区划的内容。书中涉及汉代疆域的为第一篇第七章"秦汉之疆域范围"，介绍的是汉收复河南地、设河西四郡、张骞通西域及对西域的经略、置真番等四郡、对南越以及对西南夷的征服等，并将西汉的疆域描述为"于是汉地东有朝鲜（今朝鲜南部）、辽东，并东海；南至南海，兼交址（今安南东北部）；西达玉门，傍今中国本部边界而统属西域；北扩秦疆，扼沙漠……盖中国本部全疆，汉几已全有之，而朝鲜、安南之地，更超出今之中国疆域焉"。① 其与顾颉刚和史念海著作的相同之处在于强调的都是王朝疆域最大的范围；不同之处在于，童书业在当时持有"中国本部"的概念。

张其昀的《中国历代疆域的变迁》是一篇论文，所以内容比较简单，汉朝部分首先叙述了两汉的政区，然后介绍了秦汉时期修筑的长

---

① 童书业：《中国疆域沿革略》，第30页。

城，最后极为粗略地介绍了汉朝在朝鲜、西南夷、河西和西域的拓展，显然他强调的也是汉朝最为强盛时期的疆域。

与此同时，中国古代绘制历史地图集的传统也延续到了民国，如上海中外舆图局于1915年出版的童世亨的《历代疆域形势一览图（附说）》，①图集的开始部分为"禹迹图"和"华夷图"的拓片，然后是呈现从"禹贡"至清代疆域变迁的18幅地图，最后附有《历代州域形势通论》10篇，基本是对历朝行政区划演变和政区数量的介绍，与疆域没有直接的关系，其间虽然偶有对王朝疆域范围的描述，但非常简单，基本抄自古代文献，且没有介绍民国疆域范围内的王朝周边政权和部族的疆域或活动范围。各幅历史地图虽然绘制在一幅"现代"地图上，但并没有展现太多民国时期的政区，只有对河流和地形的大致描绘。就地图内容而言，不仅包含了王朝直接控制的疆域，还包含了一些周边民族的活动区域，因此地图往往以"某某朝及四裔图"命名。但需要注意的是，所谓"四裔"并非指在民国领土范围内的历史上王朝周边的"四裔"，而是文献中记载的与王朝存在密切联系或者对王朝的历史产生过重要影响的"四裔"，因此其绘制的往往是远至中亚、西亚的"四裔"。按照该图集的前言，其所用资料是顾祖禹的《历代州域形势》，因此绘制者也就必然以王朝所直接统辖的地域空间为核心，只是除此之外，"塞外民族之盛衰，江淮河济之变迁，长城运道之兴废，亦并见诸图，冀为读史者参考之助"。

又如武昌亚新地学社1930年出版的欧阳缨编《中国历代疆域战争合图》，②这套地图集包含了从五帝时代直至民国时期疆域变迁的46幅

---

① 童世亨：《历代疆域形势一览图（附说）》，中外舆图局，1915。
② 欧阳缨编《中国历代疆域战争合图》，邹兴巨校，亚新地学社，1930。

地图。这些地图虽然绘制在一幅民国时期疆域的底图上，但主要表现的是某一王朝的疆域或者分裂时期并立王朝的疆域范围，因此在地理空间上各图并无一致性，如"前汉图"只是表现了西汉各诸侯国以及各州的范围，而没有展现匈奴、西域等地的情况；"唐代图"则表现了唐王朝极盛时期控制的疆域范围，但对漠北、西藏以及东北则缺乏表达。

再如中国文化馆 1935 年出版的魏建新著、李大超校的《中国历代疆域形势史图》，[①] 该图册上起"夏代疆域形势图"，下至"第一次世界大战与第三次瓜分中国图"，共 22 幅地图。图集绘制得极为简单，基本就是在一幅呈现了中华民国疆域轮廓的底图上添加了历朝的疆域范围以及少量其他地理要素。如"两汉疆域形势图"，呈现了两汉疆域极盛时期的范围，以及长安和各州的治所，并用线条将各州治所与长安连接起来，但没有表现周边部族和政权。而"唐代疆域形势图"呈现了吐蕃、东北的室韦以及北方的回纥、延陀，且将这些政权和部族都纳入了唐朝疆域。"宋辽分疆形势图"则只是呈现了辽、西夏和北宋的疆域，而没有呈现南诏，更没有呈现漠北和青藏高原的情况。

总体而言，民国时期"中国疆域沿革史"的历史书写是基于"政区沿革"发展而来的，且认为"中国疆域沿革史"的论述对象应当是历史时期各王朝的疆域，这显然是受到传统史学强调王朝史的影响，大致可以认为民国时期将历史上的"中国"等同于"王朝"。但在民国后期，也出现了一些变化，即开始关注中华民国领土内历史上各王朝疆域之外各民族的历史，但这样的著作数量极少。

新中国成立后，除了不断再版的顾颉刚和史念海著《中国疆域沿革史》之外，也出现了关于"中国疆域沿革史"新的文本论述，其中现在

---

① 魏建新:《中国历代疆域形势史图》，李大超校，中国文化馆，1935。

常用的以及影响力最大的当数邹逸麟编著的《中国历史地理概述》的中篇"历代疆域和政区的变迁"的第五章"历代疆域变迁"，[①]这一部分也被收入《中国历史人文地理》[②]一书中；具有影响力的还有葛剑雄的《中国历代疆域的变迁》。[③]

与民国时期的论述相比，这两部"中国疆域沿革史"最大的变化在于：除强调王朝的控制范围之外，作者通常还花费大量笔墨对当时不属于王朝直接管辖的周边国家、政权和部族的疆域和活动范围进行介绍。如《中国历史地理概述》中关于汉时期的疆域，首先简单介绍了汉初的疆域，即"不仅小于秦始皇时代，亦小于战国末年"；[④]然后花费大量笔墨介绍了汉武帝时期"北方疆域的开拓""断匈奴右臂，置河西四郡""南方的扩展""西南七郡的设置""东北乐浪四郡的设置"以及"西域都护府的设置"，结论就是"可见汉武帝时汉朝疆域空前辽阔：东抵日本海、黄海、东海暨朝鲜半岛中北部，北逾阴山，西至中亚，西南至高黎贡山、哀牢山，南至越南中部和南海"；[⑤]接着又介绍了汉武帝之后随着国力的衰弱，汉朝疆域逐渐缩小；最后，花费大量篇幅介绍了匈奴、乌桓、鲜卑、夫余、高句骊、沃沮、羌以及"西南夷"的兴衰和活动范围。而对于唐代，则重点介绍了唐朝在太宗、高宗时期的疆域扩展，即"北方疆域的开拓""西北疆域的扩展""东北疆域的变迁"以及"西部和西南部疆域"，其中在介绍"东北疆域的变迁"时还简单介绍了渤海国的兴衰和控制范围，以及契丹、奚族和靺鞨的活动范围；在介绍

---

① 邹逸麟编著《中国历史地理概述》（初版），福建人民出版社，1993。该书在1999年出版了第二版；2005年由上海教育出版社出版了第三版，此后不断重印至今。

② 邹逸麟主编《中国历史人文地理》，科学出版社，2001。

③ 葛剑雄:《中国历代疆域的变迁》，商务印书馆，1997。

④ 邹逸麟编著《中国历史地理概述》（初版），第89页。

⑤ 邹逸麟编著《中国历史地理概述》（初版），第93页。

唐后期和五代时期疆域的变化过程时，简要介绍了吐蕃、南诏的兴衰以及其控制的地域范围。不过在介绍明代疆域时，没有介绍西域的情况。

总体而言，与民国时期的"中国疆域沿革史"的叙述通常只关注王朝直接控制的地理范围不同，《中国历史地理概述》一书虽然也以王朝直接控制的地理范围为重点，但同时尽可能涉及当时周边各政权、部族和民族的兴衰及活动的地域范围。葛剑雄的《中国历代疆域的变迁》虽然在细节上与《中国历史地理概述》存在差异，但也基本采用了同样的叙述方式，甚至在叙述了正统王朝的疆域变迁后，在"边疆政权"的部分，对"边疆政权"的兴衰和控制范围进行了介绍。这种空间范围描述的变化，显然与历史地图集绘制时，以1840年之前的清朝疆域作为绘制范围成为标准存在密切联系，因为上述著作所描述的地理空间与这一被确定为标准的范围近似。

现代时期绘制的历史地图集数量较少，主要有以下几种。

顾颉刚和章巽主编的《中国历史地图集（古代史部分）》[①]，共绘制有地图31幅，附图16幅，时间上自原始社会，下至鸦片战争，图册后有说明性的"附注"以及"地名索引"。其中"东汉帝国和四邻图"中用黄色标绘了东汉直接控制的地域范围，用黄白相间的颜色标绘了西域地区；用其他颜色标绘了"匈奴""鲜卑""乌孙""大月氏"等，但没有在今天西藏地区标绘除山川之外的其他内容。"唐帝国和四邻图"用深黄色标绘了唐朝十道的范围；而图中浅黄色部分所代表的范围，在图例中有所说明，即"公元751年以前唐帝国势力曾到达的区域"，注意其使用的是"势力"一词；并用其他颜色标绘了"天竺""大食""日本"等周边国家。"宋金对立图"中用不同颜色标绘了"高

---

①　顾颉刚、章巽主编《中国历史地图集（古代史部分）》，地图出版社，1995。

丽""金""南宋""西夏""大越""西辽""天竺""呼罗珊"等，但对"吐蕃""大理"和"缅甸"没有用任何颜色标识。显然该图集依然以历代王朝疆域为绘制的核心内容，没有将王朝疆域与中华人民共和国的疆域或者某一历史时期的疆域联系起来。

现代影响力最大的则当属谭其骧主编的 8 卷本《中国历史地图集》，这套历史地图集以 1840 年之前清朝的疆域为统一地理基准，各图除表现历代王朝的疆域范围之外，还对 1840 年之前清朝疆域范围内的地图所对应时期的王朝周边的各政权的疆域或活动范围进行了描绘。采用这一绘制标准的还有郭沫若主编的《中国史稿地图集》[①]以及谭其骧主编的《简明中国历史地图集》[②]。

总体而言，新中国成立以来，"中国疆域沿革史"的叙述发生了根本性的变化，即将 1840 年之前的清朝疆域作为"中国疆域沿革史"叙述所涉及的地理范围，也将这一地理范围作为历史上"中国"的范围。在谭其骧主编的 8 卷本《中国历史地图集》出版后，这一标准在中国大陆几乎成为定论，且影响到了"中国疆域沿革史"的文本叙述。还需要注意的是，这一时期"中国疆域沿革史"的文本叙述摆脱了与政区沿革之间长期以来的密切关系，单独成篇或者成书。

通过上文的分析，就所描述的空间范围而言，"中国疆域沿革史"的叙述大致曾有四种形式，按照出现的时间排列如下：

第一种，以杨守敬的《历代舆地沿革险要图》为代表的中国古代的历史地图集，绘制范围基本相当于"九州"；

第二种，虽然描绘了绘图时代的山川形势，但在政区和疆域方面并

---

① 郭沫若主编《中国史稿地图集》，中国地图出版社，1980。
② 谭其骧主编《简明中国历史地图集》，中国地图出版社，1991。

不一定进行古今对比，而只是呈现统一王朝和分裂时期各并立王朝直接控制的地理范围，民国时期的大部分历史地图集以及文本都是如此；

第三种，以中华民国或者中华人民共和国的领土作为绘制范围，前者以魏建新著、李大超校的中国文化馆 1935 年出版的《中国历代疆域形势史图》为代表，后者以白寿彝和何兹全为代表；①

第四种，以清朝 1840 年之前的疆域作为范围，代表就是谭其骧主编的 8 卷本《中国历史地图集》。

我们可以看到这样一个明确的现象，即王朝时期与近现代时期，人们对于"中国"的地理范围存在不同的认识。

王朝时期，人们对世界秩序的认识受到传统"华夷观"的影响，②虽然"普天之下莫非王土"，但其中对王朝有价值的只是相当于"九州"的"华"所占据的地理空间，由此王朝直接控制的地理范围必然要尽可能全面地包含"华"的所在和"九州"，而这也是王朝正统性的来源之一，也是王朝控制"天下"的"法理"基础，而"九州"也被认为是"中国"。③受到这些思想的影响，王朝时期的人基本只关注"华"和"九州"，对于"夷"地则有所忽视，因此王朝时期绘制的历史地图集只关注"九州"也就顺理成章了。

到了近代，现代国家以及现代的疆域和领土意识逐渐形成，只关注

---

① 具体见后文。

② 关于王朝时期的"天下秩序"，参见本书第二章的介绍。

③ "九州"与"中国"之间的联系至少在汉代就已建立，但这一观念可能直至唐代才被普遍接受，且五代之后，"中国"与王朝的正统之间才紧密联系起来，具体可参见本书第四章的讨论。对此还可以参见李大龙的《有关中国疆域理论研究的几个问题》（《西北民族论丛》第 8 辑，中国社会科学出版社，2012，第 7 页），该文提出"'中国'代表王权所在地的这一含义最终促成了'中国'是'天下'的中心，占有'中国'即可以成为号令四夷的'正统王朝'的观念"。具体的实例还可以参见黄纯艳对南宋政权在失去"中国"之后，对其统治合法性的解释的论述，参见黄纯艳《绝对理念与弹性标准：宋朝政治场域对"华夏""中国"观念的运用》，《南国学术》2019 年第 2 期。

"九州"显然无法证明国家疆域形成的历史脉络以及激发人民的爱国情怀并救亡图存，且在新的"万国平等"的国际秩序观念冲击下，旧有的"华夷观"已经过时，因此这一时期"中国疆域沿革史"的叙述在地域上摆脱了"华夷观"和"九州"的局限。当然，这一时期，以正统王朝作为叙述"中国"历史发展脉络的主线的思想仍具有影响力，且学者已经放弃了"普天之下莫非王土"的认识，因此也就顺理成章地将王朝直接控制的地理范围作为历史时期"中国"的范围。这种认定，不仅存在于"中国疆域沿革史"的叙述中，在当时的中国通史的撰写中也是如此，如1923年出版的吕思勉的《白话本国史》、1939年出版的周谷城的《中国通史》、1940年出版的钱穆的《国史大纲》和1941年出版的范文澜的《中国通史简编》等，且这样的中国通史的撰写方式直至今日依然具有影响力。但在民国时期，随着"中华民族"[①]的概念以及"统一的多民族国家"思想的逐渐形成，只关注王朝的历史叙述显然难以满足现实的需要，且吕思勉在《白话本国史》第一篇"上古史"的第七章"汉族以外的诸族"中就已经提出"中国人决不是单纯的民族。以前所讲的，都是汉族的历史，这是因为叙述上的方便，不能把各族的历史，都搅在一起，以致麻烦……"[②]由此他在该书的这一部分对獯鬻、东胡、貉、氐羌、粤和濮的历史也进行了介绍。这一认知促使当时出现了将中华民国疆域作为"中国"历史书写的空间范围的情况，但数量很少，且论述也不成熟。

　　1949年新中国成立之后，学界对历史上"中国疆域"的范围进行过长期的讨论，曾经有着三种观点，一种是认为应当以各王朝的疆域为

[①]　这一概念目前大致可以认为是梁启超在1902年的《论中国学术思想之变迁之大势》中提出的。当然这一概念具体提出的时间与本书无关，因此不再赘述。

[②]　吕思勉：《白话本国史》，商务印书馆，1923，第86页。

准，如孙祚民①、周伟洲②；一种认为应当以中华人民共和国的领土范围为准，如白寿彝③、何兹全④；一种认为应当以1840年前的清朝疆域作为标准，代表者有谭其骧⑤、陈连开⑥、葛剑雄等。关于这一问题以往的讨论，可以参见刘清涛的《60年来中国历史疆域问题研究》。⑦大致而言，第一种观点的支持者越来越少，至今几乎已不可见；第二种观点虽然也存在，但缺乏影响力；而第三种观点目前可以说已成为学界和官方的主流，占据绝对主导地位。

由此，我们看到的是，在"中国疆域沿革史"的叙述中，我们习以为常的"中国"的概念以及涉及的地理范围，随着时代的不同而变化，且在同一历史时期有时也存在不同的认识。不仅"中国"如此，"天下"和"大一统"也是如此，具体可以参见本书相应章节的介绍。

在这里需要强调的一点就是，我们现在对于历史时期"中国"的认知来源于谭其骧先生，在研究中经常被引用的谭其骧先生的话就是"我们是如何处理历史上的中国这个问题呢？我们是拿清朝完成统一以后，帝国主义侵入中国以前的清朝版本，具体说，就是从18世纪50年代到19世纪40年代鸦片战争以前这个时期的中国版图作为我们历史时期的中国的范围。所谓历史时期的中国，就以此为范围。不管是几百年也好，几千年也好，在这个范围之内活动的民族，我们都认为是中国史

① 孙祚民：《中国古代史中有关祖国疆域和少数民族的问题》，《文汇报》1961年11月4日。

② 周伟洲：《历史上的中国及其疆域、民族问题》，《云南社会科学》1989年第2期。

③ 白寿彝：《论历史上祖国国土问题的处理》，《光明日报》1951年5月5日。后来其所主编的《中国通史》采取的也是这一原则。

④ 何兹全：《中国古代史教学中存在的一个问题》，《光明日报》1959年7月5日。

⑤ 谭其骧：《历史上的中国和中国历代疆域》，《中国边疆史地研究》1991年第1期。

⑥ 陈连开：《论中国历史上的疆域与民族》，《中央民族学院学报》1981年第4期。

⑦ 刘清涛：《60年来中国历史疆域问题研究》，《中国边疆史地研究》2009年第3期。

上的民族；在这个范围之内所建立的政权，我们都认为是中国史上的政权"。①谭其骧先生的这段论述显然是站在今人的角度来认知王朝和皇朝时期"中国"的地理范围，谭其骧先生自己也明确地指出了这点，即"我们是现代人，不能以古人的'中国'为中国"。②因此，当使用谭其骧先生提出的历史时期"中国"的范围来研究清朝中期之前的"中国"以及相关问题的时候，我们实际上论述的是现代人认为的当时的"中国"，而不是明朝人、元朝人、宋朝人以及秦朝、先秦时期的人心目中当时的"中国"，而这两者之间显然存在着本质区别。如果没有意识到这一点，那么研究者显然是将现代人界定的"中国"及基于此得出的一些认知强加给古人。而且谭其骧先生还强调他所论述的这个"中国"是"历史发展所自然形成的"，因此如果我们认为明朝甚至汉朝的"中国"就是这一范围的话，那么显然也就违背了他所说的清朝中期才由"历史发展所自然形成的""中国"的范围。不过，谭其骧先生并没有对这一"历史发展所自然形成的"过程进行论述，因此，本书的写作目的之一实际上是希望对谭其骧先生提出的"历史发展所自然形成的"过程进行解释。

其实，如果回到历史学的语境，随着历史的演化，人们对同一概念的认知会不断发生变化，完全"固化"的概念在人类历史上应是极少存在的。

如果意识到了上述问题，那么在研究历史的时候，我们就要意识到在研究中使用的概念的含义的时代性。就本书涉及的研究而言，我们尤其要注意区分的是，所使用的概念的含义是我们研究者的，还是哪个历

---

① 谭其骧：《历史上的中国和中国历代疆域》，《中国边疆史地研究》1991年第1期。
② 谭其骧：《历史上的中国和中国历代疆域》，《中国边疆史地研究》1991年第1期。

史时期的。不仅如此，即使有时我们有意将某一概念的我们与古人的认识加以区分，但由于同一概念在不同的历史时期，甚至在同一时期的不同语境下都存在差异，仅仅这样的区分依然不够，特别是对于那些从未进行过系统梳理的历史时期的概念尤其如此。我们有时会用"印象"中的或者"某一时期"的概念来代表某一历史时期以及所有语境下这一概念的含义，本书所讨论的"天下""大一统"和"中国"都很好地展现了以往研究中这方面的问题，这里仅简要介绍两例予以说明。

如欧立德虽然意识到且试图理解延续至清朝的"华夷观"或者"天下秩序"，但在其研究中有着诸多建立在今人理解基础上的对古代"概念"的解释，如他的《乾隆帝》一书。欧立德希望通过站在乾隆的角度来对一些问题加以解释，但在书中他提到"乾隆也知道在清朝之外还存在其他国家，如荷兰、印度或者俄罗斯，而且也很清楚他对于这些国家根本没有丝毫的控制力可言。乾隆承认其他国家的独立存在"，①就这些论述而言，他显然没有意识到其认识实际上是现代的，因为乾隆眼中的"独立"并不是今天意义上的"独立"，而在"天下秩序"下，不是所有"蛮夷"对王朝来说都是有意义且需要控制的，它们通常只需要通过"朝贡"表示"顺服"即可，或者王朝认为它们表示了"臣服"即可；此外，欧立德将清朝与欧洲各个国家并立更是一种现代的视角，这说明他完全没有理解王朝时期"天下"的概念。当然，更为直接的体现就是在书中各处使用的"帝国"一词，因为王朝时期人们根本没有"帝国"这样的概念，他对这一词语的使用，已经不可避免地使其论述带上浓厚的今人色彩。

再如近期出版的李怀印的《现代中国的形成：1600—1949》一书，

---

① 〔美〕欧立德：《乾隆帝》，青石译，社会科学文献出版社，2014，第182页。

作者在第十一章中提出"抛开制约人们认知过程的那套逻辑，回到历史之中，以认识事实的真相；同样重要的是要去了解这套逻辑本身是如何被建构的，而且是如何用来建构历史的。只有回到历史过程之中，掌握真相，我们才能解构被既往的逻辑所建构的历史，并把自己从这套逻辑的束缚中解脱出来"，[①]这样的论述当然非常有价值，不过仅就该书的篇章结构而言，我们就能指出其自身违背这一论述之处。如第二章"早期近代疆域国家的形成：清朝前期和中期的中国"这样的标题就存在问题，即清朝前期和中期的"中国"是否可以被认为是"早期近代疆域国家"，且这样的标题显然忽略了"中国"一词在清朝有着多种并存的含义，由此可知作者显然未能"回到历史过程之中"。还有第三章"边疆整合的限度：清朝财政构造中的低度均衡机制"，作者应当是希望从财政的角度来对历史进程进行解释，但这属于今人的解释，因为很难想象清人会从"财政"的角度来看待行政管理的问题，且"边疆"一词虽然在王朝时期确实存在，但其含义与今天领土国家概念下的"边疆"是否一致也值得讨论。简言之，虽然该书希望"回到历史过程之中，掌握真相"，但这本书中的基础性研究实际上建基于大量作者对古代概念的现代理解之上。[②]

　　出现上述现象的原因颇多，如果回到学术本身的话，可能大致有以下两点。

　　第一，学者对很多关键词从未进行过真正的梳理以及"复原"研究，如"中国"和"大一统"。以"大一统"为例，以往的研究，学者大多将其理解为对疆域的"统一"，但如果浏览文献，就很容易发现，

[①]　李怀印：《现代中国的形成：1600—1949》，广西师范大学出版社，2022，第369页。

[②]　具体的书评参见本书附录。

王朝时期的"大一统"与疆域之间虽存在某种联系，但这种联系并不是我们之前认为的那样。① 不仅如此，很多研究者对一些词语的理解只是局限于其所研究的时代，而缺乏"贯通"的认知，如关于"中国"一词。李大龙认为《尼布楚条约》中使用的"中国"一词已经具有了一个近现代主权国家的含义，② 其主要依据之一就是在条约的文本中，"清朝"与"中国"一词互换使用。但在实录本《尼布楚条约》的正文中，其实只使用了"中国"一词，而没有出现"清朝"，如果通览王朝时期"中国"一词出现的语境的话，那么我们就会意识到在这一条约中使用"中国"一词并没有什么特殊性，且王朝在这一场景中也只能使用"中国"一词，而不能使用王朝名。③ 可能正是缺乏对一些基本词语进行细致的复原研究，以往的很多基于这些词语的研究，虽然号称是对古人认识的复原，但实际上研究的结果依然是现代人通过"想象"构建出来的现代的认知。

第二，我们可能过于熟悉"国家""帝国""疆域""边疆"这样的词语，因此有时不经意间就将这些概念应用到历史研究中，且有意或无意地，或者认为这些词语与王朝时期使用的同一词语在含义上相同或者近似，如"国家""领域""疆域""边疆"，或者认为其中一些词语对于王朝时期来说也是适用的，典型的就是"帝国"一词。但如果理解了王朝时期的"天下秩序"的话，就会对上述这些词语的"适用性"产生疑问。大致而言，虽然王朝时期也使用"国家"这一词语，但其与现代的主权"国家"存在本质上的差异，且王朝是"国家"之上的存在，因此将"王朝"称为"国家"本身就是一种现代人的认识；进一步而

---

① 　具体参见本书第三章。

② 　参见李大龙《有关中国疆域理论研究的几个问题》，《西北民族论丛》第 8 辑，第 17 页。

③ 　具体参见本书第四章。

言，王朝时期"国家"一词与今天存在本质差异，因此王朝时期的"疆域""边疆"等词语的含义也与今天这些词语的含义存在本质上的差异，如果明白了这点，也就可以理解上文提及的，为什么王朝时期缺乏"疆域沿革史"这样的叙述和研究了；而王朝时期，根本没有"帝国"一词，且在王朝时期，王朝的空间范围是囊括"天下"的，不仅如此，在绝大多数历史时期，正统王朝只有一个，这两点显然与通常认为的有着疆域范围且可以并立的"帝国"存在本质的不同，因此虽然我们可以将"王朝"称为"帝国"，但需要意识到这显然是现代人的认识。

如果说对王朝时期相关词语的理解是研究的基础的话，那么以往关于王朝时期"天下""中国"的研究实际上还涉及历史研究方法的问题。大致而言，以往几乎所有这方面的研究，其背后实际上都有着"线性史观"和"后见之明"的身影，甚至属于"辉格的历史解释"，只是程度有所不同而已。

所谓"线性史观"，按照王汎森在《近代中国的线性历史观——以社会进化论为中心的讨论》一文中的观点，是一个不太容易界定但很容易理解的概念，王汎森进一步概括："它（即线性历史观）认为历史发展是线性的、有意志的、导向某一个目标的，或是向上的、不会重复的、前进而不逆转的。"[1]而研究者有意无意持有这种"线性史观"，会使他们在研究中会去刻意搜寻符合其所论证的"线性史"的史料，并加以解读，从而对其持有的"线性史"进行确证。不仅如此，因为持有这样的认识，研究者在寻找那些能证明其观点的史料时，也往往会对"反面"的材料视而不见，同时通常也会一厢情愿地按照其所希望的方式对史料进行解读。而这种研究方法也就是所谓的"后见之明"，即我们基于当

---

[1]　王汎森：《近代中国的线性历史观——以社会进化论为中心的讨论》，《新史学》第19卷第2期，2008年，第2页。

前的认知和目的，通过选取和解读史料，来构建历史。

"辉格的历史解释"，这一术语是英国史学家巴特菲尔德（Herbert Butterfield）最早创造的，最初指的是 19 世纪初期，英国一些支持辉格党的历史学家，将历史作为工具，依照当时的需要来解释过去和历史，来支持辉格党的政见。1931 年，巴特菲尔德出版了《历史的辉格解释》一书。在该书中，巴特菲尔德将"辉格式的历史解释"（或称"历史的辉格解释"）界定为直接参照今日的观点和标准来进行选择和编织历史的方法，并认为这种方法对于理解历史是一种障碍，它意味着将某种原则和模式强加在历史之上，必定使写出的历史完美地会聚于今日。"线性史观"和"后见之明"结合起来通常也就构成了"辉格的历史解释"，即学者基于"后见之明"，通过"线性史"的叙述方式，使其叙述的历史必定完美地在所希望的时间达成所希望的结果。如李大龙希望其所论述的主题——王朝时期的"疆域"能在其所希望的时间（清康熙时期）开始"转型"为现代国家的"疆域""领土"，因而以此为标准来搜集和解读史料（如《尼布楚条约》）。

当然，我们无法真正回到"历史现场"，也无法做到绝对客观、中立且没有思想，因而所有历史研究都不可避免地会存在"后见之明"和"辉格的历史解释"，① 但在历史研究中，研究者还是要努力区分"构建历史"和"解读史料"两种方法：一种是回到历史语境，尽量按照当时人的思想观念对史料和历史事件、人物等进行解释；另外一种是作为后来者，基于"后见之明"以及自己的目的对历史进行解读和分析。前者虽然无法真正做到，但在研究中实际上是能与后者进行区分的。笔者也并不认为上述两种构建历史和解读史料的方式有着优劣之分，而是认

---

① "线性史观"则是可以避免的。

为这两种方式的目的并不相同，前者大致可以认为属于今人"复原"的古人对历史的认识，可以使我们尽量理解历史为什么呈现为这样或那样的样貌，让我们能以"同情"的眼光来看待古人和历史，同时避免用今人的价值观、方法等对古人和历史妄加评判；而后者属于基于今天的目的、方法、价值观等对历史的走向、阶段、因果关系等进行分析和理解的手段，使我们可以将"历史"作为工具，或"以史为鉴"，或"影响未来"。而且在历史研究中，这两种方法也不是完全对立或者并立的，大致而言，在某一研究中，当我们对历史过程进行陈述时，应当采用第一种方法，可以增强我们论证的说服力；而在对历史过程及其结果等进行分析并希望"以史为鉴"或"影响未来"时，则应当采用第二种方法。但从前文的分析来看，在以往关于"天下""中国"等的研究中，研究者或多或少将上述两种方法混在一起，即在陈述历史过程时，就已经将研究者自己的目的、价值观等大量掺杂其中，不仅无法"理清"历史本身的过程，[①]也将研究者自己的目的和价值观等强加给了古人。这样的研究存在大量对历史的扭曲，不仅缺乏说服力，而且也使以此为基础的"以史为鉴"或"影响未来"失去了本应有的价值。

今人对王朝时期相关词语的理解，与"后见之明""线性史观"和"辉格的历史解释"结合起来，使以往众多自认为"回到历史现场"的"复原"研究，从众多方面而言，都不过是我们现代人对历史的"曲解"。那么，读者们也应该能了解本书序言的标题"谁的'中国'，谁的

---

① 虽然笔者认为在现有理论和方法之下，"复原"历史和"理清"历史过程是无法做到的，但研究者还是应当采用传统史学的研究方法，即尽量搜集相关史料，且进行"客观"的陈述，其目的不在于"复原"历史和"理清"历史过程，而在于强化自身研究的说服力以及结论的覆盖面。而以往将研究者自己的目的、价值观等掺杂其中对历史及其过程的"复原"，忽略了众多"反面"的材料，夸大了"正面"材料的代表性，并将自己的目的、价值观强加给古人，降低了作为其结论基础的"复原"的历史的说服力，最终其结论难以得到认同。

'天下'?"这一问题了！即以往的很多相关研究展现的是今人基于不同的目的、价值观等对王朝时期的"中国"和"天下"以及政治空间结构的认识，而不是古人的。所以，指出并避免研究视角的混杂以及"复原"王朝时期概念本身的含义，即"复原"王朝时期的"天下"和"中国"，也就是本书撰写的基本目的。

当然，需要注意的是，纯粹的"回到历史现场"以及"同情之理解"是做不到的，但我们作为研究者，在研究中要时刻注意视角方面的问题，进而时刻保持谦虚和谨慎。

最后，就笔者的理解，要理解中国古代的"天下秩序"，首先要理解如下几个词语。

"天下"，对大多数人来说这一词语应该并不陌生，而且也理解其字面意思，即"普天之下"，以及由此引申出来的"普天之下莫非王土"，但一方面在学术研究中学者对王朝时期的"天下"有着多种认知，而且很多研究实际上并没有真正认知到正是如此，王朝理论上统治的地理范围就是"天下"，由此也就无法真正理解王朝与"中国"以及王朝与"中国"周边各国、民族和部族的关系。另一方面，我们今人叙述王朝历史的时候，往往讲述的是王朝直接控制的地理范围内的历史，但这显然是我们今人的概念。

与"天下"相关的另外一个词语是"天下秩序"或者"华夷秩序"，这同样是我们非常熟悉的词语。大致而言，几乎所有研究者都意识到在这一"秩序"中，"华"和"夷"是不对等的，"华"占据着主导地位，"夷"则居于次要和被支配的地位，但在有些研究中，研究者往往又会强调所谓"华夷一家"带来的"华夷平等"。不过从现有史料来看，直至清末，传统的"天下秩序"并未发生根本性的变化，而且所谓"华夷一家"只是强调两者共同居于王朝的统治之下，但并不代表两者是"平等"的，且王朝时期的"天下"本身就是由"华夷"构成的，因此在王朝时期，"华夷一家"实际上是一句废话，因而强调"华夷一家"带来的"华夷平等"的重要性的显然是我们现代人。

我们经常将历史时期的某一王朝称为"大一统"王朝，但以往的研究主要集中于讨论先秦和秦汉时期的"大一统"及其思想根源，而对之后历史时期"大一统"一词的含义几乎没有研究，由此产生的问题就是我们经常提到的"大一统"和"大一统"王朝是我们今人的"大一统"，还是古人的"大一统"？从本书的研究来看，显然指的是前者，或者说我们从未真正理解王朝时期的"大一统"。

"中国"也是一个我们熟悉得不能再熟悉的词语，且以往的一些研究者也认识到这一词语在王朝时期存在多种含义，即"地理中国""政治中国"和"文化中国"，还有些研究者意识到"地理中国"在先秦和秦汉时期所指代的地理范围存在变化，但极少有学者对王朝时期"中国"一词的含义及其变化进行系统梳理，由此带来的问题是，上述这些认知是否准确？另外一个问题是，王朝时期"王朝"与"中国"之间的关系。如前文所述，我们现代人提到的"中国历史"，往往指的是王朝直接控制的地理范围内的历史，但王朝理论上控制的地理范围是"天下"，那么由此而来的问题是，王朝直接控制的地理范围是否就是"中国"？不仅如此，"中国"一词在我们现代人看来是一个"中性词"，没有褒贬的含义，但在王朝时期是否如此，其出现在哪些语境中？这样的问题还非常多，因此这里的问题是，我们真的了解这些熟悉得不能再熟悉的词语吗？

对上述概念的讨论也就分别构成了本书的前四章。上述简要的介绍实际上已经展现了以往我们关于"天下""中国"的研究揭示的到底是谁的"天下"和"中国"了：是我们的，而不是古人的！

　　在结论部分，笔者对本书撰写的意义进行了简要讨论，希望能为未来基于"王朝"语境来撰写我们自己的历史奠定一些基础，从而摆脱当前近现代欧美语境下的"中国史"一家独大的局面。

　　此外，李怀印的《现代中国的形成：1600—1949》一书，虽然宣称"回到历史现场"，但一方面作者在对关键词语的理解上不仅受到这些词语现代含义的极大影响，而且还缺乏对这些词语的含义进行系统梳理；另一方面，该书还带有浓厚的"后见之明"和"线性史观"色彩，且有着"辉格的历史解释"的痕迹，因此本书附录部分对该书进行了评述。

　　总体而言，就研究的内容而言，本书的创新之处可能稍显不足，但就研究视角而言，本书尽量站在古人的角度来解释与王朝时期的"天下秩序"有关的词语，并梳理这些词语的含义在不同时期以及不同语境下的变化，且在叙述中，尽量避免使用现代的概念，希望为未来以今人视角进行研究提供比以往更为坚实的基础。

第一章

王朝时期"天下"的范围

引　言

关于王朝时期"天下"的范围，虽然以此为主题的研究并不多见，但在有关"天下观""华夷观"和"天下秩序"等的众多相关研究中，都会对这一问题进行讨论。大致而言，关于王朝时期"天下"的范围存在三种观点：第一种观点认为王朝时期的"天下"相当于现代意义上的"世界"或者说是所有已知的"世界"，其通常在研究中被定义为广义的"天下"；第二种观点认为王朝时期的"天下"相当于"九州"或"中国"，而其往往在研究中被认为是狭义的"天下"；第三种观点则认为王朝时期广义和狭义的"天下"并存。

对于前两种观点，日本学者渡边信一郎曾对相关学者的研究进行过较为系统的归纳，即"关于'天下'这一词语的内容，在日本的研究者中，大致有两种不同的看法。一种看法认为，天下乃是超越了民族、地域并呈同心圆状扩展的世界，或将其理解为世界秩序、帝国概念之类。另一种看法则认为天下就是中国＝九州，将其理解为处于强力统治权下的'国民国家'概念"。① 支持后一种观点的代表学者有山田统、安部健夫以及渡边信一郎本人等，而前者的主要支持者有田崎仁义、平冈武夫、西嶋定生等。渡边认为，上述两种观点之间，"存在着难以逾越的鸿沟。布阵于鸿沟两侧的，则分别是国民国家论与帝国国家论这两大阵营。国民国家论，是对欧洲近代所创造的资本主义政治社会进行分析并概念化的产物；而帝国概念则缘自欧洲古典时代，是从其与资本主义经济间的关系出发，论述欧洲近代殖民主义扩张的国家论。对于前近代中国之天下，均源于欧洲的国民国家概念与帝国概念，都首先面临是否适用的问题。前近代中国之天下的面貌，有时看上去与两者中的任何一方都很相似，有时又显得与两者都不像"。②

第三种观点的支持者主要是中国学者，他们大都从文献本身出发，对这一问题进行了简要讨论，而正如后文所展示的，文献中关于"天下"的范围确实存在着近似于（已知）"世界"和近似于"中国""九州"的两种记述，这些学者认为王朝时期广义和狭义的"天下"是并存的，如杨振红认为"'王制'理论下的世界由'四海、流（荒）、九州、县内'组成，狭义的天下＝国家＝九州，广义的天下＝四海之内＝海内。这一理论约在春秋时期黄河中下游流域形成，是分封制下王畿制度与县制结合的产物"，③ 毕奥南认为"'天下'有广狭二义，一是普天之下，一是华夏诸国"，④ 朱圣明认为"秦汉社会存在两种'天下'：一

---

① 〔日〕渡边信一郎：《中国古代的王权与天下秩序——从日中比较史的视角出发》，徐冲译，中华书局，2008，第9页。
② 〔日〕渡边信一郎：《中国古代的王权与天下秩序——从日中比较史的视角出发》，第15页。
③ 杨振红：《"县官"之由来与战国秦汉时期的"天下"观》，《中国史研究》2019年第1期，第39页。
④ 毕奥南：《历史语境中的王朝中国疆域概念辨析——以天下、四海、中国、疆域、版图为例》，《中国边疆史地研究》2006年第2期，第9页。

种在地域上总括塞内'中国'与塞外蛮夷，另一种则仅包含塞内'中国'之地"，[①]而梁治平则认为"古时所谓天下，或指'中国'，或指'世界'"。[②]

此外，还有一些学者虽然没有对王朝时期"天下"的范围进行直接讨论，但他们通过具体的描述展现了自己的认知，如杨念群认为"'天下'大于'中国'在邹衍发明'九州'之义时已经说得十分明白……"[③]"这样看来，'天下'比'中国'应该具有更为广阔的空间延展性"；[④]再如鲁西奇提出"'封疆'（王朝国家统治区域）是直接控制的地区，'天下'包括了华夏和夷狄，而后者乃是可供华夏扩张并加以控制的对象，郡邑则是对统治区域（封疆）的行政划分"。[⑤]从两者的叙述来看，他们心目中的"天下"应当近乎（已知）"世界"，也即广义的"天下"。

如果翻阅文献的话，那么可以发现，在文献中确实存在着对广义和狭义"天下"的描述，如在研究中经常被学者引用的韩国学者金翰奎对《史记》《汉书》和《后汉书》中"天下"一词出现频率进行统计后得出的结果，即"总数为 3375 例，其中单指中国的有 2801 例，达 83%。与此相对，指中国并加上其他异民族之天下的，有 64 例，不过 1.9%"。[⑥]先不论金翰奎的统计是否正确，按照他的统计，狭义"天下"出现的频

---

① 朱圣明：《有层次的"天下"与有差别的"政区"——兼论秦汉天下格局视域下的人群划分与认同建构》，《中国边疆史地研究》2014 年第 1 期，第 10 页。

② 梁治平：《"天下"的观念：从古代到现代》，《清华法学》2016 年第 5 期，第 6 页。

③ 杨念群：《"大一统"与"中国""天下"观比较论纲》，《史学理论研究》2021 年第 2 期，第 78 页。

④ 杨念群：《"大一统"与"中国""天下"观比较论纲》，《史学理论研究》2021 年第 2 期，第 81 页。

⑤ 鲁西奇：《中国历史学的空间取向》，《社会科学战线》2021 年第 8 期，第 86 页。

⑥ 〔韩〕金翰奎：《古代中国的世界秩序研究》（一潮阁，1982，第 401 页），转引自〔日〕渡边信一郎《中国古代的王权与天下秩序——从日中比较史的视角出发》，第 13 页。

率远远超出广义"天下"出现的频率，同时也说明秦汉时期"天下"一词就已经有广义和狭义之分了。

在后世文献中也很容易就能找到"天下"一词广义和狭义的用法，由于数量众多，此处仅举几例予以说明，如《宋史·太祖本纪一》载"三月乙巳，改天下郡县之犯御名、庙讳者"；[①]《宋史·魏羽列传》载"是冬，羽上言：'依唐制天下郡县为十道……'"；[②]《明史·太祖本纪二》记"（冬十月）辛卯，诏天下郡县立学"；[③]《明史·太祖本纪三》载"（洪武二十四年）是年，天下郡县赋役黄册成，计户千六十八万四千四百三十五，丁五千六百七十七万四千五百六十一"。[④]在这些段落中"天下"一词与"郡县"并置，而宋明两朝设立"郡县"的地域范围大致就是其实际控制的地理范围，近似于"九州""中国"，因此上述这些段落中的"天下"显然指的是以往研究中所定义的狭义的"天下"。

而《三朝北盟会编》卷三八载："太原府刘氏资有之，太祖皇帝而未之克，留以待太宗皇帝。特封太宗为晋王，即皇帝位之四年，亲征克之，于是有宋受天明命平一天下，万国莫不知。"[⑤]明代杨士奇《东里集·续集》卷五四《圣孝瑞应诗（有序）》载："洪惟皇帝陛下以孝治天下，所以教化纪纲之道，一遵太祖圣神文武钦明启运俊德成功统天大孝高皇帝成宪，天下万国之人承风乡化，熙熙然入于泰和之域矣。"[⑥]《圣祖

① 《宋史》卷一《太祖本纪一》，中华书局，1977，第5页。

② 《宋史》卷二六七《魏羽列传》，第9204页。

③ 《明史》卷二《太祖本纪二》，中华书局，1974，第23页。

④ 《明史》卷三《太祖本纪三》，第49页。

⑤ （宋）徐梦莘：《三朝北盟会编》卷三八，上海古籍出版社，1987，第286页。

⑥ （明）杨士奇：《东里集·续集》卷五四《圣孝瑞应诗（有序）》，文渊阁四库全书电子版。

仁皇帝亲征平定朔漠方略》卷四记："随下议政王贝勒大臣等集议，议曰：'皇帝俯视天下，万国为一体，其职贡之国，凡有困迫来投者，无不受而养之。'"① 上述这三段文字中出现的"天下"，在意思上都与"万国"相联系，因此其描述的地理空间显然超出了宋、明、清三朝直接控制的地域范围，这些文字中使用的"天下"表述的应当是以往研究所定义的广义的"天下"。

不过，在此处需要说明的就是，笔者并不同意以往研究中将"天下"狭义的含义等同于"九州"和"中国"，以及将"天下"广义的含义等同于（已知）"世界"的观点，也不同意对"天下"一词进行广义和狭义的区分，对此可参见本章结论部分的讨论。当然，为了与以往的研究进行对照以及便于理解，本章在行文中还是使用了"广义"和"狭义"来区分文献中出现的"天下"一词所涵盖的地理范围。

还需要强调的是，在文献中出现的"天下"一词有时无法确定其含义是广义的还是狭义的，如《史记》卷一《五帝本纪》记："而诸侯咸尊轩辕为天子，代神农氏，是为黄帝。天下有不顺者，黄帝从而征之，平者去之"，②"生二子，其后皆有天下"。③ 卷二《夏本纪》载："……乃殛鲧于羽山以死。天下皆以舜之诛为是。"④ 卷六《秦始皇本纪》载："吕不韦为相，封十万户，号曰文信侯。招致宾客游士，欲以并天下。"⑤ 同卷又记："齐人茅焦说秦王曰：'秦方以天下为事，而大王有迁母太后之

① 《圣祖仁皇帝亲征平定朔漠方略》卷四，文渊阁四库全书电子版。

② 《史记》卷一《五帝本纪》，中华书局，1963，第3页。

③ 《史记》卷一《五帝本纪》，第10页。

④ 《史记》卷二《夏本纪》，第50页。

⑤ 《史记》卷六《秦始皇本纪》，第223页。

名，恐诸侯闻之，由此倍秦也。'"[①] 卷一二九《货殖列传》载："夫天下物所鲜所多，人民谣俗，山东食海盐，山西食盐卤，岭南、沙北固往往出盐，大体如此矣。"[②] 虽然以往的研究通常会认为这些句子中的"天下"一词偏向于其狭义的含义，但不可否认的是，这些句子中的"天下"一词同样可以解释为其涵盖的地理范围为"世界"或者当时已知的"世界"。更为重要的是，正如本章结论部分所论述的，在广义的"天下"中最重要的是"中国""九州"或者王朝直接控制的地域范围，亦即以往研究中定义的狭义的"天下"，所以"并天下""以天下为事"即使指代的是狭义的"天下"，那么也可以理解为如果"并"了狭义的"天下"，那么也代表"并"了广义的"天下"，这些句子中的"天下"一词的含义也就变得模糊了。如果这一分析成立的话，那么前文引用的金翰奎的统计结果就应当存在问题。

　　基于此，本章希望在前人研究的基础上，对王朝时期"天下"涵盖的地理范围进行讨论，最终希望重新看待广义和狭义的"天下"，或者说试图讨论古人是否像我们今人这样去刻意区分广义和狭义的"天下"。

一　正史、地理总志反映的"天下"

　　以往的研究者虽然对"天下"的范围存在不同意见，但几乎都认为王朝是"天下"的统治者，或者都承认至少王朝自认为是"天下"的统治者，即"普天之下莫非王土"。这方面当不需要做太多的论述，此

---

① 《史记》卷六《秦始皇本纪》，第 227 页。
② 《史记》卷一二九《货殖列传》，第 3269 页。

处仅对这一认知提供一点以往研究中重视不够或者带有误解的证据。这一证据最早可能是由渡边信一郎提出的，即历代王朝在提到我们现代人所谓"国号"的时候，在正式的论述中经常使用的术语是"定天下之号""领有天下之号"①等。不过，渡边信一郎所举例子太少，这里对此进行一些补充，如：

《汉书·王莽传》载："戊辰，莽至高庙拜受金匮神嬗，御王冠……下书曰：'……御王冠，即真天子位，定有天下之号曰新。其改正朔，易服色，变牺牲，殊徽帜，异器制……'"②

《晋书·安平献王孚传》记："魏明悼后崩，议书铭旌，或欲去姓而书魏，或欲两书。孚以为：'经典正义，皆不应书。凡帝王皆因本国之名以为天下之号，而与往代相别耳，非为择美名以自光也……'"③

《旧唐书·礼仪志一》载："太常博士独孤及献议曰：……伏惟太祖景皇帝以柱国之任，翼周弼魏，肇启王业，建封于唐。高祖因之，以为有天下之号，天所命也。亦如契之封商，后稷之封邰。"④

《宋史·太祖本纪一》记："建隆元年春正月乙巳，大赦，改元，定有天下之号曰宋。"⑤

《宋史·礼志六》载："然国家有天下之号实本于宋……'"⑥

《明史·太祖本纪二》载："洪武元年春正月乙亥，祀天地于南郊，即皇帝位。定有天下之号曰明，建元洪武。"⑦

---

① 〔日〕渡边信一郎：《中国古代的王权与天下秩序——从日中比较史的视角出发》，第5页。

② 《汉书》卷九九上《王莽传上》，中华书局，1964，第4095页。

③ 《晋书》卷三七《安平献王孚传》，中华书局，1974，第1083页。

④ 《旧唐书》卷二一《礼仪志一》，中华书局，1975，第842—843页。

⑤ 《宋史》卷一《太祖本纪一》，第4页。

⑥ 《宋史》卷一〇三《礼志六》，第2513页。

⑦ 《明史》卷二《太祖本纪二》，第19页。

《钦定盛京通志》卷三："即皇帝位，仍建有天下之号曰大清，定鼎燕京，纪元顺治。"①

当然，上述例证，尤其是宋明清三朝的例证在其他文献中还有着相近的记载，受篇幅所限不再列举。大致而言，从上述史料来看，王莽的"新"、三国"魏"以及"唐""宋""明""清"的统治者在宣布其王朝名号的时候使用的都是"天下之号"，且至少在唐代之后基本已经形成了惯例。不仅如此，就文献资料而言，宋代之后，在追溯之前王朝的时候，有时也将这些王朝的名号称为"天下之号"，如：

哲宗初，毕仲游上言曰："王者之兴，必有其德，王者之数，必有五行，王者之起，必有其地，故有道德之号，有五行之称，有地之名。圣人王天下，则三者不待求而有之矣。后世浅闻鲰学，强以谓三皇之德有余，五帝之德不足，故曰：少昊以前，天下之号象其德；颛顼以来，天下之号因其名。是以伏而化之，谓之伏羲，神而化之谓之神农，得其中和谓之黄帝，是象其德之号也。若颛顼以高阳为氏，帝喾以高辛为氏，尧以陶唐为氏，则因其名之号也。殊不知三皇之起必有其地，有地则必有名，五帝之兴必有其德，有德则必有号。传其德不传其地，远而略也；传其德、传其地者，近而详也。以其远近详略，故少昊之起，既以德为天下之号，而又或称穷桑者，则尚传其地之验也。不然以道之中始而为颛顼，以翼善传圣而为尧，以仁盛圣明而为舜，是岂非德之号哉！"②

---

① 《钦定盛京通志》卷三，文渊阁四库全书电子版。
② （明）杨士奇等编《历代名臣奏议》卷二八二《谥号》，文渊阁四库全书电子版。

这方面最为典型的是清人编纂的《御批历代通鉴辑览》，其中将夏、商、周以及汉的名号也都称为"天下之号"，即"夏后氏大禹（《史记》帝禹）……（丙子）曰大禹，元岁，王即位，国号夏。王既为众所归，乃即天子位，因所封国为有天下之号，以金德王"；①"春三月，王即位于亳，国号商。王归自克夏，诸侯咸推王为天子，王再拜而让者三，乃即位于亳，因所封国为有天下之号，以水德王"；②"王既克商，商之百姓咸待于郊，王使告曰：上天降休。商人皆拜，王亦答拜。翼日，命除道修社，王入商宫，诸侯百官毕从衅社……王载拜稽首乃出，改有天下之号曰周，以木德王"；③"太祖高皇帝，姓刘氏，名邦，陶唐氏裔，刘累之后，以布衣起沛，八载而成帝业。因初王汉，遂建为有天下之号"。④

不仅如此，还需要注意的就是，上述的一些论述中还涉及"国"与"天下"的关系，如《晋书·安平献王孚传》载："凡帝王皆因本国之名以为天下之号，而与往代相别耳，非为择美名以自光也……"《旧唐书·礼仪志一》记："伏惟太祖景皇帝以柱国之任，翼周弼魏，肇启王业，建封于唐。高祖因之，以为有天下之号，天所命也。亦如契之封商，后稷之封邰。"《御批历代通鉴辑览》对于夏商皆记载为"因所封国为有天下之号"。从这些材料中可以看到，这些王朝的"天下之号"即他们原来的"国号"，也即当他们由"国"进而掌控"天下"建立"王朝"时，"国号"也就成了"天下之号"，这也就说明王朝时期，"国"只是"天下"的一部分，前文引用的几段包含"天下万国"的材料也证明

---

① 《御批历代通鉴辑览》卷二，文渊阁四库全书电子版。
② 《御批历代通鉴辑览》卷二。
③ 《御批历代通鉴辑览》卷三。
④ 《御批历代通鉴辑览》卷一三。

了这一点。我们也就应当可以意识到王朝时期作为"天下万国"的掌控者的"王朝"是凌驾于"国"之上的。

回到本章的主题，如果明确了这一点，那么进一步的推理是，就其描述的空间范围而言，记述前朝历史的王朝正史以及王朝的"地理总志"，涵盖的应当是王朝的"天下"。如果这一推理无误的话，那么我们只要分析一下历代正史以及"地理总志"涉及的地理范围，就可以理解王朝时期"天下"的范围。

在正史中，有 12 部史书地理志的内容较为系统，记载的基本是王朝某一时期直接管理的地域范围，以"中国""九州"为主体，同时还包括王朝设立政区进行管理的一些"蛮夷之地"。不过更需要注意的就是，正史中的绝大部分，在其传或列传部分都包括了不受其直接和间接控制，甚至只是有着或者曾经有着朝贡往来，或者只是有所传闻的"蛮夷"，具体参见表 1。

表 1 正史中与"蛮夷"有关的传或列传及其所载内容

编号	正史名	书中与"蛮夷"有关的传或列传
1	史记	匈奴列传、南越列传、东越列传、朝鲜列传、西南夷列传、大宛列传（大宛国、乌孙国、康居国、奄蔡国、大月氏国、安息国、条支国、大夏国等）
2	汉书	匈奴传上、匈奴传下、西南夷两粤朝鲜传、西域传上、西域传下（鄯善国、且末国、小宛国、精绝国、戎卢国、扜弥国、渠勒国、于阗国、皮山国、乌秅国、西夜国、蒲犁国、依耐国、无雷国、难兜国、罽宾国、乌弋山离国、安息国、大月氏国、大夏国、康居国、大宛国、桃槐国、休循国、捐毒国、莎车国、疏勒国、尉头国、乌孙国、姑墨国、温宿国、龟兹国、乌垒国、渠犁国、尉犁国、危须国、焉耆国、乌贪訾离国、卑陆国、卑陆后国、郁立师国、单桓国、蒲类国、蒲类后国、西且弥国、东且弥国、劫国、狐胡国、山国、车师前国、车师后国、车师都尉国、车师后城长国）

续表

编号	正史名	书中与"蛮夷"有关的传或列传
3	后汉书	东夷列传（夫余、挹娄、高句骊、东沃沮、濊、三韩、倭）、南蛮西南夷列传、西羌列传、西域列传（拘弥、于阗、西夜、子合、德若、条支、安息、大秦、大月氏、高附、天竺、东离、粟弋、严、奄蔡、莎车、疏勒、焉耆、蒲类、移支、东且弥、车师）、南匈奴列传、乌桓鲜卑列传
4	三国志	乌丸鲜卑东夷传（夫余、高句丽、东沃沮、挹娄、濊、三韩、倭）
5	晋书	四夷传：东夷（夫余国、马韩、辰韩、肃慎氏、倭人、裨离等十国）、西戎（吐谷浑、焉耆国、龟兹国、大宛国、康居国、大秦国）、南蛮（林邑、扶南）、北狄（匈奴）
6	宋书	索虏传（芮芮、槃槃、赵昌、粟特）、鲜卑吐谷浑传、夷蛮传（林邑国、扶南国、诃罗陁国、呵罗单国、媻皇国、媻达国、阇婆婆达国、天竺迦毗黎国、苏摩黎国、斤陁利国、婆黎国、高句骊国、百济国、倭国、荆雍州蛮、豫州蛮）、氐胡传（略阳清水氐杨氏、大且渠蒙逊）
7	南齐书	蛮东南夷传（蛮，东夷高丽国、加罗国、倭国，南夷林邑国、扶南国、交州）、芮芮虏传（河南、氐、羌）
8	梁书	诸夷传（海南诸国：林邑、扶南、盘盘、丹丹、干遮利、狼牙修、婆利、中天竺、师子；东夷：高句骊、百济、新罗、倭、文身、大汉、扶桑；西北诸戎：河南王、高昌、滑、周古柯、呵跋檀、胡蜜丹、白题、龟兹、于阗、渴盘陁、末、波斯、宕昌、邓至、武兴、芮芮）
9	魏书	高句丽、百济、勿吉、失韦、豆莫娄、地豆于、库莫奚、契丹、乌洛侯、氐、吐谷浑、宕昌、高昌、邓至、蛮、獠、西域（鄯善、且末、于阗、蒲山、悉居半、权于摩、渠莎、车师、且弥、焉耆、龟兹、姑默、温宿、尉头、乌孙、疏勒、悦般、者至拔、迷密、悉万斤、忸密、洛那、粟特、波斯、伏卢尼、色知显、伽色尼、薄知、牟知、阿弗太汗、呼似密、诺色波罗、早伽至、伽不单、者舌、伽倍、折薛莫孙、钳敦、弗敌沙、阎浮谒、大月氏、安息、大秦、阿钩羌、波路、小月氏、罽宾、吐呼罗、副货、南天竺、叠伏罗、拔豆、嚈哒、朱居、渴槃陁、钵和、波知、赊弥国、乌苌、乾陀、康国）、蠕蠕、匈奴宇文莫槐、徒河段就六眷、高车

续表

编号	正史名	书中与"蛮夷"有关的传或列传
10	周书	异域传（高丽、百济、蛮、獠、宕昌、邓至、白兰、氐、稽胡、库莫奚、突厥、吐谷浑、高昌、鄯善、焉耆、龟兹、于阗、嚈哒、粟特、安息、波斯）
11	隋书	东夷传（高丽、百济、新罗、靺鞨、流求国、倭国）、南蛮传（林邑、赤土、真腊、婆利）、西域传（吐谷浑、党项、高昌、康国、安国、石国、女国、焉耆、龟兹、疏勒、于阗、钹汗、吐火罗、挹怛、米国、史国、曹国、何国、乌那曷、穆国、波斯、漕国、附国）、北狄传（突厥、西突厥、铁勒、奚、契丹、室韦）
12	南史	夷貊传上（海南诸国：林邑国、扶南国；西南夷：诃罗陁国、呵罗单国、婆皇国、婆达国、阇婆达国、槃槃国、丹丹国、干陁利国、狼牙修国、婆利国、中天竺国、天竺迦毗黎国、师子国）、夷貊传下（东夷：高句丽、百济、新罗、倭国、文身、大汉、扶桑；西戎：河南王、宕昌、邓至、武兴；诸蛮：荆雍州蛮、豫州蛮；西域：高昌、滑国、呵跋檀、周古柯、胡密丹、白题、龟兹、于阗、渴盘陁、末国、波斯国；北狄：蠕蠕）
13	北史	高丽、百济、新罗、勿吉、奚、契丹、室韦、豆莫娄、地豆干、乌洛侯、流求、倭、蛮、獠、林邑、赤土、真腊、婆利、氐、吐谷浑、宕昌、邓至、白兰、党项、附国、稽胡、西域（鄯善、且末、于阗、蒲山、悉居半、权于摩、渠莎、车师、高昌、且弥、焉耆、龟兹、姑默、温宿、尉头、乌孙、疏勒、悦般、者至拔、迷密、悉万斤、忸密、破洛那、粟特、波斯、伏卢尼、色知显、伽色尼、薄知、牟知、阿弗太汗、呼似密、诺色波罗、早伽至、伽不单、者舌、伽倍、折薛莫孙、钳敦、弗敌沙、阎浮谒、大月氏、安息、条支、大秦、阿钩羌、波路、小月氏、罽宾、吐呼罗、副货、南天竺、叠伏罗、拔豆、嚈哒、朱居、渴盘陁、钵和、波知、赊弥、乌苌、乾陁、康国、安国、石国、女国、钹汗、吐火罗、米国、史国、曹国、何国、乌那遏、穆国、漕国）、蠕蠕、匈奴宇文莫槐、徒何段就六眷、高车、突厥、西突厥、铁勒

续表

编号	正史名	书中与"蛮夷"有关的传或列传
14	旧唐书	突厥传上、突厥传下、回纥传、吐蕃传上、吐蕃传下、南蛮西南蛮传（林邑、婆利、盘盘、真腊、陀洹、诃陵、堕和罗、堕婆登、东谢蛮、西赵蛮、牂柯蛮、南平獠、东女国、南诏蛮、骠国）、西戎传（泥婆罗、党项羌、高昌、吐谷浑、焉耆、龟兹、疏勒、于阗、天竺、罽宾、康国、波斯、拂菻、大食）、东夷传（高丽、百济、新罗、倭国、日本）、北狄传（铁勒、契丹、奚、室韦、靺鞨、渤海靺鞨、霫、乌罗浑）
15	新唐书	突厥传上、突厥传下、吐蕃传上、吐蕃传下、回鹘传上、回鹘传下、沙陀传、北狄传（契丹、奚、室韦、黑水靺鞨、渤海）、东夷传（高丽、百济、新罗、日本、流鬼）、西域传上（泥婆罗、党项、东女、高昌、吐谷浑、焉耆、龟兹、跛禄迦、疏勒、于阗、天竺、摩揭陀、罽宾）、西域传下（康、宁远、大勃律、吐火罗、谢䫻、识匿、个失密、骨咄、苏毗、师子、波斯、拂菻、大食）、南蛮传上、南蛮传中、南蛮传下
16	旧五代史	外国传一（契丹）、外国传二（吐蕃、回鹘、高丽、渤海靺鞨、黑水靺鞨、新罗、党项、昆明部落、于阗、占城、牂柯蛮）
17	新五代史	四夷附录第一、四夷附录第二（契丹）、四夷附录第三（奚、吐浑、达靼、党项、突厥、吐蕃、回鹘、于阗、高丽、渤海、新罗、黑水靺鞨、南诏蛮、牂柯蛮、昆明、占城）
18	宋史	外国传一（夏国上）、外国传二（夏国下）、外国传三（高丽）、外国传四（交阯、大理）、外国传五（占城、真腊、蒲甘、邈黎、三佛齐、阇婆、南毗、勃泥、注辇、丹眉流）、外国传六（天竺、于阗、高昌、回鹘、大食、层檀、龟兹、沙洲、拂菻）、外国传七（流求国、定安国、渤海国、日本国、党项）、外国传八（吐蕃）、蛮夷传一（西南溪峒诸蛮上）、蛮夷传二（西南溪峒诸蛮下、梅山峒、诚徽州、南丹州）、蛮夷传三（抚水州、广源州、黎洞、环州）、蛮夷传四（西南诸夷、黎州诸蛮、叙州三路蛮、威茂渝州蛮、黔涪施高徼外诸蛮、泸州蛮）
19	辽史	二国外记（高丽、西夏），此外还有部落表和属国表（其中包括高丽、渤海、回鹘、党项、阻卜、大食等）

编号	正史名	书中与"蛮夷"有关的传或列传
20	金史	外国传上（西夏）、外国传下（高丽）
21	元史	外夷传一（高丽、耽罗、日本）、外夷传二（安南）、外夷传三（缅、占城、暹、爪哇、瑠求、三屿、马八儿等国）
22	明史	湖广土司传、四川土司传一、四川土司传二、云南土司传一、云南土司传二、云南土司传三、贵州土司传、广西土司传一、广西土司传二、广西土司传三、外国传一（朝鲜）、外国传二（安南）、外国传三（日本）、外国传四（琉球、吕宋、合猫里、美洛居、沙瑶呐哔哔、鸡笼、婆罗、麻叶瓮、古麻剌朗、冯嘉施兰、文郎马神）、外国传五（占城、宾童龙、真腊、暹罗、爪哇、阇婆、苏吉丹、碟里、日罗夏治、三佛齐）、外国传六（浡泥、满剌加、苏门答剌、须文达那、西洋琐里、琐里、览邦、淡巴、百花、彭亨、那孤儿、黎伐、南渤利、阿鲁、柔佛、丁机宜、巴喇西、佛郎机、和兰）、外国传七（古里、柯枝、小葛兰、大葛兰、锡兰山、榜葛剌、沼纳朴儿、祖法儿、木骨都束、不剌哇、竹步、阿丹、剌撒、麻林、忽鲁谟斯、溜山、比剌、孙剌、南巫里、加异勒、甘巴里、急兰丹、沙里湾泥、底里、千里达、失剌比、古里班卒、剌泥、夏剌比、奇剌泥、窟察泥、舍剌齐、彭加那、八可意、乌沙剌踢、坎巴、阿哇、打回、白葛达、黑葛达、拂菻、意大里亚）、外国传八（鞑靼）、外国传九（瓦剌、朵颜、福余、泰宁）、西域传一（哈密卫、柳城、火州、土鲁番）、西域传二（西番诸卫、西宁河州洮州岷州等番族诸卫、安定卫、阿端卫、曲先卫、赤斤蒙古卫、沙州卫、罕东卫、罕东左卫、哈梅里）、西域传三（乌斯藏大宝法王、大乘法王、大慈法王、阐化王、赞善王、护教王、阐教王、辅教王、西天阿难功德国、西天尼八剌国、朵甘乌斯藏行都指挥使司、长河西鱼宁远宣慰司、董卜韩胡宣慰司）、西域传四（撒马儿罕、沙鹿海牙、达失干、赛蓝、养夷、渴石、迭里迷、卜花儿、别失八里、哈烈、俺都淮、八答黑商、于阗、失剌思、俺的干、哈实哈儿、亦思弗罕、火剌札、乞力麻儿、白松虎儿、答儿密、纳失者罕、敏真、米昔儿、黑娄、渴来思、阿速、沙哈鲁、天方、默德那、坤城、哈三等二十九部落、鲁迷）

续表

编号	正史名	书中与"蛮夷"有关的传或列传
23	清史稿	土司传一（湖广）、土司传二（四川）、土司传三（云南）、土司传四（贵州）、土司传五（广西）、土司传六（甘肃）、藩部传一（科尔沁、扎赉特、杜尔伯特、郭尔罗斯、喀喇沁、土默特）、藩部传二（敖汉、奈曼、巴林、扎鲁特、阿鲁科尔沁、翁牛特、克什克腾、喀尔喀左翼、乌珠穆沁、浩齐特、苏尼特、阿巴噶、阿巴哈纳尔）、藩部传三（四子部落、茂明安、喀尔喀右翼、乌喇特、鄂尔多斯、阿拉善、额济讷）、藩部传四（喀尔喀土谢图汗部、喀尔喀车臣汗部、喀尔喀赛因诺颜部、喀尔喀扎萨克图汗部）、藩部传五（青海额鲁特）、藩部传六（杜尔伯特、旧土尔扈特、新土尔扈特、和硕特）、藩部传七（唐努乌梁海、阿尔泰乌梁海、阿尔泰淖尔乌梁海）、藩部传八（西藏）、属国传一（朝鲜、琉球）、属国传二（越南）、属国传三（缅甸、暹罗、南掌、苏禄）、属国传四（廓尔喀、浩罕、布鲁特、哈萨克、安集延、玛尔噶朗、那木干、塔什干、巴达克山、博罗尔、阿富汗、坎巨提）

就表 1 来看，25 部正史中，只有记述南北朝时期的陈和北齐历史的《陈书》和《北齐书》中没有关于"蛮夷"的列传；且剩余的 23 部正史关于"蛮夷"的传中，虽然在地理范围上涉及大量"九州""中国"之内的"蛮夷"，但同时也涉及大量"九州""中国"之外的"蛮夷"。因此，可以认为，正史涉及的空间大都远远超出了"九州""中国"以及王朝直接统辖的地理范围，也就可以推测，"王朝"所统驭的"天下"应该是广义的"天下"。当然，还需要注意到的一点是，历代正史涉及的地理范围虽然大都远远超出了"九州""中国"，但不同正史范围差异巨大，如《元史》《明史》和《清史》，而这点正是本章结论部分要讨论的。

现存的官修地理总志都是唐代及其之后的，其中时间最早的是《元和郡县图志》，它是根据"贞观十三年大簿规划的十道为纲领，配合当时的四十七镇"①编写的，因此其描述的并不是王朝名义上管辖的范围，即"天下"，而是其实际管辖的地理范围，可以认为其与正史地理志近似。类似的还有《元丰九域志》，②该书记载了北宋的23路、省废州军、化外州和羁縻州，其中全书前九卷论述的是23路，第十卷记载的是省废州军、化外州和羁縻州，因此虽然"化外州"等被分属于各路，但全书的核心依然是23路所大致对应的"九州"，也符合该书书名中的"九域"；且无论是化外州，还是羁縻州，都为"州"，也即都属于王朝的地方行政体系。

而其他官修或者带有官方背景的地理总志，除记述王朝直接管辖的地理范围之外，或多或少还包含了与王朝有着朝贡关系或者是有所往来的"蛮夷"，如《太平寰宇记》描述的范围是宋初的十三道和"四夷"，而"四夷"则包括东夷（朝鲜、濊、百济、三韩、高句丽、新罗、倭、夫余、虾夷、东沃沮、挹娄、勿吉、扶桑、女国、文身、大汉、流求）、南蛮（黄支、哥罗、林邑、扶南、顿逊、毗骞、干陀利、狼牙修、婆利、盘盘国、赤土、真腊、罗刹、投和、丹丹、边斗四国、社薄、薄刺洲、火山、无论、婆登、乌笃、褥陀洹、诃陵、多蔑、多摩长、哥罗舍分、松外诸蛮、殊奈、甘棠、金利毗逝、骠国、占卑、盘瓠种、廪君种、板楯蛮、南平蛮、东谢蛮、西赵蛮、牂柯蛮、獠、夜郎、滇国、邛都、莋都、冉駹、附国、东女、哀牢、焦侥、禅国、西爨、昆弥、尾濮、木棉濮、文面濮、赤口濮、折腰濮、黑僰濮、占城、渤泥）、西戎（车师国、葱婼羌、楼兰、且末、扜弥、龟兹、焉耆、于阗、疏勒、迷密、判汗、乌孙、姑墨、温宿、乌秅、难兜、大宛、莎车、罽宾、康居、曹

①　（唐）李吉甫：《元和郡县图志》"前言"，中华书局，1983，第1页。
②　（宋）王存：《元丰九域志》，中华书局，1985。

国、米国、何国、史国、奄蔡、滑国、嚈哒、天竺、乌苌、车离、师
子、高附、大秦、小人、乌弋山离、条支、安息、小安息、大夏、大月
氏、小月氏、党项羌、白兰、白狗、吐蕃、大羊同、悉立、章求拔、泥
婆罗、轩渠、三童、泽散、驴分、坚昆、呼得、丁令、短人、波斯、悦
般、伏卢尼、朱俱波、渴槃陁、粟弋、阿钩羌、副货、叠伏罗、赊弥、
石国、瑟匿、女国、吐火罗、俱兰、劫国、陁罗伊罗、越底延、大食、
羌无弋、隍中月氏胡、氐、吐谷浑、乙弗敌、宕昌、邓至羌)和北狄
(匈奴、南匈奴、乌桓、鲜卑、托跋氏、蠕蠕、轲比能、宇文莫槐、徒
何段日陆眷、慕容氏、高车、稽胡、突厥、西突厥、铁勒、薛延陀、歌
逻禄、仆骨、同罗、都波、拔野古、多滥葛、斛薛、阿跌、契苾羽、鞠
国、榆枥、大漠、白霫、库莫奚、契丹、室韦、地豆于、乌洛侯、驱
度寐、霫、拔悉弥、流鬼、回纥、黠戛斯、骨利干、驳马、鬼国、突
越失)。[1]

编纂于明景泰年间的《寰宇通志》所记范围,除明朝的两京十三省
之外,同样包括了大量的"外夷",具体就是朝鲜国、女直、日本国、
琉球国、西蕃、哈密、火州、别失八里、撒马尔罕、哈烈、于阗、沙州
卫、赤斤蒙古卫、罕东卫、安定卫、阿端卫、曲先卫、安南国、占城
国、暹罗国、爪哇国、真腊国、满剌加国、古麻剌国、拂菻国、三佛齐
国、浡泥国、苏门荅剌国、苏禄国、彭亨国、西洋古里国、琐里国、榜
葛剌国、天方国、默德那国、古里班卒国、锡兰山国、白葛达国、百花
国、婆罗国、吕宋国、合猫里国、蝶里国、打回国、日罗夏治国、柯枝
国、阿鲁国、甘巴里国、忽鲁谟斯国、忽鲁母恩国、麻林国、沼纳朴儿
国、加异勒国、祖法儿国、溜山国、阿哇国、鞑靼和兀良哈。

① (宋)乐史:《太平寰宇记》,王文楚等点校,中华书局,2007。

　　《大明一统志》载:"太祖高皇帝受天明命,混一天下,薄海内外,悉入版图,盖唐虞三代下及汉唐以来,一统之盛蔑以加矣。"[①] 其描述的空间范围为明朝的两京十三省以及"外夷",而所谓"外夷"为朝鲜国、女直、日本国、琉球国、西蕃、赤斤蒙古卫、罕东卫、安定卫、阿端卫、曲先卫、哈密卫、火州、亦力把力、撒马儿罕、哈烈、于阗、安南、占城国、暹罗国、爪哇国、真腊国、满剌加国、古麻剌国、拂菻国、三佛齐国、淳泥国、苏门荅剌国、苏禄国、彭亨国、西洋古里国、琐里国、榜葛剌国、天方国、默德那国、古里班卒国、锡兰山国、白葛达国、百花国、婆罗国、吕宋国、合猫里国、蝶里国、打回国、日罗夏治国、阿鲁国、甘巴里国、忽鲁谟斯国、忽鲁母恩国、柯枝国、麻林国、沼纳朴儿国、加异勒国、祖法儿国、溜山国、阿哇国、鞑靼和兀良哈,基本与《寰宇通志》相同。

　　《御制文集·初集》卷十《大清一统志序》是为乾隆版《大清一统志》所做的序,其中载:"惟上天眷顾我大清,全付所覆,海隅日出,罔不率俾。列祖列宗,德丰泽溥,威铄惠滂,禹迹所奄,蕃息殷阜,瀛壖炎岛,大漠蛮陬,咸隶版图,置郡筑邑,声教风驰,藩服星拱,禀朔内附,六合一家。远至开辟之所未宾,梯航重译,历岁而始达者,慕义献琛,图于王会,幅陨袤广,古未有过焉。圣祖仁皇帝特命纂辑全书,以昭大一统之盛。卷帙繁重,久而未成。世宗宪皇帝御极之初,重加编纂,阅今十有余载,次第告竣。自京畿达于四裔,为省十有八,统府、州、县千六百有奇,外藩属国五十有七,朝贡之国三十有一。星野所占,坤舆所载,方策所纪,宪古证今,眉列掌示,图以胪之,表以识之。书成,凡三百五十余卷。"

---

① (明)李贤:《大明一统志》"御制大明一统志序",三秦出版社,1990,第1页。

《嘉庆重修一统志》对其记述的顺序做了如下描述:"首京师、次直隶、次盛京,次江苏、安徽、山西、山东、河南、陕西、甘肃、浙江、江西、湖北、湖南、四川、福建、广东、广西、云南、贵州,次新疆、次蒙古各藩部,次朝贡各国。"① 其中"朝贡各国"主要包括朝鲜、琉球、荷兰、西洋、暹罗、越南、俄罗斯、南掌、苏禄、日本、吕宋、缅甸、英吉利、整欠、葫芦国、马辰、港口、广南、柔佛、彭亨、丁机奴、瑞国、嗹国、嘛六甲、宋腒朥、合猫里、美洛居、汶莱、榜葛剌、拂菻、古里、柯枝、锡兰山、西洋琐里、哑齐、南渤利、占城、柬埔寨、噶喇巴、渤泥、麻叶瓮、旧港和法兰西。

总体而言,无论是历代正史还是除《元和郡县图志》《元丰九域志》之外的其他官修地理总志,其所描述的地理空间范围都超出了各王朝直接管辖的地理范围,也超出了"九州""中国"的范围,我们可以认为,这反映的应当是以往研究中强调的王朝广义的"天下"。

而且,还要强调的是,虽然描述的是广义的"天下",但无论是历代正史,还是地理总志,其关注的重点是王朝直接管辖的地域空间,大致相当于"九州"和"中国",亦即以往研究所定义的狭义的"天下"。而对于周围的"蛮夷",虽有所记述,但非常简略,而且其中很多都属于这些"蛮夷"的"历史",且有些材料摘抄自以往的资料,因而缺乏现实性。下面仅以《大明一统志》中记述的"日本国"为例:

日本国(东西南北皆际于海,去辽东甚远,去闽浙甚迩,其朝贡由浙之宁波以达于京师。)

沿革:古倭奴国,其地东西南北各数千里,西南至海,东北隅

---

① 《嘉庆重修一统志》"凡例",中华书局,1986,第9页。

隔以大山。国王以王为姓，历世不易。文武僚吏，皆世官。其地有五畿七道，以州统郡，附庸国凡百余。自北岸去拘邪韩国七千里，曰对海国。又南渡一海千余里，曰瀚海国。又渡一海千余里，曰末卢国。东南陆行五百里，曰尹都国。又东南百里，曰奴国。又东百里，曰不弥国。又南水行二十日，曰投马国。又南水行十日，陆行一月，曰邪马一国，其次曰斯焉国，曰已百支国，曰伊邪国，曰郡支国，曰弥奴国，曰好古都国，曰不呼国，曰姐奴国，曰对苏国，曰苏奴国，曰呼邑国，曰华奴苏奴国，曰鬼国，曰为吾国，曰鬼奴国，曰邪马国，曰躬臣国，曰巴利国，曰支惟国，曰乌奴国，皆倭王境界所尽。其国小者百里，大不过五百里，户少者千余，多不过一二万。自汉武帝灭朝鲜，使驿通于汉者三十许，国皆称王。其大倭王居邪焉台国，即邪摩维是已。光武中元二年，始来朝贡。后国乱，国人立其女子曰卑弥呼为王，其宗女壹与继之，后复立男王，并受中国爵命。历魏、晋、宋、隋，皆来贡，稍习夏音。唐咸亨初，恶倭名，更号日本，自以其国近日所出，故名；或云日本乃小国，为倭所并，故冒其号。开元、贞元中，其使有愿留中国授经肄业者，久乃请还。宋雍熙后，累来朝贡。熙宁以后，来者皆僧也。元世祖遣使招谕之，不至，命范文虎等率兵十万征之，至五龙山暴风破舟，败绩。终元之世，使竟不至。本朝洪武四年，国王良怀遣使臣僧祖朝贡，其后数岁一来，至今不绝。自永乐以来，其国王嗣立，皆受朝廷册封。

风俗：黥面文身，披发跣足（《寰宇记》：男子黥面文身，衣裙襦横幅结束相连，不施缝缀；女人衣如单被，穿其中以贯头，皆披发跣足。其王至隋时始制冠，以绵彩为之，而饰以金玉）；无盗少讼，不娶同姓（同上。人不盗窃，少争讼，婚嫁不娶同姓，父母兄弟异处,惟会同男女无别);饮食用笾豆,初丧不酒肉(同上。饮食以手,而用笾豆。以蹲跪为恭敬。死有棺无椁,封土作冢。初丧哭泣,不食肉饮酒,亲戚就尸歌舞为乐。既葬,举家入水浴洁,以祓不祥);信巫好戏(同上。兵有矛、盾、木弓、竹矢,以骨为镞。灼骨以卜吉凶,信巫觋,好棋博、握槊、樗蒲之戏);重儒书,信佛法(同上。初无文字,唯刻木结绳,后颇重儒书,有好学能属文者。尤信佛法,有五经书及佛经、唐白居易集,皆得自中国云);交易用铜钱(《宋史》:土宜五谷,而少麦。交易用钱文,曰乾文大宝。乐有国中、高丽二部。四时寒暑大类中国。妇人皆披发。一衣用二三缣)。

山川:寿安镇国山(国之镇山。本朝永乐初,御制文赐之,刻碑立其地)。

土产:金(东奥州出)、银(西别岛出)、琥珀、水晶(有青、红、白三色)、硫黄、水银、铜、铁、丹土、白珠、青玉、冬青木、多罗木、杉木、水牛、驴、羊、黑雉、细绢、花布、砚、螺钿、扇、漆(以漆制器,甚工致)。①

这段文字中"风俗"部分的文字大都源于《太平寰宇记》,而且确实能在《太平寰宇记》中找到相似的记载;且文中自"光武中元二年,始来朝贡"之后直至唐代"日本"的历史也能在《太平寰宇记》中找到相近的叙述,当然这并不是说这段文字来源于《太平寰宇记》,而是强调其有着更早的来源。由此来看,《大明一统志》中关于日本的记载虽然有部分"现实"的内容,但也充斥着摘抄自其他著作的"陈旧"的内容,且

① (明)李贤:《大明一统志》卷八九《外夷·日本国》,第1369页。

"现实"和"历史"混杂在一起，著者并没有刻意加以区分，显示出王朝对"蛮夷"确实不太关注。

二 "天下图"所反映的广义和狭义的"天下"

如果说王朝时期文本文献中对"天下"范围的反映还不是那么直接的话，那么王朝时期绘制的"天下图"则可以被认为是对当时"天下"范围更直观的反映。中国古代确实留存有一些以"天下"为图名的地图，其中一些反映的应当是以往研究所定义的广义的"天下"。

例如，属于《古今形胜之图》系列地图的《图书编》"古今天下形胜之图"，其绘制范围包括明朝的两京十三省及周边地区，东至日本、朝鲜，西至今乌兹别克斯坦东南的铁门关，北至蒙古草原，南达南海，包括爪哇、苏门答腊等地，显然涵盖了众多"九州""中国"之外的"蛮夷"地区[1]。属于这一系列地图的还有明崇祯十七年（1644）曹君义刊行的《天下九边分野 人迹路程全图》，该图以明朝直接控制的地理范围为主要表现对象，且占据了图幅的巨大部分，但受到西方传教士的影响，图中还绘出了亚洲、欧洲、非洲、北美洲和南美洲以及南极，且标绘有经纬网。清朝王君甫刊刻的《天下九边万国 人迹路程全图》在内容上与曹君义的《天下九边分野 人迹路程全图》几乎完全一致，图面上的显著差异就是删除了经线和纬度。需要说明的是《古今形胜之图》系列地图在明末清初曾经流行一时。[2]

---

① 　地图参见成一农《中国古代舆地图研究》（修订版）。

② 　关于这一系列地图，可以参见成一农《"古今形胜之图"系列地图研究——从知识史角度的解读》，《形象史学》第15辑，社会科学文献出版社，2020，第254页。

清代中后期广为流传的《大清万年一统地理全图》系列地图也是如此。这类地图的祖本可以追溯至黄宗羲绘制于清康熙十二年（1673）的《大清全图》，该图是在《广舆图》"舆地总图"基础上绘制的，因此所反映的地理范围与后者基本一致（参见后文）。继黄宗羲《大清全图》之后出现的同一类型的地图是康熙五十三年（1714）阎詠、杨禹江编制的《大清一统天下全图》，该图绘制范围与黄宗羲《大清全图》相差无几。此后影响力最大的是黄证孙在《大清一统天下全图》基础上增补而成的《大清万年一统天下全图》，该图绘制范围已经向西扩展到了欧洲。《大清万年一统天下全图》成图之后广为流传，虽然版本众多，但通常来说只是在图名、刊刻形式和绘制内容上稍有差异。如美国国会图书馆藏嘉庆十六年（1811）的《大清万年一统地理全图》，其绘制范围，东北至黑龙江入海口，北至大漠以及喀尔喀部，西北甚至到了荷兰，西南包括了云南，南侧包括了万里石塘以及海南岛，东南包括了台湾，东至海[1]。

不仅如此，如果承认王朝控制的范围为"天下"的话，那么明清时期一些以王朝名命名的地图，其绘制范围已远远超出了王朝直接控制的地理范围，其中的典型就是明洪武年间绘制的《大明混一图》，[2]该图图幅为347厘米×453厘米，方位上北下南，虽然其以明初控制的地理范围为主要描绘对象，但整幅地图描绘的地理范围极为广大，大致东起日本，西达欧洲和非洲，南至南亚，北抵蒙古。

此外，上文介绍的"古今形胜之图"系列中的大部分地图也都是如此，如明万历二十一年（1593）梁辀镌刻的《乾坤万国全图　古今人物

---

[1]　地图可以参见 https://www.loc.gov/item/2021668286/，2025 年 2 月 11 日访问。

[2]　地图参见曹婉如主编《中国古代地图集（明代）》，文物出版社，1995，图版第 1。

事迹》，虽然以明朝所控制的地域为主要描绘对象，但整幅地图的绘制范围东至海，北至北极，西至大洋，南至南海和印度洋，其中南亚和东南亚诸国以海岛的形式绘制。还有收藏在波兰克拉科夫市图书馆的万历三十三年（1605）福州佚名编制的《备志皇明一统形势 分野人物出处全览》，其绘制范围东至朝鲜、菲律宾群岛，西至撒马尔罕、铁门关，北起松花江、蒙古草原土剌河，南抵中南半岛与印度。

　　甚至康雍乾时期的测绘地图也是如此。康熙时期测绘的《皇舆全览图》的范围与清朝当时直接控制的地理范围近似；① 雍正《十排皇舆全图》的绘制范围则北起北冰洋，南至海南岛，东北濒海，东南至台湾，西抵里海；而乾隆《十三排图》（又称乾隆《内府舆图》）的绘制范围则进一步扩展，东北至库页岛，北至俄罗斯北海，南至琼岛（海南岛），西至波罗的海、地中海及红海，后两者的涵盖范围都超出了清朝当时所能实际控制的区域。② 这些地图图名中"皇舆"一词的含义是王朝所统辖的地理范围，即"天下"，因此这些地图表达的也是以往研究所定义的广义的"天下"。

　　不过，也存在一些以"天下"为图名但其绘制范围却大致局限于王朝直接控制的地理范围或者"中国""九州"的地图，如明代潘光祖汇辑，其去世后由傅昌辰邀请李云翔续写、编订，于崇祯六年（1633）成书的《汇辑舆图备考全书》中的"天下总图"，是对《广舆图》"舆地总图"的直接复制，因此其所表现的"天下"与《广舆图》"舆地总图"近似；清代刘斯枢的《程赋统会》中的"大清天下全图"，东北地区包括了混同江，北至长城、大漠，西北至肃州，南和东南至海（包括海南

---

① 　该图以通过北京的子午线为本初子午线，绘制范围东自黑龙江口，西迄哈密，南起海南岛，北至贝加尔湖。

② 　地图参见汪前进、刘若芳整理《清廷三大实测全图集（满汉对照）》，外文出版社，2007。

岛），西至河源，西南至缅甸，也基本与当时清朝直接控制的地域范围
相近。

此外，明清时期还存在大量以王朝名命名且绘制范围大致相当于
王朝直接控制的地理范围或者"中国""九州"的地图。如明代中晚期
绝大部分的"天下图"都是受到三幅地图影响而绘制的，即《广舆图
叙》之"大明一统图"、《广舆图》"舆地总图"和《大明一统志》"大明
一统之图"。而这三幅地图的绘制范围大致近似：《广舆图叙》之"大明
一统图"所表现的范围大致北和东北至长城，东至大海，西北至今甘肃
中部，东南海中绘制了琉球（今台湾），南侧绘制了海南岛，西南包括
了今天的云南，西侧在"西番"中绘制了河源；《广舆图》之"舆地总
图"所表现的范围大致北至大漠，并在大漠以北标绘了"和宁"，西北
至大漠以北的哈密和吐鲁番，西至河源，西南包括了今天的云南，并标
绘了"缅甸"等周边国家，南至海南岛，东北地区则一直描绘到"五国
城"；①《大明一统志》之"大明一统之图"，是明代官修地理志书《大明
一统志》的插图，但与上述两图相比绘制得非常简略，其绘制范围大致
北至河套、兀良哈，西北至哈密，西至西番，西南包括了云南，并标绘
了安南，南至海南岛，东南至琉球，东至海，东北包括了辽东，且标绘
了"女直"。②

清代这样的地图数量也很多，如段汝霖《楚南苗志》中的"舆地总
图"，是基于《广舆图》"舆地总图"改绘的，因此绘制范围与其近似。
此外，李明彻《圜天图说》及续编中的"大清一统全图"，绘制范围基
本与当时清朝直接控制的地域范围近似，只是还包括了朝鲜和日本。徐

---

① 地图参见成一农《中国古代舆地图研究》（修订版）。

② 地图参见《大明一统志》。

继畲《瀛寰志略》中的"皇清一统舆地全图"也大致如此，只是没有标绘日本。官修地理总志《嘉庆重修一统志》中的"皇舆全图"只描绘了清朝建立了直接统治的地域，李兆洛《皇朝一统舆地全图》中的"皇朝舆地总图"也是如此。

总体而言，从王朝时期绘制的地图来看，"天下"似乎存在狭义和广义两种含义。不过我们同时还要注意到下述两种现象。第一，在王朝时期绘制的描绘了以往研究定义的广义"天下"的地图中，重点和详细绘制的依然是王朝直接控制的地域，这些地域不仅占据了图面的绝大部分，而且标绘的地理要素也极为详细。与此相对，"蛮夷"大都是被象征性地点缀在地图的边缘，绘制者不仅不注重相对方位的准确，而且绘制得也极为粗略。不仅如此，图中所绘以及标注的内容大都是"蛮夷"的历史，而"现实"的内容并不多。以西域为例，"宋代至清代中期之前的全国总图中很少详细的表现'西域'地区，在少量表现了'西域'地区的全国总图以及专门描绘'西域'的区域图中，主要绘制的是曾经在西域地区发生的历史事件，而对当时的现实地理情况只给予了极少的关注"。[①] 第二，即便同样是以广义的"天下"为描述对象的地图，描述范围也存在极大的差异。以"古今形胜之图"系列地图为例，其中既存在绘制范围大致包括今天东亚、中亚和东南亚的《图书编》"古今天下形胜之图"，也存在涵盖了现代意义的"世界"的《天下九边分野 人迹路程全图》。上述这两种现象在前文对正史和官修地理总志的分析中也能看到。

实际上，在地图和文本文献中所呈现的狭义"天下"的地理范围也不是完全一致的。因为一方面，在清末之前，"中国"或"九州"范围之

---

① 关于西域地区，可以参见成一农《从古地图看中国古代的"西域"与"西域观"》，《首都师范大学学报》（社会科学版）2018年第2期。

内依然存在着众多的"蛮夷",正史中虽然不缺乏对他们的记载,但通常只是因为他们对王朝的统治产生了影响,而王朝对他们本身的历史、风俗、文化等并不在意;而另一方面,一些王朝的统治区域超出了"中国"或"九州"的范围,如唐朝和清朝,而这些超出"中国"或"九州"范围之外的区域对王朝同样是有着一定意义的。因此,实际上,狭义的"天下"相当于王朝直接统辖的地理范围,或者就像某些文献中所说的"天下郡县",即"天下"中设置了"郡县"的地区,当然其核心依然是"中国""九州",因此以往某些研究中将狭义的"天下"仅仅界定为"九州""中国"并不准确。

由此,基于文本文献和地图,我们看到的实际上是一种从王朝直接控制的地理范围向现代意义的"世界"变化,且其涵盖的地理范围存在连续变化的"天下"的现象,对于这一现象的分析也就引入了本章的结论。

小 结

在继续讨论之前,我们先引用《国朝宫史续编》收录的当时宫廷藏图编目中"天下总图"部分的记述:

坤舆全图一幅

清字坤舆图一分

汉字坤舆图一分

皇舆全图四函

皇舆方格全图十卷

　　皇舆斜格全图四卷（以上恭载前卷）

　　皇舆十排全图十卷

　　大清中外全图一分

　　天下全图一幅

　　十五省总图一幅

　　直省暨蒙古地方舆图一幅

　　直省舆图二幅

　　十五省图一分

　　天下总图一分

　　盛京直隶十五省图一分

　　清字签一统图一幅

　　十五省府州县方向图一函

　　十五省驿站图一函

　　口外站道图一函

　　右舆地图目（天下总图）[①]

　　在当时制作编目的人看来上述这些地图都属于"天下总图"的范畴，且这属于宫廷藏图的编目，可见这样的认知在当时应具有相当的代表性。虽然我们无法直接阅览这些地图，但通过图名可以大致知道其中大部分地图的绘制范围。从图名来看，这些地图的绘制范围差异极大，除去范围难以确定的《口外站道图》《大清中外全图》和《天下全图》之外，其中既有现代意义上的"世界地图"，如《坤舆全图》《清字坤舆图》《汉字坤舆图》，也有相当于今天东亚、中亚范围的地图（其中当然

---

① （清）庆桂等编纂《国朝宫史续编》卷一〇〇，左步青校点，北京古籍出版社，1994，第997页。

包括了"九州""中国"以及清朝直接控制的地域范围），如《皇舆全图》《皇舆方格全图》《皇舆斜格全图》《皇舆十排全图》，还有大致相当于"九州""中国"的清朝内地十五省（直省）的区域地图，如《直省舆图》《十五省府州县方向图》等。

如果按照前人的分析，这一编目也就体现了广义和狭义"天下"在王朝时期确实是并存的，且结合上文的分析，也可以认为海外学者，尤其是日本学者单方面强调广义或狭义的"天下"的认知基本是不成立的。

不过，现在的问题就是，结合前文对正史、官修地理总志以及地图的分析可以认为，就涵盖的地域空间而言，王朝时期的"天下"并不可以简单地分为代表了"中国""九州"的狭义的"天下"和代表了（已知）"世界"的广义的"天下"两种，而是从王朝直接控制的地理范围直至现代意义的"世界"，涵盖的地理范围存在着明显变化。由此产生的疑惑是，一方面"天下"涵盖的地理空间是如此的多变，但另一方面控御"天下"的王朝及其统治者似乎对于"天下"具体的地理范围缺乏关注，毕竟在文献中我们几乎看不到对这一问题的讨论和关注。

要理解这一点，在笔者看来，最好的切入点应当就是要理解王朝时期对于"天下"构成或者"空间秩序"的理解。对于这一问题前人研究众多，也基本达成共识，即王朝时期虽然是"普天之下莫非王土"，但这些"王土"并不是平等和均衡的，而存在着等级差异，简言之就是存在"华"和"夷"的区分。而这也是本书第二章讨论的主题，因此此处不再展开，仅引用唐晓峰《从混沌到秩序：中国上古地理思想史述论》中的一些结论作为佐证："在周朝分封地域范围的四周，全面逼近所谓的'夷狄'之人。于是，在中国历史上第一次出现了华夏世界作为一个整体（王国维称其为'道德之团体'）直接面对夷狄世界的局面。居于中央的华夏与居于四周的夷狄的关系遂成为'天下'两分的基本人文地理格局。"①"对夷狄是绝对的漠视，反之，对华夏中国是绝对的崇尚。华夏居中而土乐，夷狄远处而服荒，这种地域与文化的关系被推广到整个寰宇之内，唯有中国是圣王世界，其余不外是荒夷或岛夷，越远越不足论观。如此全世界二分并以华夏独尊的地理观念在随后的千年岁月中一直统治着中国人的头脑。"②"需要注意到的是，华夷之限不是政治界限，更不是国界，也不是种族界限，而只是文化界限。……反而希望'四海会同''夷狄远服，声教益广'，也就是要与夷狄共天下，当然，前提是'夷狄各以其贿来贡'。"③

对此，鲁西奇也有着类似的认知，即："《史记》为匈奴、南越、东越、朝鲜、西南夷、大宛作传，谓朝鲜'厥聚海东''葆塞为外臣'，大夏等'西极远蛮，引领内向，欲观中国'，确乎囊括其时所知之'天下'。然在后世历史叙述中，'四夷'渐成为'天下'的点缀，主要表现为'中国'或'华夏'的边缘或附庸。《隋书》为东夷、南蛮、西域、北狄列传，谓东方'九夷所居，与中夏悬隔，然天性柔顺，无犷暴之风，虽绵邈山海，而易以道御'。谓北方戎狄与中朝之间，'亲疏因其强弱，服叛在其盛衰。衰则款塞顿颡，盛则弯弓寇掠，屈申异态，强弱相反。正朔所不及，冠带所不加，唯利是视，不顾盟誓'。是以'华夏'（中国）为中心，视四夷为边缘，将其与中原王朝关系之亲疏远近作为判断其在'天下'格局中位置的标准。又谓：'古者哲王之制，方五千里，务安诸夏，不事要荒。岂威不能加，德不能被？盖不以四夷劳中国，不以无用害有用也。'站在朝廷的立场上，以诸夏为本，四夷只会'有劳中国'，无用而有害。故而所谓'天下'，乃是以'中国'（华夏）

---

① 唐晓峰：《从混沌到秩序：中国上古地理思想史述论》，中华书局，第209—210页。

② 唐晓峰：《从混沌到秩序：中国上古地理思想史述论》，第211—212页。

③ 唐晓峰：《从混沌到秩序：中国上古地理思想史述论》，第212页。

为中心的'天下';'九州之外,谓之蕃国'。在这种观念指导下,《史记》之后的中国传统历史叙述,就主要表现为以'中国'(华夏)为中心、四夷为附属或边缘的天下史,而不再是'中国'与'蕃国'平等共存的天下史。"①

这一观点在上文引用的正史、地理总志以及地图中反映得都非常清楚,它们记述和描绘的重点或者主要内容是王朝直接统治的地理范围(与"中国""九州"并不完全对应),而对于"蛮夷"的历史和地理的记载则通常极为简略,也不太注重信息的"现实性"和"时效性"。

需要强调的是,虽然古人重点关注的"天下"在大多数情境下主要集中于"九州",但一方面,王朝直接控制的地理范围极少与"九州"完全对应,因此对于王朝而言,九州之外的某些"蛮夷"之地也是相当重要的;另一方面如果王朝只领有"九州",或者影响力只集中于"九州"的话,同样也是存在问题的,这点只要从前文对正史、地理总志和地图及王朝的"天下之号"的分析中就能看出,毕竟"天下"是由"华"与"夷"构成的,且如唐晓峰强调的"反而希望'四海会同''夷狄远服,声教益广',也就是要与夷狄共天下",即这也是王朝合法性的来源及其"强盛"的外在表现。

总体而言,虽然是"普天之下莫非王土",但王朝时期,这些"王土"并不是均衡的,其核心或者王朝统治者"理想"中的核心是"九州",但在实践中则对应于王朝直接统治的地理范围。但这并不代表王朝时期文献中经常被现代研究者定义为指狭义"天下"的那些语境中的"天下"指的就是狭义的"天下",而应当理解为,王朝所在意的以及认为有价值的虽然是所谓狭义的"天下",但更为重要的是,与此同

---

① 　鲁西奇:《中国历史学的空间取向》,《社会科学战线》2021年第8期,第85页。

时，在时人心目中狭义的"天下"已经代表了广义的"天下"。或者说，虽然今人看来，文献中的"天下"有广义和狭义两种，但对古人而言，两者是一致的，即使谈及广义的"天下"，但大多数场景下，其中有意义和价值的只是狭义的"天下"①；同时，即使谈及的是狭义的"天下"，但其本质上暗含的是广义的"天下"。这也就解释了正史、地理总志以及地图中呈现的"天下"在具体的地理范围上存在如此大差异的原因了，因为虽然"天下"指的是"普天之下"，但对于某一王朝来说有意义的或者某一王朝所了解的只是其中一部分，且对于不同王朝、不同绘制者以及在不同语境下，有意义的或者其所了解的"天下"也存在差异。当然，所有文献中记载的"天下"的核心则又是一致的，即以"中国""九州"为核心的王朝直接控制的地理范围。

---

① 除了那些表示王朝对"天下"影响力的语境，或者表达"华夷一统"的语境，如"天下万国"。

第二章

王朝时期的"天下秩序"

引　言

　　虽然"普天之下莫非王土",但王朝时期这一"天下"并不是均衡、平等的,而是由"华"和"夷"构成的。且无论在文化、经济方面,还是在政治等方面,"华"都占有绝对主导地位,因而这个"天下"是围绕"华"展开的,而"夷"则居于从属以及被支配的地位,且相对于"华"是不重要的,是受到轻视的。这一观念对于研究者和普通读者而言都不陌生。在具体的论述中,这一认知被称为"华夷秩序"或"华夷观",本书则使用"天下秩序"来表示这一观念。因为认同这一观念的前提是要承认王朝时期构建的"天下",或者说,如果不承认或者没有正确认识王朝时期的"天下"的话,也就无法真正理解王朝时期构建的"华夷秩序"。

　　在目前的研究中,不仅有着众多以此为主题的成果,而且在众多的以疆域、"国家"的现代转型以及地图、职贡图等为主题的研究中对此也有涉及,似乎已没有讨论的必要。不过在以往的研究中,我们或多或少地可以看到这样一种倾向,即这些研究者认为王朝时期的"天下秩序"

在清末之前的某一时期就已经或者开始转型，如后文提及葛兆光认为转型发生在宋代，管彦波和邱靖嘉则认为转型开始于明末清初。此外，一些相关研究虽然没有直接涉及这一问题，但在其背后则隐藏着"天下秩序"转型的观点，如李大龙提出《尼布楚条约》的文本中使用了"中国"一词，且与"清朝"一词可以互换使用，表明当时"中国"已具有近现代主权国家的含义，①其背后其实涉及原本以"中国"（基本相当于"华"）为核心的"天下秩序"向"万国平等"的近现代"国际秩序"的转型，由此"中国"才有可能成为一个"近现代主权国家"。但问题在于，在缺乏外在动力的情况下，历代王朝，尤其是清朝为什么要"自降身份"，让自己从在政治、经济、文化等方面所处的主导地位，主动下降到与之前被贬低的"夷狄"同等的地位？显然，这是以往研究者难以回答的问题。

如果就历史研究方法而言，几乎以往所有关于这种"转型"的研究，其背后都有着"线性史观""后见之明"的身影，甚至带有"辉格的历史解释"的色彩。②具体而言，研究者实际上都默认所有文明、国家最终应当确立和认同的"国际秩序"就是近现代以来"万国平等"的"国际秩序"，随着历史的发展，王朝时期的"天下秩序"必然要转型且只能转型为"万国平等"的"国际秩序"，这显然是一种典型的"线性史观"。而正是研究者有意无意持有这种"线性史观"，使他们在研究中会去刻意搜寻能证明这种"转型"的史料，并加以解读，从而对这种"转型"进行论证，且研究者往往在研究中或隐晦或明确地证明这种"转型"是正确的。不仅如此，也正是因为持有这样的认识，研究者

---

① 参见李大龙《有关中国疆域理论研究的几个问题》，《西北民族论丛》第 8 辑，第 17 页。

② 对此可以参见本书序言以及附录中的讨论。

在寻找那些能证明其观点的史料的同时，对"反面"的材料却会视而不见，同时通常也会一厢情愿地按照他们所希望的方式对史料进行解读。如后文所列举的认为这种"转型"发生在明末清初的研究者，通常会对同一时代的以及清代中后期的"反面"材料有意无意地忽视，同时又会有意无意地夸大明末清初"正面"史料所具有的代表性。而这种研究方法就是所谓的"后见之明"，即研究者基于当前的认知和目的通过选取和解读史料，来构建历史。而"辉格的历史解释"则是一种直接参照今日的观点和标准来进行选择和编织历史的方法，从而必定使写出的历史完美地汇聚于今日。通过上文的描述来看，以往"转型"研究中的"线性史观"和"后见之明"实际上就属于"辉格的历史解释"。

本章以地图、职贡图为主要史料，辅助以文本材料，来介绍王朝时期构建的"天下秩序"，一方面希望强调这一"天下秩序"在王朝时期是多么"顽固"，另一方面也希望由此对以往各种对"转型"的研究进行辨析。

在中国古代的各类文献中很容易看到有关"天下秩序"的记载，最典型的是本书第一章中介绍的以二十五史为代表的正史（此外，本书第一章中介绍的历代官修地理总志也是如此）。大致而言，一方面，这些正史就其记载的地理范围而言，除王朝直接统辖的区域之外，还或多或少地涵盖与王朝有往来的或者对于王朝有着某种意义以及当时王朝所了解的"蛮夷"之地，尤其是在"列传"部分，整部正史所表达的是王朝统驭的是"天下"；另一方面，整部正史重点记载范围是作为王朝"核心区"的其所直接统辖的地理范围，对其上发生的历史事件、人物、典章制度等的记载占据了绝大部分篇幅，而对于"蛮夷"之地历史和地理的记载则通常放在史书的末尾，且内容也极为简单，所占篇幅甚少，即使是民国时期编纂的《清史稿》也依然遵从着这种撰写方式。这也就展现了王朝时期以"华"为主导的"天下秩序"。

一　"天下图"中的"天下秩序"

王朝时期绘制的"天下图"中对这种由"华""夷"构成的"天下秩序"有着更为直接的反映，以往对此也有一些研究，如管彦波的《明代的舆图世界："天下体系"与"华夷秩序"的承转渐变》，[①]葛兆光也在《宅兹中国》一书中讨论了"古代中国地图里所包含的有关'天下'的想象和观念"[②]。

葛兆光在书中提出"中国人始终相信自己是世界中心，汉文明是世界文明的顶峰，周边的民族是野蛮的、不开化的民族，除了维持朝贡关系之外，不必特意去关注他们。所以，古代中国的世界地图，总是把中国这个'天下'画得很大，而把很大的世界万国，画得很小。古代的《华夷图》《禹迹图》《地理图》，像宋代留下来的那几幅地图，有的叫'华夷图'，就是华夏加上四夷；有的叫'舆地图'，就是说舟车可至的地方。但是，画的还是以当时的汉族中国为中心的一圈，尽管有时也把周边国家画上，但比例很小，小得好像它们真的是依附在中国这个大国身上的'寄生'物。"[③]在这段叙述中需要注意的是，葛兆光提到的"有关'天下'的想象和观念"一句，其中"观念"并无问题，但"想

---

① 管彦波：《明代的舆图世界："天下体系"与"华夷秩序"的承转渐变》，《民族研究》2014年第 6 期。
② 葛兆光：《宅兹中国》，中华书局，2011，第 107 页。
③ 葛兆光：《宅兹中国》，第 108 页。

象"则带有歧义，即表达的是古人对构成"天下"的万国的地理、文化、历史的"想象"，还是对"天下秩序"的想象？从行文来看，葛兆光很可能指的是后者，但这样的认知，即"有关'天下'的想象"显然是一种我们现代人的认知，因为无论是从前人的研究，还是从本章讨论的文本文献和图像史料来看，这种"天下"和"天下秩序"，对王朝时期的人来说是一种既定"事实"，甚至是一种"客观事实"。葛兆光在这段论述的结尾还谈及利玛窦地图的传入"给中国思想世界带来了一个隐性的、巨大的危机，因为它如果彻底被接受，那么，传统中华帝国作为天下中心，中国优于四夷，这些文化上的'预设'或者'基础'，就将'天崩地裂'"，[①] 这一论述同样不够准确。中国古人并不是不知道在"中国"周围以及遥远之地，存在众多的部族和国家，有些政权的面积还很大，阅读一下各朝的地理总志以及正史中关于"四夷"的列传就能明了这点。古人将这种"地理事实"转换为地图时，则将其糅入了"天下秩序"，因为在古人看来，"天下秩序"本身也是一种"事实"，且是超越于"地理事实"之上的一种"事实"。基于此，在当时王朝士大夫眼中，利玛窦地图只是将这种"地理事实""如实地描绘"了出来，这点并没有冲击性，"冲击性"是这种绘制方式有意无意地否定了王朝时期的"天下秩序"。不过，问题在于，在"天下秩序"占据主导、"中国"文化的优越感依然存在的明末士大夫心中，利玛窦地图及其传入的知识，是否能产生冲击是存在疑问的。从当前的研究来看，这些地图和知识在当时只是被当成一种"新奇"之物而已，[②] 基本没有产生太大的影响，且此后的文本文献和地图也证实了这一点，所谓的"天崩地裂"显然是作者基

---

① 葛兆光:《宅兹中国》，第 111 页。

② 可以参见黄时鉴、龚缨晏《利玛窦世界地图研究》，上海古籍出版社，2004。

于其希望得出的结论而给予的判断；当然"给中国思想世界带来了一个隐性的、巨大的危机"也是一种我们现代人的认知。

管彦波的《明代的舆图世界："天下体系"与"华夷秩序"的承转渐变》一文也基本如此，其结论如下：

> 尽管自张骞通西域以来，汉唐时期中国人已经远航到印度东南海岸、波斯湾，元代蒙元帝国陆海扩张、汪大渊等人的航海旅行已经获取了亚、非、澳各洲数百个国家和地区的丰富地理知识，然而中国古代的天下体系，它是以凸显中国对天下的所有为前提的，即凡天下的土地都是"王土"，"世界"若独立于"中国"之外则没有意义，天下只不过是一种想象的存在。这种缺乏世界意识的"天下"、"王土"观念，作为统治中国数千年的政治地理观念，它有非常顽强的历史韧性，任何来自内外的力量均不可能在短期内改变之。然而，入明以后，承继蒙元帝国东西扩张的世界经验，有了郑和下西洋和西方传教士所带来的新鲜域外地理知识的持续发酵，以"中国"为中心天下观念也在被消解、重构的过程中有了太多的变化，许多睁眼看世界的开明士大夫，他们在重新寻找解释天下体系的合理依据的同时，也有了明显的"世界性意识"，在一定程度上承认中国只是天下万国中的一个国家。正是在这种天下观向世界观逐渐转变的过程中，传统的"天朝上国"的帝国观念，实际上已悄然在发生变化。

> 此外，古代中国人以"天下"为最大的空间单位所构建的"华夷秩序"，实际上是以承认中国封建国君天然的君主地位为核心，通过"册封"与"朝贡"来维系的。天下认知体系中的"华"和"夷"，无论是表现在民族、政权，还是在地域与文化上，并不是

完全对等的，存在着内外、主从、上下乃至"文明"与"野蛮"之别，而且这种秩序本身的建立和推展是一个由紧密到松弛的不断演变的过程。在这个演变过程中，入明以后，随着东、西两个世界的接触，前朝太多未曾考虑的海外诸国，均被纳入明代的"华夷秩序"中，使明朝的华夷秩序增添了更加多元的"世界图像"，具有了更加丰富的内涵。明代地图上这些看似不太明显的变化，事实上昭示着古老的中国向近代国家的转变已微露端倪。①

从这段文字来看，作者也有着明显的"后见之明"以及"现代意识"，完全是以现代"世界观念"和"世界体系"为标准来评判古人的"天下秩序"，并加以贬低，且由此认为，从"天下体系"向现代的"世界观念"和"世界体系"转型是历史的必然。显然这是存在问题的，且这样的认识往往会夸大某些史料的说服力，如作者就强调了元明时期地理知识的传入对传统"天下体系"造成的冲击，但仅从传世的清代地图来看，直至晚清，传统的"天下体系"和"天下秩序"观念依然占据着主导。

虽然并不具有太多的新意，但本节希望通过对王朝时期绘制的"天下图"的介绍，说明王朝时期的"天下秩序"的长期延续。

中国现存较早的"天下图"应当是石刻《华夷图》，其于刘豫的伪齐阜昌七年（1136），即南宋绍兴六年刻石；绘制时间当在政和七年至宣和七年（1117—1125），绘制者不详。图中上部正中写有"华夷图"三字，该图绘制范围，东抵朝鲜，西至葱岭，北达长城以北，南到南海和印度洋。从"华夷图"这一图名以及图中所绘内容来看，该图呈现的应当是绘制者眼中由"华""夷"构成的"天下"，但图中主要绘制的是

---

① 管彦波：《明代的舆图世界："天下体系"与"华夷秩序"的承转渐变》，《民族研究》2014年第6期，第110页。

"华"的地域范围，而对于"华"之外的朝鲜半岛、中南半岛以及西域绘制得都极为简单，只是在图的四周用文字注记说明"四方番夷"的历史沿革。此外，与该图存在渊源关系的《历代地理指掌图》中的"古今华夷区域总要图"也是如此。①《历代地理指掌图》中的"历代华夷山水名图"，虽以"华夷"为图名，但图中所绘内容基本集中在"九州""中国"的范围内，只是在西域、辽东和西南点缀有数量极少的"蛮夷"之地的"山水"。在南宋末年成书的《事林广记》的元禄本中也有一幅"天下图"，即"华夷一统图"，②但该图的绘制范围东至山东半岛，南至海南岛，西南至交趾，西至"吐蕃界"，西北包括了西夏，北至长城以北的"契丹界"，东北至"会宁路"，③由此来看，其强调的是"华"，对"夷"则不太在意。

《大明混一图》，绘制于明洪武年间，绢底彩绘，图幅巨大，长宽为347厘米×453厘米。该图描绘范围东起日本，西达欧洲，南至爪哇，北抵蒙古，因此从绘制范围来看，其应当是一幅名副其实的"天下图"，但明朝所控制的区域不仅占据了图面的中央，而且还不成比例地占据了图幅绝大多数的面积，"夷"则只是被填塞在地图的角落之中，甚至巨大的非洲大陆也只是占据了地图左侧的一个角落，因此该图着重表现的同样是"华"。

明代中晚期绝大部分的"天下图"大都是受到三幅地图影响而绘制的，即《广舆图叙》之"大明一统图"、《广舆图》"舆地总图"和《大

---

① 成一农：《浅析〈华夷图〉与〈历代地理指掌图〉中〈古今华夷区域总要图〉之间的关系》，《文津学志》第6辑，国家图书馆出版社，2013，第156页。

② 关于这幅地图的研究，参见成一农《宋元日用类书〈事林广记〉〈翰墨全书〉中所收全国总图研究》，《中国史研究》2018年第2期。

③ 地图参见盛博编《宋元古地图集成》，星球地图出版社，2008，第330页。

明一统志》"大明一统之图",而这三幅地图的绘制范围大致近似,即北至河套或长城,西北至哈密或吐鲁番,西至西番,西南包括了云南,并标绘了安南、缅甸等,南至海南岛,东南至琉球,东至海(有时标绘有日本),西北包括了辽东、朝鲜。这些地图的图名中都出现了"一统",表现的应当是明朝的"天下",但就图面来看,主要标绘的是明朝直接控制的范围,对于周边的"蛮夷"标绘得则极为简单,且有时方位和轮廓都极不准确。

此外,还有本书第一章中介绍的属于"古今形胜之图"系列地图[①]的明万历二十一年(1593)刊印的《乾坤万国全图 古今人物事迹》,图中上部的注记提到"故合众图而考其成,统中外而归于一。内而中华山河之盛,古今人物之美,或政事之有益于生民,或节义之有裨于风化,或理学之有补于六经者,则注于某州某县之侧;外而穷荒绝域,北至北极,南越海表,东至汪洋,西极流沙,而荒外山川风土异产,则注于某国某岛之傍",因此这是一幅"天下图"。但从图中所绘来看,该图同样是将明朝所控制的区域置于中央,且不成比例地占据了大部分的图幅,同时对于远离明朝的国家和地区,不论大小,绘制者都将其以小岛状散绘在明朝周围的海洋之中,而不考虑其所标位置、大小是否恰当。属于这一系列地图的还有金陵曹君义刊行的明崇祯十七年(1644)的《天下九边分野 人迹路程全图》,同样以明朝所控制的区域为主要呈现的对象,占据了图幅的绝大部分面积,但受到西方传教士所绘地图的影响,图中还绘出了亚洲、欧洲、非洲、北美洲和南美洲以及南极,且标绘有经纬网,绘制范围比《乾坤万国全图 古今人物事迹》更为广大。不过将这幅地图与当时传教士绘制的世界地图进行对比的话,就会发现,虽

---

① 对于这一系列地图的研究,参见成一农《"古今形胜之图"系列地图研究——从知识史角度的解读》,《形象史学》第 15 辑,第 248 页。

然在《天下九边分野 人迹路程全图》中，南、北美洲和南极有很多地名被保留了下来，但它们的形状被大幅度地剪裁、缩小、扭转甚至变形。《坤舆万国全图 古今人物事迹》虽然绘制得不太准确，但基本将北美洲的轮廓、墨西哥湾、加利福尼亚半岛，甚至古巴岛等岛屿都清晰地表现了出来，现代人一眼就能识别出这是"北美洲"。而《天下九边分野 人迹路程全图》中的北美洲则"蜷缩"在地图的右上角，古巴岛用山形符号标绘在远离海岸的位置上，如果不是其上标注有"加拿太国"这一名称的话，估计现代人很难识别出这是"北美洲"；同时"南美洲"被放置在地图右下角，与"北美洲"远远地隔绝开来。因此这幅地图只是在一幅表达了明朝直接控制的地域范围的地图之上，套叠了来自传教士地图上的明朝之外地域的一些缩小变形的图像，且对其进行了大幅度的精简，其核心依然是"华"所在的"九州"和"中国"。

　　第一章中介绍的清代中后期在民间广泛流传的《大清万年一统地理全图》系列地图也是如此。在这一系列地图中，清朝所控制的区域同样占据了图面的中央以及图幅的绝大部分面积，而"夷"依然被变形且被放置在地图的角落，不讲求相对准确。以朱锡龄版《大清万年一统天下全图》为例，该版地图主要有挂幅和屏风两种形式，挂幅版现存于美国威斯康星大学和中国香港科技大学等处，屏风版现收藏于法国。这一版本的地图可能是出于悬挂的需要，制图者对图幅进行了纵向拉伸，导致了一系列的精简和变形：原先西部地名的文字注释被大量精简，关于高昌、亦力巴力、撒马儿罕、哈密、哈烈、葱岭等地名的说明文字皆被删除，少量保留下来的文字注记也有所删减。制图者对西北域外的岛国也做了删减与位置调整，东部的岛屿位置亦因纵向拉伸而位置变形严重，尤其是浙江所属的沿海岛屿被上移至江苏沿海，而日本列岛也随之被北移到了江苏、山东以东。除此之外，该版地图还增加了大量西方地名，如"控格尔（西北一大国也，地包俄罗斯东西界之外，东西三万里，南北二万里，东界大海，西界西海，南界而落，北界冰海）、度尔格国、务鲁木城、普鲁社、惹鹿惹亚、巴拉克、细密里亚、大白头番、小白头番、伯尔西亚、波拉尼托、以西把尼、意大里亚、厄勒际亚、西多尔其、东多尔其、大秦国（天主降生于此）、亚非利加、博尔都、骆西大尼、噶尔亚、安集延、哪吗、温都斯坦、默得那国"等。另外，此图在西南暹罗、斜仔以西新增了锡兰山［《（嘉庆）大清一统志》："锡兰山在西海中。"］、马尔地袜（南怀仁《坤舆图说》："印第亚之南有则意南岛，离赤道北四度……西有小岛数十，总名马儿地袜，悉为人所居。"）、圣老楞佐岛［其名可见《（嘉庆）大清一统志》，并谈到"利为亚州者东至西红海圣老楞佐岛"］、淄山（明万历《三宝太监西洋记》中提到西洋十八国，第六国为淄山国）四个岛屿。不过，这些增加的地名标注并不代表绘制者本身熟悉域外地理，更可能只是将当时域外著作中的地理知识杂糅进地图，如绘制者将"亚非利加"这一洲名与其他地名混列于一处，并且将与亚洲大陆隔海相望的非洲地名一并标注于中国西部陆地疆域旁；西南向新增的四个岛屿用墨线将其相互连接，分别与斜仔相通于柯枝国，但与实际地理位置也并不相符。可见绘者仅是罗列这些地名而已，对于其实际的情况全无概念。总体而言，这一版本的《大清万年一统天下全图》虽然扩大了绘制的地理范围，但一方面清朝直接控制的地理范围依然在图面上占据主导，另一方面绘制者似乎只注重增加"蛮夷"之地的数量和范围，但并不在意这些地理知识的准确性，这些地图依然展现的是传统的"天下秩序"。

还需要强调的是"大清万年一统"系地图晚至咸丰年间甚至之后还以"天下总舆图"为名在坊间流传。据王耀研究，中国社会科学院民族学与人类学研究所藏《天下全图》地图集与美国国会图书馆藏《天下总舆图》地图集同样由 20 幅相同图题的地图组成；山川河流、海洋、长城等地物的表现方式一致；图幅文字注记一致，且字迹几近相同。可以确定具有同源性，出自相同的摹刻本。同时，经过对图幅尺寸、绘制内容、技法、风格等的比较，王耀认为中国社会科学院民族学与人类学研究所藏《天下全图》、美国国会图书馆藏《天下总舆图》、中国国家图书馆藏《清直省分图》、英国皇家地理学会藏《天下总舆图》、中国科学院藏《清分省舆图》之间存在着较强的关联性与一致性，其主要差异是着色的有无。[1] 将美国国会图书馆藏《天下总舆图》与乾嘉时期流行的《大清万年一统天下全图》进行比对，可以明显发现，《天下总舆图》虽然删去了大量文字注记，但依然保留了《大清万年一统天下全图》的整体框架，即虽然整个图幅的"四至"依然是东至朝鲜、西至西洋、北至沙漠、南至东南亚，且标注有大西洋、小西洋、荷兰国、日本、琉球等文字，但整幅地图的绝大部分图面描绘的依然是清朝直接统驭的范围。甚至晚至光绪年间由年画铺坊刻印发售的不著作者的《古今地舆全图》也是如此。[2]

　　总体而言，王朝时期的"天下图"通过将王朝所直接控制的地域范围绘制在地图中间，且不成比例地放大，同时将"夷"不成比例地缩小，点缀在地图图幅四周，来凸显王朝时期的"天下秩序"。整个"天下"是围绕"华"展开的，且"华"占据着统治和支配地位，而居于从属地位的"夷"是相对不重要的。还需要注意的是，在这一"天下秩序"中，"夷"的重要性也是存在差异的，且这种差异是由与"华"的远近关系来决定的，这点在"天下图"上表现得非常明显。如与"华"有

---

[1]　王耀：《清代彩绘〈天下全图〉文本考述——兼释海内外具有渊源关系的若干地图》，《中国国家博物馆馆刊》2016 年第 10 期。

[2]　该类地图存世较多，主要有光绪十年（1884）、光绪十一年（1885）、光绪十四年（1888）、光绪十八年（1892）和光绪二十一年（1895）所刊印的五种。

着更为密切关系的朝鲜等通常被绘制得更大、更详细，在具体方位上也更为准确，而那些对绘制者来说只是有所听闻的"夷"，如欧洲、非洲诸国，则通常被绘制得非常小，且极为简略，方位也只是示意性的。更为重要的是，上述对王朝时期流行的"天下图"的介绍，说明之前学者所认为的在宋代或者明代晚期开始转型的这种"天下秩序"，一直延续到了清末。

还需要说明的就是，上述"天下图"中，以《今古舆地图》系列地图和《大清万年一统地理全图》系列地图为代表的地图，不仅在当时的士大夫中流传，且在普通民众中广泛流传。对于"中国"的普通民众而言，这些地图所展现的"天下秩序"不仅不陌生，而且很可能也被他们认为是既定"事实"，这似乎也展现了这种"天下秩序"的观念在王朝时期被广泛接受的程度。

作为对上述认识的补充，就现存的地图而言，清代晚期之前，王朝时期绘制的"九州"和"中国"之外地区地图的数量极为有限，主要集中在朝鲜、日本、越南、琉球等少数在历史上与王朝存在密切往来关系或者曾影响到王朝统治或王朝稳定的国家和地区。而且就绘制时间而言，这些地图不仅主要集中在这些国家和地区与王朝存在密切往来关系的某一时期，而且多相互抄袭。上述现象应当也是王朝时期的"天下秩序"观念造成的，因为，在这一观念之下，"蛮夷"之地是不需要王朝给予太多关注的，也就没有太大必要为它们绘制地图对它们进行展现。中国古代不乏著名的旅行家，如我们耳熟能详的明代的徐霞客、王士性，但是他们的旅行范围也只是局限在"九州"之内，在他们的著作中根本看不到他们对域外的兴趣。当然在中国古代也存在一些域外探险，但这些探险绝大多数不是基于地理目的而进行的，如开通西域的张骞，以及后来汉朝不断派往西域的使团，他们的政治目的远远强于地理兴趣，一且政治目的消失了，这些"夷"地就很少有人涉足；唐代前往印度的玄奘，其目的为求法，而不在于地理探险；明初的郑和，七次下西洋的政治目的也远远强于地理探察。虽然这些人带回了大量地理知识，甚至有著作存世，但是这些著作并没有引起中国古代知识分子的太多兴趣。对于《水经注》以及历代正史中《地理志》，为其注释者前后不绝，但是中国古代对《大唐西域记》《岛夷志略》这些有关域外的著作进行的研究寥寥无几。下面对王朝时期绘制的"蛮夷"之地的地图进行一些简要介绍。

关于王朝时期"天下图"中对于西域的描绘，笔者在《从古地图看中国古代的"西域"与"西域观"》一文中进行过梳理。[①] 大致而言，自宋代至清代中期，"西域"并不是王朝时期"天下图"中必然绘制的区域；且即便在绘制了西域的"天下图"以及以"西域"为主要描绘对象的区域图中，大部分着重绘制的是这一区域的"历史"。但是不绘制西域地区或者仅重点绘制历史内容，并不能用绘制者缺乏关于当时西域地区地理状况资料来解释，因为不仅宋、元、明时期中原地区与西域的交往并没有断绝，往来的使者、传教士等都带来了关于西域的各种资料，而且这些时期也流传有关于西域当时情况的地图，最为典型的是《西域土地人物图》，其在明代中后期有着多种版本流传。所以士大夫或多或少应当掌握当时西域地区的地理状况，如果想绘制西域现实地理状况的话，他们完全有资料可依，或者至少可以找到一些相应的材料。这种在地图中不重视对西域地区的描绘的情况，应当可以说是对王朝时期"天下秩序"的一种反映。

现存最早的关于西域地区的地图是宋代释志磐《佛祖统纪》中的

---

① 　成一农：《从古地图看中国古代的"西域"与"西域观"》，《首都师范大学学报》（社会科学版）2018 年第 2 期。

"汉西域诸国图"。《佛祖统纪》是一部佛教典籍，详细记载了一些佛教史实和天台宗的传法世系，不过除记述佛教方面的内容外，还"记述有历代沿革、地形地貌、山川湖海，乃至西域和南亚地区一些国家的道路、方位、距离以及风土民俗等"。[①] "汉西域诸国图"出自该书第三十二卷，绘制范围东起黄河上游兰州一带，西至安息（今伊朗），南抵石山，北到瀚海。[②] 图中绘出了天山、葱岭、北山、南山、石山和积石山；用双曲线简要绘出了黄河上游河道，葱河置于图的正中，由西向东流入蒲昌海。图上还清晰地绘出了中原地区通往西域的两条路线，它们始于甘肃的武威，经张掖、酒泉到敦煌，然后分南北两路沿蒲昌海南下：南路经鄯善（即楼兰）、小宛、焉耆（今焉耆回族自治县）、龟兹（今库车）、于阗（今和田）、莎车（今莎车县一带），沿葱岭南麓，经大月氏至安息（伊朗高原）；北路沿蒲昌海向北，经伊吾（今哈密）、交河、车师前王、狐胡、乌孙、疏勒（今喀什市），越葱岭至大宛、康居、奄蔡（在咸海、里海以北）。[③] 该书中还有一幅"西土五印之图"，地图右上角的图注为"唐贞观三年，奘三藏上表游西竺，历百三十国，获贝叶七十五部。十九年回京师，诏居弘法院译经，又述《西域记》以记所历云"；左下角的图注为"此依《西域记》所录，诸国方向，最难排比，当观大略，莫疑失次"。图中罗列了大量唐玄奘所撰的《大唐西域记》中的地名，因此该图可以被认为是对《大唐西域记》所记行程的图解。图中山脉用山形符号标识，河流用双曲线绘制，地名直接标注在地图上，而一些重要的寺院和城池则书写在椭圆形文字框中。

　　此后现存的关于"西域"地区的地图主要是明代中晚期之后的，其

---

① 郑锡煌：《〈佛祖统纪〉中三幅地图初探》，《自然科学史研究》1985 年第 3 期，第 230 页。

② 地图参见曹婉如主编《中国古代地图集（战国—元）》，文物出版社，1990，图版第 153。

③ 孙果清：《东震旦地理图与汉西域诸国图》，《地图》2005 年第 6 期，第 80 页。

中少有的彩绘本地图即在 2018 年中央电视台春节联欢晚会上对公众公开并改名为"丝路山水地图"的"蒙古山水地图"。根据研究，这幅地图的绘制年代存在多种可能，有可能绘制于明代中后期、清初或者民国时期。①"蒙古山水地图"是留存至今的一系列相似地图中的一幅，目前所见属于这一系列的地图还应当有如下几幅：台北故宫博物院藏彩绘本《甘肃镇战守图略》所附的"西域土地人物图"，该地图另外还有两个明代刻本传世，一是明嘉靖二十一年（1542）马理主编的《陕西通志》中的"西域土地人物图"，二是明万历四十四年（1616）成书的《陕西四镇图说》中的"西域图略"；②此外，李孝聪提及在意大利还藏有一个绘本，即《甘肃全镇图册》中的"西域诸国图"。从这几幅地图所承载的知识来看，有学者认为其资料并不源于当时中原士大夫所掌握的材料，如赵永复认为该图是当时官员综合了各地中外使者、商人记述而绘成。③当然，这些认识缺乏直接证据，不过如前所述，从现存地图来看，从宋代到清代中期极少绘制西域地区的地图，少量绘制有西域地区的地图主要表现的也是西域地区汉唐时期的历史内容，而不是绘图时的地理情况。且从目前存世的文献来看，至少当时的士大夫是不太关注西域地区的，④几乎找不到清代中期之前关于西域的专门著作。且正如李之勤所述，与"蒙古山水地图"存在渊源关系的《西域土地人物图》和《西域

---

① 参见成一农《几幅古地图的辨析——兼谈文化自信的重点在于重视当下》，《思想战线》2018 年第 4 期。

② 参见林梅村《蒙古山水地图》，文物出版社，2011，第 50 页。

③ 赵永复：《明代〈西域土地人物略〉部分中亚、西亚地名考释》，《历史地理》第 21 辑，上海人民出版社，2006，第 355 页。

④ 参见成一农《从古地图看中国古代的"西域"与"西域观"》，《首都师范大学学报》（社会科学版）2018 年第 2 期。

土地人物略》所记地名数量远远超出当时其他文献记载的数量。[①]因此可以说，虽然这幅地图是明朝时绘制的，但绘图者所依据的知识很有可能并不源于当时中原士大夫所掌握的材料，因此无法代表他们对于西域地区的总体认识水平。

除了这一系列地图之外，明代流传至今的"西域图"都是明代中晚期书籍中的插图，这些书籍大致有《广舆图》《图书编》《三才图会》《八编类纂》《武备志》《武备地利》《修攘通考》《阅史津逮》和《地图综要》等。这些书籍中收录的"西域图"内容和形式基本相同，其中最早的应当就是《广舆图》初刻本中的"西域图"，该地图绘制范围北至沙漠，南至印度，东至凉州、鄯州和马湖，西至大食界，所绘多是历史内容，即文献中记载的西域地区曾经存在的国家和部族；图面上绘制有方格网，每方五百里。其他书籍中的"西域图"，除了在绘制精细程度存在差异之外，内容基本一致，但都去掉了方格网。

此外，在清代《钦定皇舆西域图志》中有着一套西域地区的历史地图集以及更为详细地呈现了清代西域情况的地图。该图志是乾隆二十年（1755）平定准噶尔之后，乾隆帝下令编纂并派何国宗等与传教士分别由西、北两路深入吐鲁番、焉耆、开都河等地及天山以北进行测绘而成的。这些资料后来也被吸收到了《皇舆全览图》中。

现存的"日本图"基本源于明代晚期，其中大部分地图的图面内容几乎完全相同，属于一个谱系，目前所见收录这一地图的著作大致有《筹海图编》《郑开阳杂著》《筹海重编》《广舆图》（包括嘉靖四十年胡松刻本及其之后的版本）以及《两浙海防类考续编》《日本考》《三才图会》《万历三大征考》《八编类纂》和《阅史津逮》等。就图面内容而

---

① 李之勤：《〈西域土地人物略〉的最早、最好的版本》，《中国边疆史地研究》2004 年第 1 期。

言，该"日本图"上北下南，左西右东，在图面上部标注有"北至月氏国界"，下部标注有"南至大琉球界"，东侧是海，西侧则标注有"辽东""山东""淮杨"和"浙江"，左下角标注"西南至福建界"，左上角标注"西北至朝鲜国界"，右上角标注"东北至毛人国界"，右下角标注"东南至东女国界"；图中详细标注了日本各"州"的名称以及所领"郡"的数量，在个别地点还标注了当地物产等内容。此外，《地图综要》和《图书编》中的"日本图"，除了方向相反，即上南下北之外，图面内容与其他各书中相应的"日本图"基本一致；而《温处海防图略》中的"日本倭岛图"则是将"日本图"与另一幅"日本岛夷入寇之图"结合在一起构成一幅地图。

除了这一谱系的"日本图"之外，在部分明代著作中还存在少量其他类型的"日本图"。如《海防纂要》中的"日本国图"，该图对日本的本州、四国和九州进行了简要描绘，其中较大的"州"用侧立面的城垣符号标识，用形象的房屋符号标识了其余的"州"和"郡"，同时还绘出了一些山脉的走向。《登坛必究》中的"日本图"，没有标识正方向，但大致而言，应该是左北右南，图中用圆圈标绘了各"藩"的位置，用文字注记了各"道"所辖"州"的数量，在"伊势"左侧还标注有"伊势乃皇大神所居"的文字，地图下方的文字注记描述了前往朝鲜的海路，在地图右侧则绘出了"琉球国"。《武备地利》和《武备志》中的"日本图"与此相同。

明代中晚期这些"日本图"的出现，结合这一时期出现的海防图，显然与嘉靖以后倭寇的威胁以及万历时期日本侵朝有关。[①] 但是，到了清朝，日本又再次淡出了王朝士大夫的视野。直至晚清，随着日本明治

---

① 具体可以参见成一农《明清海防总图研究》，《社会科学战线》2020年第2期。

维新以及中日甲午战争的爆发,日本才再次受到中国士大夫的重视,由此也出现了少量日本地图,如中国国家图书馆藏清光绪六年刻印本的王之春的《日本国舆地图》。

与日本不同,朝鲜是明清两朝的藩属国,与王朝的关系也更为密切,因此留存下来的明清时期绘制的"朝鲜图"数量也较多。不过,现存最早的一批"朝鲜图"同样出现在明代中后期,大致有罗洪先《广舆图》初刻本、《郑开阳杂著》以及《登坛必究》《地图综要》《三才图会》《图书编》《武备地利》《武备志》《修攘通考》和《阅史津逮》中的朝鲜地图。这些地图所绘内容基本相同,只是除了罗洪先《广舆图》和《郑开阳杂著》中的朝鲜地图之外,其余各图皆无方格网,而《广舆图》和《郑开阳杂著》中"朝鲜图"为每方百里。这些"朝鲜图"详细绘制了朝鲜境内的山川、各道以及聚落的位置,与"日本图"相比,所绘内容更为详细和具体。除此之外,还有《万历三大征考》和《海防纂要》中的"辽东连朝鲜图"以及《经略复国要编》中的"朝鲜图"。这三幅地图基本相同,方向大致为上南下北,如图名所述,这些地图除绘制了朝鲜之外,还绘制了明朝的辽东地区,但极为简略,方位也不准确,只是简单标注了"金州卫"、"海州卫"和"辽阳都司"等几个军事卫所;而且这些地图朝鲜部分的绘制注重对山川的呈现,与《广舆图》和《郑开阳杂著》等著作中的"朝鲜图"相比,描绘的城池聚落要少得多,但在海域中标注了大量岛屿;此外,这几幅地图还在海中简要标注了"日本""大琉球"和"小琉球"的位置。《筹海重编》中的"朝鲜国图",方向为上东下西,详细描述了朝鲜境内的山川、各道以及聚落的位置。此外,中国国家图书馆还藏有一册明末刻印本的《朝鲜地图》,按照《舆图要录》的介绍,这一图册"图凡 12 幅。内有'天下图'1 幅,圆形,绘有经纬线,中国居中,周围注国名百余个;'中国图'1 幅,绘有长城、长江、黄河、丽江和两京十三省，注出各省至北京里程；朝鲜八道总图及其辖境属京畿道、全罗道、忠清道、江原道、黄海道、平安道、咸镜道图各1幅，尚缺庆尚道图1幅；日本国、琉球国图各1幅。各图绘制简略"。[①] 国家图书馆还藏有两幅清代中期绘制的单幅的朝鲜地图，以及十幅（册）光绪年间绘制的朝鲜地图。总体而言，与日本以及其他域外地区相比，明清时期"朝鲜图"绘制的数量更多，且图面内容也更为翔实，表明在王朝时期的"天下秩序"中朝鲜具有特殊地位。这一认识也可以得到王朝时期绘制的"天下图"的证明，因为在大量"天下图"中，通常都会以详略不一的形式呈现"朝鲜"，如《大明一统志》"大明一统之图"、《广舆图》"舆地总图"、《钦定大清会典》"大清皇舆全图"（《四库全书》本）以及《钦定皇舆西域图志》"皇舆全图"等。

　　琉球为明清两朝的藩属国，因此现存一些明清时期绘制的"琉球图"。流传下来的明代的"琉球图"主要有明嘉靖四十年胡松刻本《广舆图》以及《八编类纂》、《地图综要》、《三才图会》、《图书编》、《阅史津逮》和《郑开阳杂著》等书中的"琉球图"。这些"琉球国图"或"琉球图"所绘方式及内容基本一致：方向为上北下南，左西右东；图面正中绘制了"琉球岛"，其上主要绘制了一些殿宇，如"天使馆"、"迎恩亭"、"中山牌坊"、"奉神殿"及"圆觉等寺"、"天界等寺"等，且在某些地方标注了距离，如"中山牌坊"处的文字注记为"此牌坊至欢会门五里"，以及"迎恩亭至天使馆五里""天使馆至欢会门三十里"；在"琉球岛"之外，还标绘了一些岛屿，并记录了一些航程，如"高英屿东离琉球水程三日""彭湖岛东离琉球五日""西南福建梅花所开洋顺风七日可到琉球"等，因此似乎这些地图与派遣到琉球的使者的航行有

---

① 　北京图书馆善本特藏部舆图组编《舆图要录》，第21页。

关。值得注意的是，在琉球岛的西侧不远处标绘有"钓鱼屿"。而清代的徐葆光《中山传信录》和周煌《琉球国志略》中各有两幅描绘琉球的地图，经过对比，两书中收录的两幅地图存在对应关系，《中山传信录》的"琉球三十六岛图""琉球地图"分别对应《琉球国志略》中的"琉球国全图""琉球国都图"。"琉球三十六岛图"和"琉球国全图"，方向上东下西，在中部偏上绘制了琉球岛且标绘有"中山"、"山南"和"山北"，在海域中标绘了大量岛屿。"琉球地图"和"琉球国都图"，方位上东下西，呈现的是琉球主岛的地理情况，标绘得比较详细，且地图右侧边缘记述了图中分别用来标识"中山"、"山南"和"山北"范围内各地理要素时使用的符号。

明清王朝与安南之间的关系比较微妙，时战时和，不过在大多数时期，安南在表面上臣服于明清王朝。由于明清王朝和安南的关系比较密切，因此明代中后期直至清代都绘制有一些相关的地图。明代绘制的"安南图"主要集中在《郑开阳杂著》和《广舆图》初刻本以及《地图综要》《三才图会》《图书编》《武备志》《武备地利》《修攘通考》中，且这些书籍中的地图内容和形式基本一致。其中《郑开阳杂著》和《广舆图》初刻本中的地图以计里画方，每方百里，而其他地图则没有方格网。这些地图大致方向上北下南，详细绘制了安南境内的山川以及聚落，且用虚线表示安南境内的交通线。清朝中期留存下来的安南图主要有李仙根《安南使事纪要》中的"交趾安南国舆地图"。清朝康熙七年（1668），安南国王黎维禧擅自发兵进攻安南都统使莫元清。为平息这一事件，康熙派遣李仙根出使安南。康熙八年李仙根抵达安南，经过反复交涉，最终黎维禧按清廷要求以三跪九叩礼接旨，并听从清朝的安排。从安南返回后，李仙根撰写了《安南使事纪要》。"交趾安南国舆地图"就是书中的插图，该图上北下南，简要绘制了安南境内的各府，其中重要的城池如都城等用城池符号表示，且用虚线标绘了交通线。嘉庆时期，安南改国号为"越南"，因此之后绘制的地图图名中大都使用"越南"一词，如美国国会图书馆藏清光绪年间彩绘本《越南全省舆图》，"图题贴红签墨书，该图描绘了越南全境的山川、海岸形势，各省政区与城镇分布。用山峰形象表示地形，河流绘得很夸大；省城标志红方框，其他城镇仅标注地名，而无符号；突出标志越南都城富春（顺化）。越南西边的寮国、缅甸的主要河流亦予描绘。此图绘制画法与传统中国舆图稍有区别，图文描述越南全境如何划分南圻、北圻，都城富春（顺化）的险要；分析各省的地理环境与物产，以及入越水陆交通之险易；图内符号标记的含义。文末特别提到'刘永福老营特用大红圈标明易于鉴别'，图内标志在永顺。由此可推断此图之绘制，应在19世纪末刘永福助越抗法之际"。①

在清末之前，除了西域及日本、朝鲜、琉球和安南之外，王朝的士大夫似乎不太关注其他地区的"夷"，因此没有太多其他区域的地图流传下来。只是在明末的一些书籍中存在描绘了"西南海夷""东南海夷""朔漠""东北诸夷""东南滨海诸夷"以及西和西北"诸番"或"诸夷"的"总图"。且这些地图虽然出现在不少书籍中，但图面内容基本一致，因此可以认为这些图只是相互抄摹而已。其中"西南海夷图"简单描绘了中南半岛南部及其附近海域中的岛屿；"朔漠图"主要绘制了内外蒙古地区的山川和部族分布；"东南海夷图"描绘了中国大陆以东和东南海域中的岛屿和国家。以上三图以《广舆图》初刻本中的地图为代表。"东北诸夷图"详细介绍了山海关和长城之外地区的部族及其分布，但这些部族只是被用密集排列的菱形符号罗列在一起，该图以桂萼《广

---

① 李孝聪编著《美国国会图书馆藏中文古地图叙录》，文物出版社，2004，第3页。

舆图叙》中的地图为代表。西和西北"诸番"或"诸夷"的地图,则简要描绘了西北区域诸族的分布,但图中突出绘制了黄河的河源,该图以张天复《皇舆考》中的地图为代表。"东南滨海诸夷图",方位大致为左北右南,但并不准确;图面上方用黑线简单勾勒和标识了浙江、福建、广东、崖州、广西等政区;在海域中,标注了日本、琉球、安南、占城和三佛齐等地,且注明了距离沿海各省的距离,还用矩形框标注了大量"国名"。该图以王在晋《海防纂要》中的地图为代表。

最后,还要提及的是王朝时期的"天下秩序"还反映在某些地图所使用的符号上。清末之前,明确注明图面所用符号的地图数量不多,也基本没有地图对其所使用符号的含义和原因进行介绍,但比较特殊的是《杨子器跋舆地图》,绘图者对图中使用的符号的含义进行了如下叙述:

> 一京师八其角,以控八方也。
>
> 一蕃司为圆,府差小焉,治统诸小,非一方拘也。
>
> 一州为方,县则差小,大小各一方也。
>
> 一附都司、卫所,加城形者,示有捍御,不附书,总具图空,不得已也。
>
> 一守御所特设者,斜其方,以武非治世之正御,与都司以次而大,因其势也。
>
> 一夷邦三其角,偏方也,不多及者,纪其所可知者耳。
>
> 一宣慰司以下无别者,王化所略也。
>
> 一山川、陵庙各随形以书其名,非特纪名胜,正以定疆域也。

这段对所使用符号含义的描述有着浓厚的等级意识,如从京师的"以控八方",到藩司和府的"治统诸小",再到州县的"各一方";且省会和府之间，州和县之间，虽然使用的符号相同，但用大小来表达了等级差异。与本节主题相关的符号就是这一叙述中强调的用于"夷邦"的符号，即"偏方也，不多及者，纪其所可知者耳"，显示出"华"与"夷"之间的差异；而"宣慰司以下无别者，王化所略也"更是对这一"天下秩序"直白的表达。

二　职贡图所反映的王朝时期的"天下秩序"

从历代的《职贡图》入手讨论"华夷秩序"和"天下秩序"的研究数量同样众多，如葛兆光的《想象天下帝国——以（传）李公麟〈万方职贡图〉为中心》、苍铭和张薇的《〈皇清职贡图〉的"大一统"与"中外一家"思想》、[①]杨德忠的《元代的职贡图与帝国威望之认证》[②]以及赖毓芝的《图像帝国：乾隆朝〈职贡图〉的制作与帝都呈现》[③]等，这些研究对职贡图的讨论大都基于将王朝作为"国家"和"帝国"，但"王朝"与"帝国"和"国家"在空间结构上是存在差异的，简言之，"王朝"涵盖的是"天下"，而无论是"帝国"还是"国家"都有着明确的地域范围限制。[④]以往的相关研究者由于持有这样的视角，因而在研究中虽然强调"王朝"与"蛮夷"的等级差异，但同时在研究中通过将

---

① 苍铭、张薇：《〈皇清职贡图〉的"大一统"与"中外一家"思想》，《云南师范大学学报》（哲学社会科学版）2019 年第 3 期。

② 杨德忠：《元代的职贡图与帝国威望之认证》，《美术学报》2018 年第 2 期。

③ 赖毓芝：《图像帝国：乾隆朝〈职贡图〉的制作与帝都呈现》，《"中央研究院"近代史研究所集刊》第 75 期，2012 年。

④ 参见成一农、陈涛《王朝是"帝国"吗？——以寰宇图和职贡图为中心》，《云南大学学报》（社会科学版）2022 年第 1 期。

"王朝"称为"帝国""国家"从而有意无意地将"王朝"与同样作为"国家""部族"的"蛮夷"并立,并没有真正理解王朝时期的"天下秩序"。

此外,葛兆光在《想象天下帝国——以(传)李公麟〈万方职贡图〉为中心》中提出,"本文以(传)宋代李公麟创作《万方职贡图》的宋神宗熙宁、元丰年间为例,考证当时北宋王朝与周边诸国的朝贡往来实况,并与《万方职贡图》中的朝贡十国进行比较,试图说明如果《万方职贡图》真是李公麟所绘,那它的叙述虽然有符合实际之处,但也有不少只是来自历史记忆和帝国想象。这说明宋代中国在当时国际环境中,尽管已经不复汉唐时代的盛况,但仍然在做俯瞰四夷的天下帝国之梦。特别要指出的是,这种'职贡图'的艺术传统还一直延续到清代,而类似'职贡图'想象天下的帝国意识,也同样延续到清代"。[1]虽然在我们现代人看来,王朝时期构建的"天下秩序"确实有着想象的成分,但在研究中,我们要意识到,识别出这种"想象"的是我们现代研究者,对于王朝时期的人来说,这并不是"想象"而是"事实"。因此,在历史研究中,当分析王朝时期人们的认识的时候,我们需要将"天下秩序"作为当时的"事实"来看待,否则就会对当时人的认识产生或多或少的曲解。

不仅如此,以往的这些研究基本忽略或忽视了王朝时期"职贡"一词的含义。王朝时期的"职贡"指的是"天下"各地按等级向王朝中央纳贡的制度,也即"纳职贡",是臣属于王朝的地区的职责和义务,也是这些地区臣属于王朝的标志。以往学者将王朝作为一个"国家"或者"帝国"来进行研究时,虽然认识到了"王朝"与朝贡的国家、部族、政权之间存在着"不平等"的关系,但没有意识到"纳职贡"意味

---

[1] 葛兆光:《想象天下帝国——以(传)李公麟〈万方职贡图〉为中心》,《复旦学报》(社会科学版)2018年第3期,第36页。

着"臣属"。这里需要说明的是，这种"臣属"是站在王朝视角的，即王朝认为"纳职贡"意味着"纳职贡"的地区承认了王朝的统治权，但"来纳职贡"的地区是否意识到了或者认可这点则是另外一回事。"职贡图"本身通过绘制"纳职贡"的国家及相关图像就已经展现了王朝时期的"天下"以及"天下秩序"。

虽然存在争议，但大致可以认为南京博物院所藏南朝梁元帝萧绎原作、北宋熙宁时期摹绘的《职贡图》应是目前存世最早的职贡图。[1]该图现存绘制有外国使节12人的残卷，且在人物旁列有其国名与大段题记，从右至左依次为滑国、波斯国、百济、龟兹、倭国、狼牙修国、邓至国、周古柯国、呵跋檀国、胡蜜丹国、白题国和末国。清代吴升在《大观录》中记载，当时他所看到的图卷所列为25国，即"绢本，高八寸，长一丈二尺二寸，设色，人物高可六寸。绘入朝番客凡二十六国。冠裳结束，殊俗异制，虬髯碧眼，奇形诡态，国国不同。每一番客后疏其国名，采录其道里、山川、风土，皆小楷书，端严谨重，具唐人法度。字繁不录，止录国名：第一国前已捐失，止存后书十四行；第二国为波斯；三为百济；四为龟兹；五为倭国；六为高句骊；七为于阗；八为新罗；九为宕昌；十为狼牙修；十一邓至国；下为周古柯、呵跋檀、胡蜜丹、白题国、鞑国、中天竺、师子国、北天竺、褐盘陀、武兴番、高昌国、天门蛮、建平蜒、临江蛮，诸番客则以次而绘，而采录焉"。[2]这一《职贡图》中记录的"来纳职贡"的诸国大致来自东亚、中亚和西亚等地，远远超出了南朝梁所控制的区域，一方面显然其所表达的是南朝梁的"天下"，另一方面这些国家、政权、部族前来南梁"朝贡"，无

---

① 金维诺：《"职贡图"的时代与作者——读画札记》，《文物》1960年第7期。

② （清）吴升《大观录》，民国九年武进李氏圣译厂本。

论是真实的，还是想象的①，都意味着在南梁统治者心目中这些国家、政权、部族，与南梁所控制的区域相比是地位较低的，这也是对"天下秩序"的展现。不仅如此，图像旁对各国进行介绍的题记除记载了当地的历史、文化和风俗之外，有时也展现了南梁所认为的这些国家和地区的人对于南梁，或者说"中国"文化等方面的仰慕，如：

> 周古柯，滑旁小国。普通元年，随滑使朝贡。□表曰："一切所恭敬，一切吉具足，如天静无云，满月明曜，天子身清静具足亦如此。为四海弘愿，以属舟航。杨州，阎浮提第一广大国，人□布满，欢乐庄严，如天上不异。周古柯王顶礼弁拜，问讯天子□□□今上金□一，琉璃碗一，马一匹。"

这段文字表达了周古柯国对南梁的仰慕。类似的还有：

> 胡蜜檀，滑旁小国也。普通元年，使使随滑使来朝。其表曰："杨州天子，出处大国圣主。胡蜜王名□□，遥长跪合掌，作礼千万。今滑使到圣国，□附函启，并水精钟一口，马一匹。圣主有若所敕，不敢有异。"

此外，以往学界研究较多的是宋代李公麟所作的《职贡图》。该图在世界各地多有收藏，图名不一，且对这些图的真伪，学界还存在较多争议。如赵灿鹏认为台北故宫博物院所藏"传为李公麟作《万国职

---

① 所谓"想象"的，指这些国家和政权、部族中的一些实际上并未前来朝贡，也可能是这些国家和政权、部族确实派遣使者来到南梁，但南梁将这种行为想象为"朝贡"，而来访的使节可能并没有这样的意识。

贡图》诸国题记，实自明人王圻等撰《三才图会》一书抄撮而成"，[①]且他还认为其他 13 种传为李公麟所作的《职贡图》也都不是李公麟的作品。[②]而葛兆光则认为美国弗利尔美术馆所藏的《万方职贡图》确实为李公麟所绘，不过赵灿鹏的分析中没有涉及这幅图。

这些《职贡图》是否为李公麟所绘对于本书的分析并无太大影响，因为即使按照赵灿鹏的分析，台北故宫博物院所藏传为李公麟作的《万国职贡图》的史料来源于明代的《三才图会》，那么这也可以反映明人心目中的"天下秩序"。大致来说，这些传世的李公麟的《职贡图》涉及的国家和部族基本来自东亚、东南亚、中亚和西亚，都远远超出了宋朝（或明朝）直接控制的地域范围，也可以同样展现出以宋朝（明朝）直接控制的地域为中心的"天下秩序"。对于这一图像展现的"天下秩序"，葛兆光分析如下："其实，正如与李公麟同时代的苏轼所说，包括高丽在内的各国，'名为慕义来朝，其实为利'。很多人可能都看到了，'高丽之臣事中朝也，盖欲慕华风而利岁赐耳；中国之招来高丽也，盖欲柔远人以饰太平耳'。"所谓"饰太平"，实际上是为了展现以王朝直接统治的地域为核心的"天下秩序"，即"在一种需要表现'柔远人以饰太平'的传统天朝上国的心态中，他们觉得仍然可以用图画的方式、居高临下的眼光俯瞰四夷，一方面流露对野蛮人的怜悯和轻蔑，一方面满足唯我独尊的天下帝国意识，李公麟《万方职贡图》似乎就是这样的艺术作品"；[③]"即使到了北宋行将遭遇灭顶之灾的前夕，仍然有一个叫

---

①   赵灿鹏：《宋李公麟〈万国职贡图〉伪作辨证——宋元时期中外关系史料研究之一》，《暨南史学》第 8 辑，广西师范大学出版社，2013，第 202 页。

②   赵灿鹏：《宋李公麟〈万国职贡图〉伪作辨证——宋元时期中外关系史料研究之一》，《暨南史学》第 8 辑，第 222 页。

③   葛兆光：《想象天下帝国——以（传）李公麟〈万方职贡图〉为中心》，《复旦学报》（社会科学版），第 46 页。

翁彦约的官员向宋徽宗建议绘制职贡图。他说，现在'天复万国，化行方外，梯航辐辏，史不绝书'，比三代汉唐都伟大，域外蛮夷'莫不向风驰义，重译来宾'，中国'声教所及，固已袭冠遣子弟，旷然大变其俗'，所以应当'观其贽币服饰之环奇，名称状貌之诡异'，'以见中国至仁，彰太平之高致，诚天下之伟观也'"。①

　　清朝乾隆时期绘制的《皇清职贡图》也是如此。这一图册的绘制始于乾隆十六年（1751），至乾隆二十二年（1757）基本完成，后又经过多次补绘，直至乾隆五十八年（1793）才最终完成，嘉庆时期又进行了补绘。②《皇清职贡图》第一卷包括"朝鲜国、琉球国、安南国、暹罗国、苏禄国、南掌国、缅甸国、大西洋国、小西洋国、英吉利国、法兰西国、瑞国、日本国、马辰国、汶莱国、柔佛国、荷兰国、鄂罗斯国、宋腒朥国、柬埔寨国、吕宋国、咖喇吧国、亚利晚国"等国的官民，及西藏地方政权所属藏民，"伊犁等处厄鲁特蒙古，哈萨克头人，布鲁特头人，乌什、拔达克山、安集延等地回目，哈密及肃州等地回民，土尔扈特蒙古台吉"，等等。第二卷包括东北边界地带的鄂伦春、赫哲等7族，"福建所属古田县畲民"等2族，"台湾所属诸罗县诸罗"等13族，"湖南省所属永绥乾州红苗"等6族，"广东省所属新宁县傜人"等10族，"广西省所属永宁州梳傜人"等23族。第三卷包括"甘肃省与青海边界地带土司所属撒拉"等34族，四川省与青海及西藏地方政权交界地带土司所属威茂协大金川族等58族。第四卷包括"云南省所属景东等府白人"等36族，"贵州省所属铜仁府红苗"等42族。基于"职贡"的含义，《皇清职贡图》实际上反映了清朝自认为其所拥有的"天下"包括了所

①　葛兆光：《想象天下帝国——以（传）李公麟〈万方职贡图〉为中心》，《复旦学报》（社会科学版），第46页。

②　参见祁庆富《〈皇清职贡图〉的编绘与刊刻》，《民族研究》2003年第5期。

有"纳职贡"的诸国、部族、政权，显然远远超出了清朝当时直接控制的地理范围；同时，图中没有绘制的，也即不纳职贡的满、汉和蒙古及其所占有的地理范围，也就成为"天下"的核心，展现了清人的"天下秩序"。

三　王朝时期"风水"观念中的"天下秩序"

虽然现代人认为"风水"观念是一种迷信，但在王朝时期，涉及"天下形势"的"风水"观念确实有着广泛的影响，如"分野""山河两戒"和"三大干龙"，而这些观念都展现了王朝时期的"天下秩序"观，现分别进行介绍。

"分野"，即王朝时期通过将天上的星宿与地上的行政区划或者区域对应起来，运用天象来预测对应区域的吉凶祸福的一种理论。[1] 按照今人的理解，天与地是相对的，既然用天上的星宿与地上的区域进行对应，那么在理论上应当是"普天"的星宿一一与"普天之下的王土"进行对应；但实际上，在王朝时期，"分野"主要对应的就是"九州"，虽然在某些时期有所扩展，但扩展的范围有限，而且影响力也不大。因此，虽然是"普天之下莫非王土"，但士人心目中的"天"或者他们所关注的"王土"只有"中国""九州"，或者至多泛化为设置郡县之地。

对此，邱靖嘉在其专著《天地之间：天文分野的历史学研究》中进行了很好的概述，且对"分野"展现的"天下秩序"也进行了非常切实

---

[1]　对于王朝时期分野学说的形成及其演变，可以参见邱靖嘉《天地之间：天文分野的历史学研究》（中华书局，2020）一书的详细讨论。

的评述，现摘录如下：

> 天文分野从最初仅用于星占的实用学说到承载人们世界观的严密体系的变化大约发生于汉代。自《淮南子·天文训》及《史记·天官书》始将二十八宿分别对应于东周十三国及汉武帝十二州地理系统之后，分野学说逐渐体现出世界观的象征性意义。如《汉书·地理志》将全国分为十三个分野区域分别介绍各地的人文地理状况，就是借助十三国分野来了解已知世界的。汉代以后，这种采用十三国与十二州地理系统的二十八宿及十二次分野说更是风靡于世，并逐渐与地理学紧密结合，成为人们认知世界的基本理论框架，屡见于各种地理总志、地方志及舆地图之中。
>
> 不过值得注意的是，无论是十三国还是十二州地理系统，就其整体地域格局而言，传统分野体系所涵盖的区域范围基本就是传统意义上的中国，而不包括周边四夷及邻近国家。[1]

"分野止系中国"集中体现了古代中国人认为中华文化至上、"中国即世界"的传统天下观。天下观是古代中国人所特有的一种政治哲学和文化地理观念，它是中国传统世界观的核心。一般认为，古人所说的"天下"主要有两种含义：就狭义而言，"天下"即指单一的政治社会——"中国"；若从广义来说，"天下"则是"天之所覆，地之所载"的普天之下——"世界"。这两种看似对立的"天下"含义其实具有紧密的内在逻辑联系，所谓"天下"指"世界"并非近代意义上的世界万国观，而是一种"以中国为中心，以周边国族乃至整个世界为周边的同心圆式的世界观"。在这种天

---

[1] 邱靖嘉：《天地之间：天文分野的历史学研究》，第258页。

下模式中，中国无疑占据绝对主体地位，构成天下观的核心与内涵，而周边民族和国家则仅是中国的外缘，且往往充斥着很多鄙夷与想象的成分。由于受古代中国人"详近略远"、"重中央轻边缘"的世界地理观念，以及中国文化至上的华夏中心主义思想的影响，由中国向外伸展出去的这部分"天下"之外延常常会被人们忽略。因此，中国传统天下观无论从狭义还是广义来看，其本质内核均表现为"天下"即"中国"、"中国"即"世界"的狭隘世界观。①

这样一种狭隘的天下观，除具有"中国即世界"的地理特征之外，还浸透着古代中国人由衷的文化优越感和华夏中心主义意识。众所周知，古代中国以礼仪文明区分华夷，盛行"内诸夏外夷狄"、"严夷夏之防"的华夷之辨思想。在这种文化氛围之下，中国人始终把自己置于世界文明的中心和顶点，而蔑视其他一些民族和国家。这种强烈的文化优越感和华夏中心主义意识亦构成中国传统天下观鲜明的文化特征。

中国传统分野说之所以仅系于中国，而将中国以外的广大地区排斥于分野体系之外，归根结底就是源自于上述这种具有高度文化优越感的传统天下观，对此古人早有申说……②

不过，还需要附带说明的是，尽管以二十八宿及十二分野为代表的主流分野学说皆以天星对应中国，但也有一些次要的分野说亦为诸夷狄设定了相应的分星……这只是天文学家为占测中国与周边夷狄之间的战事而设计的星占理论，那些与夷狄相对应的诸星多处于三垣二十八宿天文系统的边缘，且往往以贱名称之，根本无法

---

① 邱靖嘉：《天地之间：天文分野的历史学研究》，第261页。
② 邱靖嘉：《天地之间：天文分野的历史学研究》，第262页。

与二十八宿、十二次那样的主体星区相提并论。这种夷狄诸星分野说实际上仅仅是二十八宿及十二次分野"止系中国"的一种补充而已，它们所反映的实质上仍然是具有强烈华夷之辨色彩的传统文化地理观念。①

上述认知在王朝时期绘制的"分野图"（也可以称为"分星图"）中体现得更为直接。虽然"分野"思想最早产生于春秋战国时期，但保存至今最早的分野图是宋代绘制的。按照时间和地图的来源来看，大致有以下几种。

目前存世的最早的分野图应当是《历代地理指掌图》中的"天象分野图"，该图用天上的星宿来对应东周十三国，即齐、燕、鲁、宋、赵、卫、周、吴、越、楚、秦、韩、魏等。从地图绘制的内容来看，该图应当是以同一部地图集中的"七国壤地图"为底图改绘的，两图在各国的疆界、行政区划的位置等方面基本相同，只是"天象分野图"增加了吴、越两国②。该分野图此后被成书于明万历年间的《修攘通考》和刊印于明万历三十七年的《三才图会》所引用。

成书于南宋时期的《帝王经世图谱》（《文渊阁四库全书》本）中有三幅分野图，基本是以《历代地理指掌图》中的地图为底图改绘的，其中"周保章九州分星之谱"，从绘制内容来看，是对《历代地理指掌图》中的"周职方图"的简化，该地图去掉了所有河流和水体的符号，但将河流的名称都保留了下来，在图中划分了九州的区域且标注了分野，并在地图的两侧增加了对九州分野的考订和记述；"唐一行山河分野图"，

① 邱靖嘉：《天地之间：天文分野的历史学研究》，第 265 页。
② 地图参见《宋本历代地理指掌图》，第 80 页。

可以认为是对《历代地理指掌图》中的"唐一行山河两戒图"的简化，且该图右侧的文字注记也提到了"此图据唐一行山河度数以所得汉唐郡国疆界图之最为精密"，而且图中还保留有"北戒""南戒"以及星野的文字标记；"魏陈卓十二次分野图"，可以认为是对《历代地理指掌图》中的"唐十五采访使图"的简化，且增加了星野的标注。与《历代地理指掌图》不同的是，这三幅地图将大致相当于今天广东和广西的地域排除在了分野之外。

编定时间大致在宋末的《六经奥论》中存在一幅没有命名的地图，其主要表现的是上古时期的州域（图中有青州、幽州、徐州、冀州、豫州、并州、益州、雍州、兖州、扬州、荆州）、东周时期的诸侯国（齐、鲁、宋、赵、卫、魏、秦、韩、吴、越、楚、郑）、宋代的各路与星宿之间的对应关系，并且标注了唐一行的山河两戒（北纪、南纪、北戒、南戒）。

明清时期的分野图数量较多，从所用底图来看，基本可以分为两类。

一类是以《广舆图叙》"大明一统图"为底图绘制的。大致有万历二十七年（1599）刊行的王鸣鹤《登坛必究》中的"二十八宿分野之图"、成书于天启年间的陈仁锡《八编类纂》中的"二十八宿分应各省地理总图"、万历四十一年（1613）章潢《图书编》中的"二十八宿分应各省地理总图"、成书于崇祯五年（1632）的茅瑞征《禹贡汇疏》中的"星野总图"以及清代段汝霖《楚南苗志》中的"二十八宿分野之图"。《登坛必究》"二十八宿分野之图"以明代的两京十三省为基础政区，描绘了对应的星宿分野，《楚南苗志》"二十八宿分野之图"几乎与此完全相同。《图书编》"二十八宿分应各省地理总图"、《禹贡汇疏》"星野总图"和《八编类纂》"二十八宿分应各省地理总图"图面内容与《登坛必究》"二十八宿分野之图"也几乎完全相同，都是以明代的政区为基础，只是去掉了高层政区之间的边界，且将图中书写在方形框中的底色为黑色、文字为白色的省名和分野名，改为底色为白色、文字为黑色，同时其余分野名则书写在圆形或者近似杏仁形的符号中，且底色为白色、文字为黑色。①

另一类是以《广舆图》"舆地总图"为底图改绘的。有李克家《戎事类占》中的"州国分野图"、夏允彝《禹贡古今合注》中的"九州分野"、沈定之和吴国辅《今古舆地图》中的"九州二十八宿分埜图"，以及成书于明末清初的朱约淳《阅史津逮》中的"天文分野图"和清代张汝璧《天官图》中的"分野图"。《戎事类占》"州国分野图"保留了《广舆图》"舆地总图"的海岸线轮廓以及重要的河流标识，突出呈现了两京十三省，并以此为基础添加了州域（幽州、青州、兖州、徐州、扬州、豫州、冀州、荆州、并州、雍州、梁州）、东周诸国以及分野的内容，从图中绘制有长城来看，其有可能是根据《广舆图》"舆地总图"的万历刻本改绘的。《禹贡古今合注》"九州分野"精简了《广舆图》"舆地总图"中的河流和山脉标识，然后增加了星宿分野的内容，并且粗略绘制出了大部分府级政区之间的界线。《今古舆地图》"九州二十八宿分埜图"与同一图集中其他地图相似，采用"今墨古朱"的表示方法，即明朝的府县用墨书标注，而"九州"和分野的内容则用朱色标注。此外，该图与图集的所有地图一样都绘制有长城，但与万历本《广舆图》的"舆地总图"所绘长城并不一致，《今古舆地图》中的长城向西延伸到了肃州，且黄河的绘制方法也与万历本迥然不同，因此其所用底本可能是《广舆图》的某一早期版本。《阅史津逮》"天文分野图"，以明代政区为基础，增补了分野的内容，从图中黄河与长城的形状和展示

---

① 地图参见成一农《中国古代舆地图研究》（修订版）。

范围东至鸭绿江来看，底图使用的应当是万历版《广舆图》的"舆地总图"。《天官图》"分野图"，依然是以明代政区为基础，标绘了与分野有关的内容，但绘制者可能受到西方传教士的影响，将所绘区域放置在了一个圆形的框架中。

此外，明清时期还有几幅与其他地图找不出太多关联的"分野图"。如明代吴惟顺、吴鸣球《兵镜》中的"二十八宿分野图"，该图粗略表现了明代的两京十三省，并标注了少量府（直隶州）级政区，然后标注了各地对应的分野。明代徐敬仪《天象仪全图》中的"九州分野图"，该图的绘制应当也受到了西方传教士的影响，将大地绘制为圆形，其中标注了九州（即青州、兖州、冀州、雍州、徐州、扬州、豫州、荆州和梁州），但图中并没有注明各地所对应的星宿，即实际上没有呈现传统的分野内容。清代徐发《天元历理全书》中的"复古分野图"、"古分野图"和"天市垣分野图"，与其他分野图类似，应是以某幅地图为底图改绘的，但具体的底图尚待研究，不过"复古分野图""古分野图"中的一些特征，如河流、海岸线等的绘法，与《广舆图》"舆地总图"有些相近。与其他分野图不同的是，"复古分野图"和"古分野图"从中心向外放射出一些线条，与各区域对应的星宿都被标在地图的四周，而不是直接标注在对应的区域之中。其中"古分野图"所绘主要是各州域和东周时期的各诸侯国；"复古分野图"主要展现的是清代的政区；"天市垣分野图"对其所参照的地图进行了大幅度的简化，只保留了河流，并标注了东周诸国，但并未标注分野的内容。

总体而言，留存至今的分野图从内容来看大致可以分为两类，一类是将天上的星宿与州域、东周诸国对应起来，另一类则是将天上的星宿对应于地图绘制时的政区，当然也存在将两者结合起来的地图。但无论如何，现存的分野图中的绝大部分都只涉及"九州""中国"以及王朝直接统辖的地理范围，而几乎不会涉及"蛮夷"之地。少有的例外就是清代徐葆光《中山传信录》中的"琉球星野图"和周煌《琉球国志略》中的"琉球星野图"。两图所绘内容基本一致，虽然图名为"琉球星野图"，但实际上地图的主要部分绘制的是清朝东南沿海的府州，且分野也标注在这一地区，而琉球和日本只是被简单地标注在地图的右侧和右下角，且没有任何说明两地相关分野的文字。

最后需要提及的就是，清代官方曾经扩大了"分野"所对应的区域，将天文分野扩大到整个清朝的"疆域"，这点邱靖嘉在著作中论述得较为详细，[①]但一方面这种官方认知的影响力以及持续性还需要进一步分析，另一方面其依然没有将"分野"扩展到整个"天下"，因此只能说清朝在努力扩大"中国"或者"华"地的范围，但并未意图从根本上改变"天下秩序"。

王朝时期关于"天下"的山川大势曾经有过三种理论，按照唐晓峰的研究，唐代以前，关于大地山脉格局的观念，出现过《山经》的"四区、五藏"、《禹贡》的"四列"和马融的"三条"等理论；他还引用了周振鹤的观点，认为自唐朝始，至明代王士性提出"三龙"说之前，天下大的山脉格局思想，曾经流行过僧一行的"两戒"说。[②]需要强调的就是，无论是"山河两戒"还是"三大干龙"，实际上都涉及"星野"或者"风水"，下面就对这两者进行分析。

所谓"两戒"就是"天下的山河分成两个大系——这两个山河大系，又是分割华夏与戎狄，华夏与蛮夷的两条地理界线"。关于这一思想的来源，唐晓峰认为"正是传统的星野观念，导致天文学家僧一行推

---

① 邱靖嘉：《天地之间：天文分野的历史学研究》，第 271 页。
② 唐晓峰：《山河两戒：唐代天文学家的地理观念》，《环球人文地理·评论版》2015 年第 1 期，第 6 页。

演出一套地理模式"。①《新唐书·天文志》中有关于僧一行提出的"山河两戒"的详细记录：

> 贞观中，淳风撰《法象志》，因《汉书》十二次度数，始以唐之州县配焉。而一行以为，天下山河之象存乎两戒。北戒，自三危、积石，负终南地络之阴，东及太华，逾河，并雷首、底柱、王屋、太行，北抵常山之右，乃东循塞垣，至濊貊、朝鲜，是谓北纪，所以限戎狄也。南戒，自岷山、嶓冢，负地络之阳，东及太华，连商山、熊耳、外方、桐柏，自上洛南逾江、汉，携武当、荆山，至于衡阳，乃东循岭徼，达东瓯、闽中，是谓南纪，所以限蛮夷也。故《星传》谓北戒为"胡门"，南戒为"越门"。
>
> 河源自北纪之首，循雍州北徼，达华阴，而与地络相会，并行而东，至太行之曲，分而东流，与泾、渭、济渎相为表里，谓之"北河"。江源自南纪之首，循梁州南徼，达华阳，而与地络相会，并行而东，及荆山之阳，分而东流，与汉水、淮渎相为表里，谓之"南河"。②

然后僧一行以"山河两戒"为基础对春秋战国时期的诸侯国"形势"进行了描述，最终止于"戎狄蛮越"，即：

> 故于天象，则弘农分陕为两河之会，五服诸侯在焉。自陕而西为秦、凉，北纪山河之曲为晋、代，南纪山河之曲为巴、蜀，皆负

---

① 唐晓峰：《山河两戒：唐代天文学家的地理观念》，《环球人文地理·评论版》2015年第1期，第6页。

② 《新唐书》卷三一《天文志一》，中华书局，1975，第817页。

险用武之国也。自陕而东，三川、中岳为成周；西距外方、大伾，北至于济，南至于淮，东达巨野，为宋、郑、陈、蔡；河内及济水之阳为鄘、卫；汉东滨淮水之阴为申、随。皆四战用文之国也。北纪之东，至北河之北，为邢、赵。南纪之东，至南河之南，为荆、楚。自北河下流，南距岱山为三齐，夹右碣石为北燕。自南河下流，北距岱山为邹、鲁，南涉江、淮为吴、越。皆负海之国，货殖之所阜也。自河源循塞垣北，东及海，为戎狄。自江源循岭徼南，东及海，为蛮越。观两河之象，与云汉之所始终，而分野可知矣。

然后他还对各地的"分野"进行了详细的描述[1]，即：

　　于《易》，五月一阴生，而云汉潜萌于天稷之下，进及井、钺间，得坤维之气，阴始达于地上，而云汉上升，始交于列宿，七纬之气通矣。东井据百川上流，故鹑首为秦、蜀墟，得两戒山河之首。云汉达坤维右而渐升，始居列宿上，觜觿、参、伐皆直天关表而在河阴，故实沈下流得大梁，距河稍远，涉阴亦深。故其分野，自漳滨却负恒山，居北纪众山之东南，外接髦头地，皆河外阴国也。十月阴气进逾乾维，始上达于天，云汉至营室、东壁间，升气悉究，与内规相接。故自南正达于西正，得云汉升气，为山河上流；自北正达于东正，得云汉降气，为山河下流。陬訾在云汉升降中，居水行正位，故其分野当中州河、济间。且王良、阁道由紫垣绝汉抵营室，上帝离宫也，内接成周、河内，皆豕韦分。十一月一阳生，而云汉渐降，退及艮维，始下接于地，至斗、建间，复与列

---

[1]　实际上僧一行的这一论述是对传统二十八宿及十二次分野系统进行的全面改造，对此参见邱靖嘉《天地之间：天文分野的历史学研究》，第169页。

舍气通，于《易》，天地始交，泰象也。逾析木津，阴气益降，进及大辰，升阳之气究，而云汉沈潜于东正之中，故《易》，雷出地曰豫，龙出泉为解，皆房、心象也。星纪得云汉下流，百川归焉，析木为云汉末派，山河极焉。故其分野，自南河下流，穷南纪之曲，东南负海，为星纪；自北河末派，穷北纪之曲，东北负海，为析木。负海者，以其云汉之阴也。唯陬訾内接紫宫，在王畿河、济间。降娄、玄枵与山河首尾相远，邻颛顼之墟，故为中州负海之国也。其地当南河之北、北河之南，界以岱宗，至于东海。自鹑首逾河，戒东曰鹑火，得重离正位，轩辕之祇在焉。其分野，自河、华之交，东接祝融之墟，北负河，南及汉，盖寒燠之所均也。自析木纪天汉而南，曰大火，得明堂升气，天市之都在焉。其分野，自巨野岱宗，西至陈留，北负河、济，南及淮，皆和气之所布也。阳气自明堂渐升，达于龙角，曰寿星。龙角谓之天关，于《易》，气以阳决阴，夬象也。升阳进逾天关，得纯乾之位，故鹑尾直建巳之月。内列太微，为天廷。其分野，自南河以负海，亦纯阳地也。寿星在天关内，故其分野，在商、亳西南，淮水之阴，北连太室之东，自阳城际之，亦巽维地也。

…………

近代诸儒言星土者，或以州，或以国。虞、夏、秦、汉，郡国废置不同。周之兴也，王畿千里。及其衰也，仅得河南七县。今又天下一统，而直以鹑火为周分，则疆埸舛矣。七国之初，天下地形雌韩而雄魏，魏地西距高陵，尽河东、河内，北固漳、邺，东分梁、宋，至于汝南，韩据全郑之地，南尽颍川、南阳，西达虢略，距函谷，固宜阳，北连上地，皆绵亘数州，相错如绣。考云汉山河之象，多者或至十余宿。其后魏徙大梁，则西河合于东井，秦拔宜阳，而上党入于舆鬼。方战国未灭时，星家之言，屡有明效。今则同在畿甸之中矣。而或者犹据《汉书·地理志》推之，是守甘、石遗术，而不知变通之数也。

又古之辰次与节气相系，各据当时历数，与岁差迁徙不同。今更以七宿之中分四象中位，自上元之首，以度数纪之，而著其分野，其州县虽改隶不同，但据山河以分尔。

须女、虚、危，玄枵也。初，须女五度，余二千三百七十四，秒四少。中，虚九度。终，危十二度。其分野，自济北东逾济水，涉平阴，至于山茌，循岱岳众山之阴，东南及高密，又东尽莱夷之地，得汉北海、千乘、淄川、济南、齐郡及平原、渤海、九河故道之南，滨于碣石。古齐、纪、祝、淳于、莱、谭、寒及斟寻、有过、有鬲、蒲姑氏之国，其地得娵訾之下流，自济东达于河外，故其象著为天津，绝云汉之阳。凡司人之星与群臣之录，皆主虚、危，故岱宗为十二诸侯受命府。又下流得婺女，当九河末派，比于星纪，与吴、越同占。

…………

胃、昴、毕，大梁也。初，胃四度，余二千五百四十九，秒八太。中，昴六度。终，毕九度。自魏郡浊漳之北，得汉赵国、广平、巨鹿、常山，东及清河、信都，北据中山、真定，全赵之分。又北逾众山，尽代郡、雁门、云中、定襄之地与北方群狄之国。北纪之东阳，表里山河，以蕃屏中国，为毕分。循北河之表，西尽塞垣，皆髦头故地，为昴分。冀之北土，马牧之所蕃庶，故天苑之象存焉。

…………

东井、舆鬼，鹑首也。初，东井十二度，余二千一百七十二，秒十五太。中，东井二十七度。终，柳六度。自汉三辅及北地、上郡、安定，西自陇坻至河右，西南尽巴、蜀、汉中之地，及西南夷犍为、越嶲、益州郡，极南河之表，东至牂柯，古秦、梁、酆、芮、丰、毕、骊杜、有扈、密须、庸、蜀、羌、髳之国。东井居两河之阴，自山河上流，当地络之西北。舆鬼居两河之阳，自汉中东尽华阳，与鹑火相接，当地络之东南。鹑首之外，云汉潜流而未达，故狼星在江、河上源之西，弧矢、犬、鸡皆徼外之备也。西羌、吐蕃、吐谷浑及西南徼外夷人，皆占狼星。

…………

尾、箕，析木津也。初，尾七度，余二千七百五十，秒二十一少。中，箕五度。终，南斗八度。自渤海、九河之北，得汉河间、涿郡、广阳及上谷、渔阳、右北平、辽西、辽东、乐浪、玄菟，古北燕、孤竹、无终、九夷之国。尾得云汉之末派，龟、鱼丽焉，当九河之下流，滨于渤碣，皆北纪之所穷也。箕与南斗相近，为辽水之阳，尽朝鲜三韩之地，在吴、越东。

南斗、牵牛，星纪也。初，南斗九度，余千四十二，秒十二太。中，南斗二十四度。终，女四度。自庐江、九江，负淮水，南尽临淮、广陵，至于东海，又逾南河，得汉丹杨、会稽、豫章，西滨彭蠡，南涉越门，迄苍梧、南海，逾岭表，自韶、广以西，珠崖以东，为星纪之分也。古吴、越、群舒、庐、桐、六、蓼及东南百越之国。南斗在云汉下流，当淮、海间，为吴分。牵牛去南浸远，自豫章迄会稽，南逾岭徼，为越分。岛夷蛮貊之人，声教所不暨，皆系于狗国云。[1]

---

[1] 《新唐书》卷三一《天文志一》，第817—825页。

需要注意的是，这段文字开篇谈及的是"天下山河之象"，但从文中涉及的地理范围而言，其基本相当于"九州""中国"，虽然文中偶有谈及周边的"蛮夷"，但也极为简略，且基本是与"中国"直接相连的"蛮夷"，而那些距离更远的"岛夷蛮貊之人，声教所不暨，皆系于狗国云"。"狗国"是"星名"，《新唐书·天文志》中对其也有记述，即"其他星：《旧经》：……天江、天高、狗国、外屏、云雨、虚梁在黄道外……今测……天关、天尊、天樽、天江、天高、狗国、外屏，皆当黄道"，[①]"狗国"虽然位于黄道之上，但因属于"其他星"，因此并不重要，且正如邱靖嘉所述，"那些与夷狄相对应的诸星多处于三垣二十八宿天文系统的边缘，且往往以贱名称之"，这也展现了王朝时期的"天下秩序"。

除了分野图中的一些地图涉及"山河两戒"之外，王朝时期流传的"山河两戒图"，按照绘制采用的底图主要可以分为两个类型。

第一个类型来源于《历代地理指掌图》中的"唐一行山河两戒图"，从绘制内容来看，该图应是以该图集中的"太宗皇帝统一之图"为底图，去掉了有着时代标志的如"太祖皇帝""东汉""契丹"等名词，而增加了"古雍州"等州域名、"雍州北微""梁州南微""北纪""北戒""南纪""南戒"等与"山河两戒"有关的标注，并用山形符号绘制了两戒的具体走向。[②]该图此后被明代一些著作所收录，大致有何镗《修攘通考》中的"唐一行山河两戒图"、夏允彝《禹贡古今合注》中的"唐一行山河两戒图"、王圻《三才图会》中的"唐一行山河两戒图"以及茅瑞征《禹贡汇疏》中的"唐一行山河两戒图"。

第二类山河两戒图主要出现于明末和清代，目前所能见到的最早的

---

① 《新唐书》卷三一《天文志一》，第810页。

② 地图参见《宋本历代地理指掌图》，第84页。

应当为《今古舆地图》中的"唐一行山河两戒图"。如前文所述《今古舆地图》是以《广舆图》中的"舆地总图"为基础改绘的,"唐一行山河两戒图"则是在"舆地总图"基础上用朱色山形符号标出了"两戒"的具体走向,并增加了"雍州北徼""梁州南徼""北纪""北戒""南纪""南戒"等与山河两戒有关的文字标注,以及"荆州""吴越""三齐"等地名。

此外,清代徐文靖《天下山河两戒考》中的"山河两戒图",从图面内容来看,应当也是以《广舆图》"舆地总图"为基础改绘的,但与《今古舆地图》中的"唐一行山河两戒图"在具体的内容上,尤其是具体地名的标绘上存在较大差异,因此该图应当是独立绘制的。

清代赵振芳《易原》中的"山河两戒",是以《广舆图叙》中的"大明一统图"为底图改绘的,与下文提到的同样以"大明一统图"为底图绘制的"三大干龙图"相似,在保持图面内容的基础上,增加了一些非常有特点的地理要素,如地图左下角基本呈南北向延伸的"黑水"、左上角的"弱水"等,但与其他两戒图不同的是,"山河两戒"并没有绘制两戒的具体走向。

总体看来,"山河两戒图"只流行到明末清初,此后"山河两戒"地图在书籍中出现的不多,可能确实是因为这一时期"两戒"的思想逐渐被"三大干龙"的思想所取代;且宋代以后这一主题的地图所描绘区域依然是"中国""九州"。

如前文所述,"三大干龙"的思想是王士性在前人基础上提出的,不过其同样与"风水"有关,该思想主要论述的是王朝兴衰与"干龙"或者说"龙脉"之间的关系,即:

自昔以雍、冀、河、洛为中国,楚、吴、越为夷,今声名文物，反以东南为盛，大河南北不无少让何？客有云：此天运循环，地脉移动，彼此乘除之理。余谓是则然矣，要知天地之所以乘除何以故？自昔堪舆家皆云天下山川起昆仑，分三龙入中国。然不言三龙盛衰之故。盖龙神之行，以水为断。深山大谷，岂足迹能遍？惟问水则知山。昆仑据地之中，四傍山麓，各入大荒外。入中国者，一东南支也。其支又于塞外分三支：左支环房庭阴山、贺兰，入山西，起太行数千里，出为医巫闾，度辽海而止，为北龙。中支循西番，入趋岷山，沿岷江左右。出江右者，包叙州而止；江左者，北去趋关中，脉系大散关，左渭右汉。中出为终南、太华，下秦山，起嵩高，右转荆山抱淮水，左落平原千里，其泰山入海，为中龙。右支出吐蕃之西，下丽江，趋云南，绕霑益、贵竹关岭，而东去沅陵。分其一由武冈出湘江西至武陵止；又分其一由桂林海阳山过九嶷、衡山，出湘江，东趋匡庐止；又分其一过庾岭，度草坪去黄山、天目、三吴止；过庾岭者，又分为仙霞关，至闽止。分衡为大盘山，右下括苍，左去为天台，四明度海止。总为南龙。[1]

然后王士性又从龙脉的角度对各地的兴衰进行了分析，不过依然集中于"中国"：

> 宋儒乃谓南龙与中龙同出岷山，沿江而分。盖宋画大渡河为守，而弃滇云，当时士夫游辙未至，故不知而臆度之也。今金沙江源出突破犁牛河，入滇下川江，则已先于塞外隔断岷山矣。故南龙不起岷山也。古今王气，中龙最先发，最盛而长，北龙次之，南龙

---

[1] （明）王士性：《广游志》卷上《杂志上》，周振鹤编校《王士性地理书三种》，上海古籍出版社，1993，第210页。

向未发。自宋南渡始，发而久者宜其少间歇。其新发者，其当奎涌何疑。何以见其然也？洪荒方辟，伏羲都陈，少昊都曲阜，颛顼都牧野，周自后稷以来，起岐山丰、镐，生周公、孔子，秦又都关中，汉又都之，唐又都之，宋又都汴，故曰中龙先而久。黄帝始起涿鹿，尧都平阳，舜都蒲坂，禹都安邑，其后尽发于塞外，猃狁、冒顿、突厥诸国之王，最后辽、金至元而亦入主中国，故曰北龙次之。吴、越当太伯时，犹然披发文身，楚如春秋尚为夷服，孙吴、司马晋、六朝稍稍王建康，仅偏安一隅，亦无百年之主。至宋高南渡，立国百余年，我明太祖方才混一，故曰南龙王方始也。或谓云贵、东西广皆南龙，而独盛于东南何？曰：云、贵、两广皆行龙之地。前不云乎，南龙五支：一止于武陵、荆南，一止于匡庐，一止于天目、三吴，一止于越，一止于闽，咸遇江河湖海而止不前，则比于其处踊跃溃出，而不肯遽收，宜今日东南之独盛也。然东南他日盛而久，其势未有不转而云、贵、百粤。如树花先开，必于木末，其髓盛而花不尽者，又转而老干内，时溢而成萼，薇、桂等花皆然。山川气宁与花木异？故中龙先陈、先曲阜，其后转而关中；北龙先涿鹿、先晋阳，后亦转而塞外。今南龙先吴、楚、闽、越，安得他日不转而百粤、鬼方也？或谓齐、鲁亦中龙之委也，乃周孔而后，圣人王者不生，意先辈秀颢所钟多矣？曰：固然，亦黄河流断其地脉故也。河行周、秦、汉时，俱河间入海。河间者，禹九河之间也，故齐、鲁为中龙。自隋炀帝幸江都，引河入汴，河径委淮，将齐、鲁地脉流隔，尚得泰山塞护海东，王气不绝，故列侯将相英贤不乏，而圣王不兴，意以是乎。然则我本朝王气何如？曰：俱非前代之比。前代龙气王一支，至于我圣朝凤、泗祖陵，既钟灵于中龙之汇，留都王业又一统于南龙之委，今在长安宫阙陵寝，又孕育于北龙之砟，兼三大龙而有之，安得不万斯年也。①

虽然王士性提出"三大干龙"说的主要目的在于论述王朝兴衰与"干龙"或者说"龙脉"之间的关系，但其涉及的地理范围同样集中在"九州"和"中国"，而没有涉及太多的"蛮夷"地区。这点在这一主题的地图中也有着直接的体现。明代中后期，以"三大干龙"为主题的地图大量出现，依据其所用于绘制的底本，可以分为三大类。

第一类以《广舆图叙》"大明一统图"为底图，主要有章潢《图书编》中的"中国三大干龙总览之图"、王圻《三才图会》中的"中国三大干图"和陈仁锡《八编类纂》中的"中国三大干龙总览之图"，此外还有明代中后期人假借刘基之名所作《镌地理参补评林图诀全备平沙玉尺经》中的"中国山水大势总图"。从描绘内容上来看，这四幅地图似乎都是《广舆图叙》"大明一统图"的简化版，图中的一些主要地理要素，如长城、黄河源，海中的日本和琉球，五岳、北京附近的天寿山等基本相同，但也增加了一些非常有特点的地理要素，如右上角两条几乎南北向延伸的河流、左下角基本呈南北向延伸的"黑水"、左上角的"弱水"和"崑崙"等。从图面来看，这些地图虽然没有标绘"三大干龙"的走势，但主要描绘的仍是"中国"山川的大致走势。②

第二类以《广舆图》"舆地总图"为底图，如徐之镆《重镌罗经顶门针简易图解》中的"补三干所节各省郡州及附近四夷图"，该图基本是对《广舆图》"舆地总图"的直接复制，除了地图中央文字较多的部

---

① （明）王士性：《广游志》卷上《杂志上》，周振鹤编校《王士性地理书三种》，第211页。

② 地图参见成一农《中国古代舆地图研究》（修订版）。

分方格网被去掉之外，全图大部分的方格网被保留了下来，此外该地图中的黄河源被表现得较为夸张。还有李国木辑《地理大全》中的"中国三大干山水总图"，该图基本只保留了《广舆图》"舆地总图"中的海岸线轮廓以及重要的河流，并以此为基础在海中增加了日本等地名，在西侧增加了一些山脉的图形以及"黑水"。这两幅地图同样没有在图面上直接标注"三大干龙"的走势。

第三类以《大明一统志》"大明一统之图"为底图改绘，主要有章潢《图书编》中的"中国地理海岳江河大势图"，该图增加了黄河的河源，将太湖与长江、朝鲜与日本连接了起来，原图中的主要地理要素和特点基本保留了下来，但依然缺少对"三大干龙"的标注。

需要注意的是，以"三大干龙"为主题的地图，大部分图名中都出现了"中国"两字，进一步强化了"三大干龙"与"中国"之间的关系，且这些地图也是保存至今的清代晚期之前图名中明确出现"中国"一词的地图。

小　结

本章的结论实际上非常简单。第一，从上文所列举的材料来看，王朝时期的"天下秩序"观念，渗透到了王朝时期文化的方方面面，在各种体裁、主题的作品中都有所展现；第二，这种"天下秩序"观念，虽然在某些细节上存在着变化，但在清代晚期之前，一直未曾发生根本性的变化，无论是明末清初的西学东渐，还是宋朝以及清朝前中期面对的在今人看来的"国际形势"的变化，都未能对"天下秩序"观念产生太大的冲击。正是由于王朝时期"天下秩序"观念根深蒂固，已成为传统知识体系和文化的内在组成部分，因此其只有在清末面对最终从根本上击垮了传统知识体系和文化的外来冲击时，才会走向"消亡"。晚清中国与欧洲列强的冲突，可以看成是两种"天下观"之间的冲突。而在这场冲突中，处于上升期的欧洲列强，战胜了已经由盛转衰、制度日趋僵化、日益缺乏开放性和进取心的清朝，在对撞中，王朝时期的"天下秩序"的崩溃也是必然。但由于这种"天下秩序"观念已经深入文化的骨髓，且在这种"天下秩序"中"中国"长期居于统治地位，因此在受到如此冲击的情况下，统治者以及民众依然花费了近百年的时间才将这种"天下秩序"观念抛弃。而且，如果传统的"天下秩序"观念在面对外来冲击时，甚至在没有外来冲击的情况下，就被迅速放弃，反而是令人无法理解的。还要强调的就是，由上可知，在"天下秩序"到近现代"万国平等"的"国际秩序"之间，根本不可能存在以往学者或明或暗称述的明末（或宋代）以来的"渐近"发展，因为"渐近"发展是有着内在动力的，即使没有外力也将如此变化，但"天下秩序"到近现代"万国平等"的"国际秩序"的转型，则只能是外部动力的结果。

第三章

王朝时期的"大一统"

引　言

以往学界关于王朝时期"大一统"的研究主要集中在两个方面，一是在先秦和秦汉儒学与政治的背景下讨论先秦和秦汉"大一统"思想的内涵以及演变，主要涉及的是政治思想观念；二是集中于将"大一统"作为一种指导思想，来讨论不同时期王朝对于"疆域"的"统一"，亦即将王朝时期的"大一统"理解为现代的"疆域统一"，且这样的认知似乎在学术界已经成为共识，如在众多论文中出现的"大一统王朝"一词大都具有这样的含义。不过，在阅读以往的相关研究时，读者会产生这样一种疑惑，即将"大一统"作为先秦和秦汉的政治思想来研究的那些学者，几乎从未论述其与"疆域统一"之间的关系；而将"大一统"作为王朝"疆域统一"的指导思想来看待的研究者，又基本没有对这一思想本身进行剖析，简言之，以往的研究者基本就是将文献中的"大一统"直接解释为"疆域统一"。这一疑惑的存在，使分析"大一统"和"疆域统一"之间的关系成为必要。

不仅如此，以往将"大一统"作为指导思想，来讨论不同时期王朝

"疆域统一"的研究，在论述逻辑上也存在众多问题，使以往这方面的研究更缺乏说服力，现对其进行简要分析。

以《汉武帝"大一统"思想的形成及实践》①为例，且不说作者对"大一统"的认知是否存在问题，仅就其论述而言，就存在以下两点逻辑上的问题。第一，在文中作者没有界定以及讨论"大一统"涉及的"疆域"范围，由此使人产生的疑惑是，世界那么大，为什么汉武帝出兵控制了西域和蒙古草原之后就可以被认为达成了"大一统"？第二，这一认知没有任何文献的直接支持，也即基本没有文献能证明汉武帝对朝鲜、匈奴的讨伐是出于"大一统"思想的指导，在论证时，作者只是提出这些行动受到"大一统"思想的指导，从论证方式看，这显然属于循环论证，即出兵朝鲜、匈奴是受到"大一统"思想的指导，且反过来出兵朝鲜、匈奴又成为汉武帝有着"大一统"思想的证据。且通过阅读全文，可以推测作者默认汉武帝"大一统"的范围应当是现代中国的领土或者谭其骧所界定的1840年前的清朝疆域，但问题是汉武帝为什么会持有这样的认知呢？

其他研究也基本遵循这样的理路，如李元晖等的《"大一统"思想的形成与实践——多民族国家中国疆域的形成和发展》，②该文虽然以"大一统"为主题并由此讨论中国疆域的形成，但全文并未对"大一统"应当包括的地理范围进行界定，只是从行文"明清时期是多民族国家疆域最终形成的时期，但从'大一统'思想及其实践看，明王朝并非是一个优秀的实践者……但是，不论是从统治范围、统治方式，还是统治理

---

① 李大龙：《汉武帝"大一统"思想的形成及实践》，《北方民族大学学报》（哲学社会科学版）2013年第1期。

② 李元晖、李大龙：《"大一统"思想的形成与实践——多民族国家中国疆域的形成和发展》，《西北民族大学学报》（哲学社会科学版）2016年第1期。

念上看，因为缺失了对北部辽阔草原地区和西域的有效管辖，明王朝是难以以'大一统'王朝视之的，所谓'呜呼盛矣'名不副实"[①]来看，作者似乎仍是以现代中国的领土，或者谭其骧所界定的 1840 年前的清朝疆域为标准。不过问题在于，这样的论述显然要求明朝人就认识到现代中国的领土或者 1840 年前清朝疆域的范围，因此颇为荒谬。

实际上这样的认识在中国古代史研究中广泛存在，如杨念群在《"大一统"：诠释"何谓中国"的一个新途径》中将欧阳修提出的"正者，所以正天下之不正也；统者，所以合天下之不一也"解释为"要获得正统，王者不只要据有王位，还得拥有相当广大的疆域领土"，[②]这样的认识在该文中不断出现，如："通过军事征伐和羁縻治理相结合的手段，实现疆域统一。比如，到了乾隆时代，'大一统'体现出一种前所未及的'绩效'特征……"[③]显然杨念群认为"大一统"与广大疆域是存在联系的，但他没有像其他研究者那样默认"广大疆域"的具体范围。

再如王文光提出："从中国新石器时代灿若繁星的文化到夏商周时期的华夏、四夷，一直到今天的 56 个民族，多民族是统一多民族中国的一个基本国情，因此从古至今如何使多民族中国能够统一并且健康发展，就有了政治家、历史学家'大一统'的思想和一系列的政治实践。产生于春秋时期的'大一统'理论是为了天下统一于周天子，消除诸侯割据，是保证国家'大一统'的意识形态；秦汉以后'大一统'思想发

[①]　李元晖、李大龙：《"大一统"思想的形成与实践——多民族国家中国疆域的形成和发展》，《西北民族大学学报》（哲学社会科学版）2016 年第 1 期，第 48 页。

[②]　杨念群：《"大一统"：诠释"何谓中国"的一个新途径》，《南方文物》2016 年第 1 期，第 12 页。

[③]　杨念群：《"大一统"：诠释"何谓中国"的一个新途径》，《南方文物》2016 年第 1 期，第 14 页。

展成为维护多民族'大一统'中国发展的主题……"①从叙述来看，作者显然也认为"大一统"的范围与"中国"存在密切的联系。

从学术史的角度而言，基于这一视角的研究，几乎完全忽略了学界对先秦和秦汉"大一统"思想的研究。对此，晁天义曾委婉地提出过反驳意见：

然而及至晚近以来，"大一统"本义逐渐被人们忽视，在很多场合下被理解为"大统一"，即"大规模的统一"或"大范围的统一"。"大一统"引申义的出现固然可以视为对概念本义的一种创造性发展，然而由于容易导致对经典的误解，因此引起不少人的警惕。如有学者指出："现代学者虽给予特别的重视与论述，却普遍'误解'了《公羊传》'大一统'的本义与思想，很多人把'大一统'的'大'视为形容词，普遍把'一统'等同于'统一'，把'大一统'解释为'统一'论。""因为现代学者对《公羊传》传文'大一统'的理解在语义层面上就出现错误，所以自然就错误地把'大一统'视为'统一'论，所以不足为训。"还有学者指出："在春秋公羊学中，现代人误解最深的恐怕要算大一统思想了……在现代人的心目中，大一统就是要建立起一个地域宽广、民族众多、君主专制、中央集权的庞大帝国。大一统的'大'被现代人理解为'大小'的'大'，即理解为一个形容词；'一统'则被理解为政治上的整齐划一，即'统一'。"这些观察无疑是准确的，批评也确有一定道理。②

---

① 王文光：《"大一统"中国发展史与中国边疆民族发展的"多元一统"》，《中国边疆史地研究》2015 年第 4 期，第 30 页。

② 晁天义：《"大一统"含义流变的历史阐释》，《陕西师范大学学报》（哲学社会科学版）2021年第 3 期，第 49 页。

　　总之，公羊学"三统说"中包括"通三统"和"大一统"两个方面的内容。秦汉及其之后，一方面是现实政治中只有一统而无"三统"（"二代之统绝而不序"），另一方面是"三统五运之论"彻底改造了公羊学"三统说"。正所谓"皮之不存，毛将焉附？""通三统"作为一种社会现实既然不复存在，作为一种历史理论的"大一统"自然最终被人遗忘。

　　从元代开始，知识阶层当中就已出现将"大一统"理解为"大规模统一"的现象……其中"国家之业大一统"显然当指元代实现了大规模统一。作为一个少数民族建立的国家，力图借助传统儒家经典概念强调天下统一的意义，体现了当时统治者的良苦用心。[1]

　　显然，晁天义认为，秦汉时期的"大一统"只是一种政治思想，而与"疆域"无关，直至元代其才转换为与疆域有关的"大统一"，当然从文章的论述来看，作者对元以后的认识也是存在问题的。

　　不仅如此，更为主要的是，以往将"大一统"认为是"疆域统一"的所有研究始终没有回答这样的一个问题，即古人为什么将"大一统"的范围大致框定于现代中国的领土或者学界普遍接受的谭其骧提出的1840年之前清朝疆域的范围内？显而易见的是，无论是汉朝，还是唐宋元明，甚至清朝前期，都无法预料到现代中国的领土或者1840年之前清朝疆域的范围。隐约浮现出的是，以往将"大一统"与"疆域统一"联系起来的叙述，似乎是我们后人的"后见之明"，且基于这样的认知回溯历史，也就属于"线性史观"以及"辉格的历史解释"。

---

[1]　晁天义：《"大一统"含义流变的历史阐释》，《陕西师范大学学报》（哲学社会科学版）2021年第3期，第61—62页。

基于上述疑问，本章希望回到"历史现场"，"复原"王朝时期对于"大一统"的认知，并重点关注"大一统"的地理范围。

一　先秦和秦汉时期的"大一统"思想

关于先秦和秦汉时期的"大一统"思想，前人研究众多，观点在细节上也多有差异，在此笔者基于晁天义最近的研究进行简要介绍。首先，晁天义对先秦和秦汉时期"大一统"的含义进行了解释：

> 本义层面的"大一统"，初见于儒家经典《公羊传》隐公元年（前722），被今文经学家认为是《春秋》"微言大义"的核心内容之一。用今天的话来讲，《公羊传》所谓"大一统"的本义是"推崇一个（以时间开端为标志的）统绪"。这个本义的要点有三：（1）"大一统"之"大"，是动词"张大""推崇"之义（而不是形容词"巨大""伟大"）；（2）"大一统"之"统"，指以一年起始时间为标志的"统绪"而非政治、意识形态、领土等方面的"统治"；（3）"大一统"之"一统"，本是相对于"三统"而言的，而不是相对于"分裂"而言的"统一"（详下）。①
>
> 而"大一统"就是尊崇一个"政教之始"，尊崇一个"总系"，尊重一个"端绪"的意思。②

---

① 晁天义：《"大一统"含义流变的历史阐释》，《陕西师范大学学报》（哲学社会科学版）2021年第3期，第48—49页。

② 晁天义：《"大一统"含义流变的历史阐释》，《陕西师范大学学报》（哲学社会科学版）2021年第3期，第54页。

对于"大一统"和"三统"之间的关系，晁天义进行了解释：

> 由此还可以发现，"三统说"包括"通三统"和"大一统"两
> 个层面内容。其核心是：历史按照以黑、白、赤3种颜色为象征的
> 政权次序循环变化，各政权依次以子、丑、寅三月为序确立岁首、
> 日始及相关历法；新政权建立之后，容许此前两个政权的继承者、
> 统绪和历法继续存在，与自身相加为三，是为"三统"。"三统说"
> 既主张"通三统"，也主张"大一统"。"通三统"是指新政权的统
> 治者在改制和治理天下时除依据自己独有的一统之外，还需在一定
> 程度上承认和参照其他两个政权统系的合法性。"大一统"则是指
> 在三个并存的统系中，仍要尊崇新政权的合法性和权威性。①

经过分析，他进一步指出，"综合以上3点可以看出，在社会政治环
境发生剧烈变化的背景下，'三统说'既不能合理解释秦汉之际的历史和
现实，又不能实现逻辑上的自洽。这就是虽有大量儒家学者加以鼓吹，
但这种理论始终未能得到当时统治者的青睐，而只能流于一种纸上学问
的原因所在"。②

根据晁天义的分析，汉代儒家独尊之后，开始试图将当时流行的
"五德始终说"与"三统说"结合起来。"第一，西汉前期诸事草定，对
于构建意识形态之事尚不十分措意，故或以秦之继体自居，自认为是水
德，尚黑；第二，然而继秦者何以仍为水德？这与'五德终始说'的理

---

① 晁天义：《"大一统"含义流变的历史阐释》，《陕西师范大学学报》（哲学社会科学版）2021
年第3期，第54页。

② 晁天义：《"大一统"含义流变的历史阐释》，《陕西师范大学学报》（哲学社会科学版）2021
年第3期，第57页。

论其实是相悖的，因此在逻辑上陷于自相矛盾；第三，汉文帝时期群臣围绕汉为水德还是土德的问题展开争论，公孙臣、贾谊持土德说，表明儒生已开始自觉、主动地吸收来自阴阳家之流的五德相胜说；第四，汉武帝时期今文经学势力增强，倪宽、司马迁试图将'五德终始说'与'三统说'协调起来……"① 最终由西汉末年的经古文学家刘歆实现了两者的完全统一。② 最终其结论是：

> 然而总体来说，自秦汉至于北宋之间，我们不妨视为"三统五运说之论"占据主导地位的时期。在此期间，五德终说中的相生说成为政治家解释历史演变以及确立自身合法性的主要工具，"三统说"则逐渐萎缩为一种计时方法，其历史理论和意识形态功能则趋于淡化。

> 总之，公羊学"三统说"中包括"通三统"和"大一统"两个方面的内容。秦汉及其之后，一方面是现实政治中只有一统而无"三统"（"二代之统绝而不序"），另一方面是"三统五运之论"彻底改造了公羊学"三统说"。正所谓"皮之不存，毛将焉附？""通三统"作为一种社会现实既然不复存在，作为一种历史理论的"大一统"自然最终被人遗忘。③

总体而言，晁天义的重点是在"三统说"之下对"大一统"进行解

---

① 晁天义：《"大一统"含义流变的历史阐释》，《陕西师范大学学报》（哲学社会科学版）2021年第3期，第58页。

② 晁天义：《"大一统"含义流变的历史阐释》，《陕西师范大学学报》（哲学社会科学版）2021年第3期，第58页。

③ 晁天义：《"大一统"含义流变的历史阐释》，《陕西师范大学学报》（哲学社会科学版）2021年第3期，第60页。

释，不过，正如其他研究者所强调的，汉武帝时期，以董仲舒为代表的汉儒对"大一统"的含义进行了延伸，如《汉书·董仲舒传》中记载的董仲舒的论述："《春秋》大一统者，天地之常经，古今之通谊也。今师异道，人异论，百家殊方，指意不同，是以上亡以持一统；法制数变，下不知所守。臣愚以为诸不在六艺之科，孔子之术者，皆绝其道，勿使并进，邪辟之说灭息，然后统纪可一而法度可明，民知所从矣。"[1] 而在《春秋繁露》中，董仲舒论述道："《春秋》曰：'王正月'，《传》曰：'王者孰谓？谓文王也。曷为先言"王"而后言"正月"？王正月也'。何以谓之'王正月'？曰：王者必受命而后王。王者必改正朔，易服色，制礼乐，一统于天下，所以明易姓，非继仁，通以己受之于天也。王者受命而王，制此月以应变，故作科以奉天地，故谓之王正月也。"[2] 此外，《汉书·王吉传》中载王吉提道："《春秋》所以大一统者，六合同风，九州共贯也。今俗吏所以牧民者，非有礼义科指可世世通行者也，独设刑法以守之。其欲治者，不知所䌛，以意穿凿，各取一切，权谲自在，故一变之后不可复修也。是以百里不同风，千里不同俗，户异政，人殊服，诈伪萌生，刑罚亡极，质朴日销，恩爱浸薄……"[3] 简言之，在汉儒的论述中，"大一统"的核心概念实际上是各方面都要"统于一"，包括正朔、服色、礼乐以及思想等。

不过，需要强调的就是，虽然现代研究者对于先秦和秦汉"大一统"的解释存在差异，但正如本章开篇所介绍的，在汉代文献中基本看不到证明"大一统"与"疆域统一"存在联系的论述，更没有涉及"疆域统一"的地理范围的论述；且正朔、服色、礼乐以及思想等方面的

---

[1] 《汉书》卷五六《董仲舒传》，第 2523 页。

[2] （汉）董仲舒：《春秋繁露》卷七《三代改制质文第二十三》，文渊阁四库全书电子版。

[3] 《汉书》卷七二《王吉传》，第 3063 页。

"统于一",并不一定要通过"疆域统一"来实现。因此,以往学者认为汉代,尤其汉武帝基于"大一统"思想在"疆域"方面采取举措,显然是存在问题的,是对"大一统"的误解。

通过检索文献可以发现,三国直至隋唐时期,虽然还有"一统"的用法,但"大一统"一词极少出现,且主要集中在唐代,如《唐大诏令集》卷二八《册景王为皇太子文》:"维长庆二年,岁次壬寅,十月丁亥朔,二十日丙午,皇帝若曰:'于戏!惟辟奉天,必建储位,率命上嗣,以立人极,所以大一统而贞万邦也。粤我祖宗,乃圣乃神,继体垂休,奄宅四海。洎予寡昧,祗荷丕绪,夙夜兢励,深惟永图……'"① 在这一叙述中,"大一统"似乎与地域范围有了联系,即"万邦""四海",而不是以往研究所强调的"中国"或者1840年之前清朝的疆域,具体参见后文分析,此处不再展开。

还有唐代皇甫湜的《东晋元魏正闰论》:

论曰:王者受命于天,作主于人,必大一统,明所授,所以正天下之位,一天下之心。舜传之尧,禹传之舜,以德禅者也。桀放于汤,受杀于武,以时合者也。秦灭二周,兼六国,以力成者也。汉革秦社稷,以义取者也。故自尧以降,或以德,或以时,或以力,或以义,承授如贯,终始可明,虽殊厥迹,皆得其正。以及魏取于汉,晋得于魏,史策记载,彰明可知,百王既通行,万代无异辞矣。惠帝无道,群胡乱华,晋之南迁,实曰:元帝与夫祖乙之圮耿、盘庚之徙亳、厉王之居彘、平王之避戎,其事同,其义一

---

① (宋)宋敏求编《唐大诏令集》卷二八《册景王为皇太子文》,商务印书馆,1959,第100页。

矣。而拓跋氏种，实匈奴，来自幽代，袭有先王之桑梓，自为中国之位号，谓之灭耶？晋实未改。谓之禅耶？已无所传。而往之著书者有帝元；今之为录者皆闰晋，可谓失之远矣。或曰："元之所据中国也"对曰："所以为中国者，以礼义也。所谓夷狄者，无礼义也，岂系于地哉！杞用夷礼，杞即夷矣；子居九夷，夷不陋矣；沐纣之化，商士为顽人矣；因戎之迁，伊川为陆浑矣，非系于地也。晋之南渡，人物攸归，礼乐咸在，流风善政，史实存焉。魏氏恣其暴强，虐此中夏，斩伐之地，鸡犬无余，驱士女为肉篱，委之戕杀，指衣冠为刍狗，逞其屠刈，种落繁炽，历年滋多，此而帝之，则天下之士有蹈海而死，天下之人有登山而饿，忍食其粟而立于朝哉！至于孝文，始用夏变夷，而易姓更法，将无及矣，且授受无所，谓之何哉！"又曰："周继元，隋继周，国家之兴，实继隋氏，子谓是何？"对曰："晋为宋，宋为齐，齐为梁，江陵之灭，则为周矣。陈氏自树而夺，无容于言。况隋兼江南，一天下而授之于我，故推而上，我受之隋，隋得之周，周取之梁，推梁而上，以至于尧舜，得天统矣。则陈奸于南，元闰于北，其不昭昭乎，其不昭昭乎！"①

这段论述将"大一统"与"正统"联系了起来，大致而言，王朝实现"大一统"的一个前提就是要成为"正统"；或者说只有"正统"的，也就是其统治得到了"天"的承认的王朝，才有可能真正实现"大一统"。

与前人认为的"大一统"一词再次大量出现是在元朝不同，实际

---

① （唐）皇甫湜：《皇甫持正集》卷二《东晋元魏正闰论》，文渊阁四库全书电子版。

上，这一词语在宋代的文献中就已经频繁出现，且宋人也将宋朝表述为
"大一统"。对于这一现象的分析，也就进入了本章的第三部分。

二　宋元明清时期的"大一统"思想

首先，宋人在各种文献中开始将本朝描述为"大一统"，这是之前
少有甚至没有的现象，如下所示。

张方平《乐全集》卷一八《攻心》："臣闻上兵伐谋，又曰攻心为
上，窃料戎心之蓄叛谋有日矣。国家自艺祖划除五代之弊，始大一统，
立太平之基……"①

宗泽《宗忠简集》卷一《乞回銮疏（建炎元年九月通前后表疏系第
六次奏请）》："且我京师，是祖宗二百年积累之基业，是天下大一统之
本根，陛下奈何听先入之言轻弃之，欲以遗海隅一狂类乎？"②同卷《乞
回銮疏（建炎二年正月通前后表疏系第十二次奏请）》："愿陛下以祖宗
二百年大一统基业为意，不可忧思为计，而信凭奸佞自为身谋者之语，
早敕回銮，则天下幸甚。臣犬马之齿已七十，于礼与法皆合致其事，以
归南亩。臣漏尽钟鸣，犹仆仆不敢乞身以退者，非贪冒也，实为二圣蒙
尘北狩，陛下驻跸在外，夙夜泣血，惟恐因循后时，使天下自此失我祖
宗大一统之绪，所以狂妄，屡有敷奏，非臣好为此激讦，恭望睿慈委曲
详察。"③

---

① （宋）张方平：《乐全集》卷一九《攻心》，文渊阁四库全书电子版。

② （宋）宗泽：《宗忠简集》卷一《乞回銮疏（建炎元年九月通前后表疏系第六次奏请）》，文
渊阁四库全书电子版。

③ （宋）宗泽：《宗忠简集》卷一《乞回銮疏（建炎二年正月通前后表疏系第十二次奏请）》。

王称《东都事略》卷三:"臣称曰:太宗以英睿之姿,佐太祖定天下,开子孙帝王万世之业。故太祖勤勤于传袭,非特以昭宪顾命而已。太宗以明继圣,而能广文之声,卒其伐功,乃大一统。于时北自常、碣,南极岭表,东际海、岱,西接洮、陇,宋之威德,斯为盛矣!"①

这样的叙述数量众多,在此不再一一列举。与此同时,宋人也对他们心目中确定实现"大一统"的标准或者说"大一统"的具体内涵进行了解释,基本与汉儒所强调的一致,即正朔、度量衡、文字等的"统于一",如下所示。

袁燮《絜斋家塾书钞》卷一:"岱宗,泰山也。柴,焚柴而祭也。巡守方岳,亦必且先祭天。望秩于山川,望于山川也。此即是肆类于上帝等事,前内事,此外事也。协时月正日,时,谓春夏秋冬四时也;月,十二月也。度量衡皆起于律,律同则度量衡皆同矣。律起于黍,以黍之长短而为度,以黍之多寡而为量,以黍之轻重而为衡。自唐以后,律既亡,所谓度量衡者皆意为之,而亦参差不齐矣。夫诸侯禀命于天子,所谓时月日、度量衡不容有毫厘之异,故当巡守之际,而协之、正之、同之,凡此者,所以一人心也,此即春秋大一统之义,六合同风,九州共贯也。若使天下诸侯各自为正朔,各自为度量衡,则国异政、家殊俗,变风变雅之所由作也。天无二日,民无二王,家无二主,尊无二上。苟国自为政,则所谓尊者不胜其多矣。协时月正日,同律度量衡,古人此意甚深远,其所以巡守,无非是理会事。故曰:天子适诸侯曰巡守,巡守者,巡所守也。"②

陈经《陈氏尚书详解》卷二:"协时月正日而下,皆所以正诸侯之

---

① (宋)王称:《东都事略》卷三《太宗本纪》,孙言诚等点校,齐鲁书社,2000,第21页。

② (宋)袁燮:《絜斋家塾书钞》卷一,文渊阁四库全书电子版。

法度。时月正日者，正朔之所自出；律度量衡者，制度之所自始。五礼者，名分上下，之所由以正。《中庸》曰：非天子不议礼、不制度、不考文。《公羊春秋》：王正月，为大一统。天无二日，民无二王，家无二主，尊无二上，道无二致，政无二门……"①

王与之《周礼订义》卷五七："郑锷曰：王者之心，未尝不欲四海无异俗，九州皆共贯。然道路或陷绝，财利或不相通，器用或不齐，人各私其所好，而异其所恶。故命官曰：合方氏以合其不合者焉，质人云同其度量、一其淳制……合方氏，举天下而皆同之，王者大一统于天下，实本诸此……"②

徐兢《宣和奉使高丽图经》卷四〇《同文》："臣闻，正朔所以统天下之治也，儒学所以美天下之化也，乐律所以导天下之和也，度量权衡所以示天下之公也。四者虽殊，然必参合乎天子之节，然后太平之应备焉。圣人之兴，必建岁正，定国是，新一代之乐而同律度量衡。盖以至一而正群动，其道当如此。仰惟国家大一统，以临万邦，华夏、蛮貉，罔不率俾。虽高句丽域居海岛，鲸波限之，不在九服之内，然禀受正朔，遵奉儒学，乐律同和，度量同制。虽虞舜之时日东协，伯禹之声教南暨，不足云也。古人所谓'书同文、车同轨'者，于今见之。且图志之作，所以纪异国之殊制，若其制或同，则丹青之作何事乎赘庞？谨条其正朔、儒学、乐律、度量之同乎中国者，作同文记，而省其绘画云！"③

张方平《乐全集》卷一七《史记五帝本纪论》："周道废，秦拨去古文，焚灭诗书，故明堂、石室、金匮、玉版、图籍散乱。太史公缀缉天

---

① （宋）陈经：《陈氏尚书详解》卷二《舜典（虞书）》，文渊阁四库全书电子版。
② （宋）王与之：《周礼订义》卷五七，文渊阁四库全书电子版。
③ （宋）徐兢：《宣和奉使高丽图经》卷四〇《同文》，文渊阁四库全书电子版。

下放失旧闻，录秦汉，上记轩辕，下至太初，成一家之言，事迹条贯，信该详而周悉矣。然而为史之法，系在本纪，纪者统也，言王者大一统，正天下正朔所禀，法令所由出者也……"①

大致而言，宋人将统一正朔、文字、乐律、度量衡等作为确立"大一统"的措施，或者说这些是王朝建立了"大一统"的具体表现。还需要注意的是，达成的目标正是袁燮所说的"天无二日，民无二王，家无二主，尊无二上"，类似的陈述还有如下。

李明复《春秋集义》卷一："又曰：《春秋》，鲁史，而书'王正月'，先儒以为大一统者，天无二日，土无二王，家无二主，尊无二上，政无二门，此天地之常经，古今之通义也。故事归于一，则上得所操，法不殊方，则下知所守，而海内定万物服矣……"②

家铉翁《春秋集传详说·纲领》："正月之上冠之以王大一统也。大一统者，正所以革诸侯外夷之僭制，为公羊之学者推致……"③

张方平《乐全集》卷七《藩镇》："至我朝太平兴国，擒刘继元静并汾，而天下始大一统，生民离锋镝之祸……"④，也即宋在消灭北汉之后，实现了"天无二日，民无二王，家无二主，尊无二上"，由此也就达成了"大一统"。

胡寅《斐然集》卷二五《先公行状》："《春秋》大一统，遵王命，恶臣下分权，讳贱人犯上，历纪王正，而不私朔，使举上客而不称介副，微者名姓不登于史册，所以严分正名也……"⑤

---

① （宋）张方平：《乐全集》卷一七《史记五帝本纪论》。
② （宋）李明复：《春秋集义》卷一，文渊阁四库全书电子版。
③ （宋）家铉翁：《春秋集传详说·纲领》。
④ （宋）张方平：《乐全集》卷七《藩镇》。
⑤ （宋）胡寅：《斐然集》卷二五《先公行状》，文渊阁四库全书电子版。

李石《方舟集》卷二三:"《春秋》严一王之法,以大一统也,是可二乎? 一王以下曰公、曰诸侯、曰卿,皆曰王臣,诸臣各以官为二可也。谓之曰:王则《春秋》大一统之法,曰王正月者,以天统三辰,以一气统四时,无有二也。晚周法坏,王之有二,吴楚之僭,《春秋》抑之,曰人、曰子,不以王书者,法在故也……"①

叶时《礼经会元》卷一上:"曰凡邦国小大相维,此侯国之通称也。此言邦国者,其侯国之谓乎? 周人之治,未及官府、都鄙、万民,而首言邦国,以见王大一统,而无王国、侯国之分也。盖天子之所自治者,王畿千里而已,千里之外,则建侯国焉。太宰以六典而施之邦国,是必总以九州而为之……"②

这些论述虽然在细节上存在差异,但主旨相近,即强调"天无二日",但宋人面对的政治现实是"天有二日",不仅西北存在"西夏",而且北方先有"辽",后有"金""元",尤其是后两者意识到了"正统"的问题,所以与宋开始争夺"正统"。由于"大一统"要求政治上"天无二日",因此宋人在讨论"正统"时,也就延续了唐代皇甫湜的认知,将"大一统"融合了进来,最为典型的是欧阳修的《正统论》。欧阳修的《正统论上》中载:"《传》曰:'君子大居正',又曰:'王者大一统'。正者,所以正天下之不正也;统者,所以合天下之不一也。由不正与不一,然后正统之论作。"③简言之,在欧阳修看来,所谓"正统"分为"正"和"统"两个方面,其中的"统"就是要"一统"天下,"一天下"也就成为达成"正统"的重要标准。根据"正"与"一统",欧阳

---

① (宋) 李石:《方舟集》卷二三《左氏诗如例下》,文渊阁四库全书电子版。

② (宋) 叶时:《礼经会元》卷一上《邦典》,文渊阁四库全书电子版。

③ (宋) 欧阳修:《居士集》卷一六《正统论上》,《欧阳修全集》卷一六,李逸安点校,中华书局,2001,第267页。

修认为，历史上的正统王朝可以分为两类：第一类是"居天下之正，合天下于一"，如尧、舜、夏、商、周、秦、汉、唐；第二类是"虽不得其正，卒能合天下于一"，如西晋和隋。他的具体论述如下：

> 凡为正统之论者，皆欲相承而不绝，至其断而不属，则猥以假人而续之，是以其论曲而不通也。
>
> 夫居天下之正，合天下于一，斯正统矣，尧、舜、夏、商、周、秦、汉、唐是也。始虽不得其正，卒能合天下于一。夫一天下而居正，则是天下之君矣，斯谓之正统可矣，晋、隋是也。天下大乱，其上无君，僭窃并兴，正统无属。当是之时，奋然而起，并争乎天下，有功者强，有德者王，威泽皆被于生民，号令皆加乎当世。幸而以大并小，以强兼弱，遂合天下于一，则大且强者谓之正统，犹有说焉。不幸而两立不能相并，考其迹则皆正，较其义则均焉，则正统者将安予夺乎？东晋、后魏是也。其或终始不得其正，又不能合天下于一，则可谓之正统乎？魏及五代是也。然则有不幸而丁其时，则正统有时而绝也。故正统之序，上自尧、舜，历夏、商、周、秦、汉而绝，晋得之而又绝，隋、唐得之而又绝。自尧、舜以来，三绝而复续。惟有绝而有续，然后是非公，予夺当，而正统明。①

陈师道也曾讨论过"正统"的问题，但与欧阳修在具体论述上存在差异，强调"天有二日"的时候才有"正"的问题，即："统者，一也，一天下而君之，王事也，君子之所贵也。吾于《诗》《春秋》《孟子》见

---

① （宋）欧阳修：《居士集》卷一六《正统论》，《欧阳修全集》卷一六，第269—270页。

之也。《周南》自风而雅，王者之事也。《召南》自家而国，诸侯之事也。《公羊子》曰：王正月者，大一统也。《孟子》曰：伊尹、孔子得百里之地，皆能朝诸侯而有天下也。夫正者以有贰也，非谓得之有正与否也。天下有贰，君子择而与之，所以致一也，不一则无君，无君则人道尽矣。"①陈师道的"正统论"的核心实际上是"大一统"。

通过上述分析来看，宋人心目中的"大一统"与"三统论"并无太密切的联系，更强调的是政治上的"一统"，即"天无二日，土无二家"，以及由此带来的"正朔"（历法）和度量衡等方面的"一统"，简言之就是要各方面"统于一"，这与汉儒在这一点上的论述是一致的。

此外，在宋代的文献中出现了将"大一统"与地理范围直接联系起来的描述，就涉及的地理范围而言，大致有两种，一是"天下万国"，如张嵲《紫微集》卷二一《贺正表》载："恭惟皇帝陛下聪明冠古，孝道通神，业绍祖宗，德流夷夏，大一统之本旨，得万国之欢心，偃武修文，克致太平之盛，制礼作乐……"②；徐兢《宣和奉使高丽图经》卷四〇《同文》："仰惟国家大一统，以临万邦，华夏、蛮貊，罔不率俾……"③二是大致相当于"中国""九州"，如王称《东都事略》卷三："臣称曰：……太宗以明继圣，而能广文之声，卒其伐功，乃大一统。于时北自常、碣，南极岭表，东际海、岱，西接洮、陇，宋之威德，斯为盛矣！"④谢维新《古今合璧事类备要·别集》卷二："皇宋大一统（太祖皇帝建隆四年二月，王师入荆南，平之，得州三、县一十五；三月，克湖、湘，得州十四、县五十八；六年正月，两川平，得州四十五、县

---

① （宋）陈师道：《后山居士文集》卷七《正统论》，上海古籍出版社，1984，第437页。

② （宋）张嵲：《紫微集》卷二一《贺正表》，文渊阁四库全书电子版。

③ （宋）徐兢：《宣和奉使高丽图经》卷四〇《同文》。

④ （宋）王称：《东都事略》卷三《太宗本纪》，第21页。

一百九十八;开宝四年二月,拔广州,得州四十一、县六十五;八年十一月,拔升州,江南平,得州一十九、军三、县一百八;至太宗兴国三年四月,陈洪进以漳泉归有司;五年,钱俶以十三州归有司;四年,刘继元纳款,得州十、县四十一;七年,又得银、夏二州,而天下一统矣)。"[1]

此外,朱弁《曲洧旧闻》卷一载"太祖皇帝龙潜时,虽屡以善兵立奇功,而天性不好杀。故受命之后,其取江南也,戒曹秦王、潘郑王曰:'江南本无罪,但以朕欲大一统,容他不得。卿等至彼,慎勿杀人'",[2]这段文字虽然没有明确交代"大一统"的地理范围,但从当时的背景以及前后文来看,显然指的是北宋攻取江南后,即可以被认为宋朝实现了"大一统","大一统"的范围也就相当于"九州""中国"。类似的还有蔡绦《铁围山丛谈》卷二:"汾晋之俗悍而悖。当五代、国初时,号难攻取。昔太祖皇帝亲征,道过紫岩寺,乃焚香自誓,不杀一人。晋人闻之,于是坚拒不降,太祖亦不敢戮一人。久之,以盛夏诸军多泄疾,遂班师。后人或罪誓言之露机,……是太祖又已得太原,乌在举梃与刃而后言击灭之哉?后太宗继伐,因一举围破,而天下始大一统矣。"[3]张方平《乐全集》卷七《藩镇》:"臣闻而论之曰:唐自天宝之乱,天下剖裂,至我朝太平兴国,擒刘继元静并汾,而天下始大一统……"[4],由这两段来看,北宋攻灭北汉之后,也可以被认为是实现了"大一统",所以"大一统"的范围应是当时北宋的地理范围,大致相当于"九

---

[1] (宋)谢维新:《古今合璧事类备要·别集》卷二《都邑门·侯藩(附郡县)》,文渊阁四库全书电子版。

[2] (宋)朱弁:《曲洧旧闻》卷一《太祖戒曹秦王等得江南不可辄杀人》,中华书局,2002,第84页。

[3] (宋)蔡绦:《铁围山丛谈》卷二,中华书局,1983,第30页。

[4] (宋)张方平:《乐全集》卷七《藩镇》。

州""中国"。而《历代名臣奏议》卷九九载:"诚以中原板荡,王业偏安,祖宗大一统之天下,仅存其半。"丧失中原被称为大一统的天下丧失一半,则文中的"大一统"的范围应该指的也是"九州""中国"。

上述两种对"大一统"地理范围的表述,在元明清时代依然存在,对此应如何理解,参见本章第四部分的讨论。

还要提到的就是,金人也曾讨论过"大一统",主要体现在大致成书于金宣宗贞祐二年(1214)的《大金德运图说》中,如:"应奉翰林文字黄裳议……《传》曰:君子大居正;又曰:王者大一统。正者所以正天下之不正,统者所以统天下之不一也。由不正与不一,然后正统之论兴,正统之论兴,然后德运之议定"①;"承直郎国史院编修官王仲元议……仲元品职虽卑,亦令预商量之数。谨按:欧阳修《正统论》有曰:君子大居正,王者大一统。正者所以正天下之不正也,统者所以合天下之不一也。自古帝王之兴,必有至德以受天命,岂偏名于一德哉。……伏睹本朝之兴,混一区宇,正欧阳修所谓大居正、大一统者也……"②这些文字虽然论述的是金的"正统",但基础理论来源于欧阳修,所以其中的"大一统"依然指的是"合天下之不一",即"统于一"。

与宋人一样,元人也称本朝为"大一统",如《元史·文宗本纪》载:"己亥,帝复即位于上都大安阁。大赦天下,诏曰:朕惟昔上天启我太祖皇帝肇造帝业,列圣相承。世祖皇帝既大一统,即建储贰,而我裕皇天不假年……"③当然更典型的就是《元一统志》的编纂,需要强调的是,该志当时正式的书名为《大元大一统志》,如许有壬《至正集》卷三五《大一统志序》中载:"至元二十三年岁丙戌,江南平而四海一者十

---

① 《大金德运图说》,文渊阁四库全书电子版。

② 《大金德运图说》。

③ 《元史》卷三三《文宗本纪》,中华书局,1976,第737页。

年矣。集贤大学士中奉大夫行秘书监事扎玛里鼎上言：今尺地一，民尽入版籍，宜为书，以明一统。世皇嘉纳，命扎玛里鼎，洎奉直大夫秘书少监虞应龙等搜集为志。二十八年，辛卯书成，凡七百五十五卷，名曰《大一统志》。"①

不仅如此，元人也在各种语境下，对他们理解的"大一统"给予了解释，如下所示。

《元史·伯颜传》载："伯颜拜表称贺曰：臣伯颜言：国家之业大一统，海岳必明主之归；帝王之兵出万全，蛮夷敢天威之抗。始干戈之爱及，迄文轨之会同。区宇一清，普天均庆。"②

刘玉汝《诗缵绪》卷八："自夫子作《春秋》，书王正，说者推明大一统之义，而后正朔至重，而立法甚严……"③

虽然这方面元人的解释不多，但他们与宋人强调的是一致的，即正朔等"统于一"以及"天无二日，地无二主"，而正是基于后者，元人在各种场合下都强调"灭宋"之后，元才实现了"大一统"，如上文引用的《元史·伯颜传》中记载，此外还有如下。

倪涛《六艺之一录》卷一一一载《杭州路重建庙学之碑》："皇元既屋宋，社稷大一统而臣万方，置江浙行中书省于杭，以镇抚其民……"④

苏天爵《滋溪文稿》卷二六："昔者太祖皇帝，龙奋朔方，肇基王迹，身属囊鞬，栉风沐雨，削平诸国，以立子孙万世之基。世祖皇帝，既臣宋人，遂大一统，选士求材，作新百度，深仁原泽，普洽群

---

① （元）许有壬：《至正集》卷三五《大一统志序》，文渊阁四库全书电子版。
② 《元史》卷一二七《伯颜传》，第3111页。
③ （元）刘玉汝：《诗缵绪》卷八，文渊阁四库全书电子版。
④ （元）倪涛：《六艺之一录》卷一一一《杭州路重建庙学之碑》，文渊阁四库全书电子版。

生，列圣相继，保守治平……"①同书卷二八《题商氏家藏诸公尺牍歌诗后》："右尺牍歌诗一卷，国初诸名公寄赠参政商文定公者也。文定诸孙国史院典籍官企翁持以示余。洪惟国家龙奋朔土，蹴金灭宋，遂大一统……"②

还有杨维桢的《正统辨》："时一二大臣又有奏言曰：其国可灭，其史不可灭也，是又以编年之统在宋矣。论而至此，则中华之统，正而大者不在辽、金，而在于天付生灵之主也，昭昭矣。然则论我元之大一统者，当在平宋，而不在平辽与金之日，又可推矣。夫何今之君子昧于《春秋》大一统之旨，而急于我元开国之年，遂欲接辽以为统，至于咈天数之符，悖世祖君臣之喻，逆万世是非之公论，而不恤也！"③这段论述的理论基础显然是欧阳修的《正统论》，杨维桢不仅强调了元灭宋形成"大一统"，而且同时还强调了元接续宋从而成为"正统"。

欧阳修的"正统论"确实在元代士大夫中有着较大的影响力，还影响了他们对于"大一统"以及历代"大一统"王朝的认定，如《历代名臣奏议》卷六八："元成宗大德七年，郑介夫上奏曰：钦惟圣朝布威敷德，临简御宽，极地际天，罔不臣服，混一之盛，旷古所无。三代以降，自周至今二千年间，得大一统者惟秦、汉、晋、隋、唐而已。"④这段论述显然来自欧阳修的认识，只是将欧阳修的"居天下之正，合天下于一"和"虽不得其正，卒能合天下于一"合二为一，重点强调的是"合天下于一"。需要注意的就是，郑介夫将"宋"排除在了"大一统"之外，确实，按照欧阳修的标准，北宋并未实现"合天下于一"，更不

---

①　（元）苏天爵：《滋溪文稿》卷二六《请保养圣躬》，文渊阁四库全书电子版。

②　（元）苏天爵：《滋溪文稿》卷二八《题商氏家藏诸公尺牍歌诗后》。

③　（元）杨维桢：《东维子集》卷首《正统辨》，文渊阁四库全书电子版。

④　（明）杨士奇等编《历代名臣奏议》卷六八《治道》。

用说南宋了，当然，这对于自认为"大一统"且提出了确定"正统"的标准的宋人而言，显得有些讽刺。

还有许有壬《至正集》卷三五所载《大一统志序》：

至元二十三年岁丙戌，江南平，而四海一者十年矣。集贤大学士中奉大夫行秘书监事扎玛里鼎上言，今尺地一，民尽入版籍，宜为书以明一统。世皇嘉纳，命扎玛里鼎，洎奉直大夫秘书少监虞应龙等搜集为志。二十八年辛卯，书成，凡七百五十五卷，名曰《大一统志》，藏之秘府。应龙谓，比前代地理书，益为详备，然得失是非，安敢自断，尚欲网罗遗逸，证其同异焉。至正六年岁又丙戌，十二月二十一日，中书右丞相伯勒齐尔布哈率省臣奏，是书因用尤切，恐久湮失，请刻印以永于世。制，可。明年丁亥二月十七日，皇上御兴圣便殿，中书平章政事特穆尔达实传旨，命臣有壬序其首。臣闻《春秋》所以大一统者，六合同风，九州共贯也。然三代而下，统之一者可考焉。汉拓地虽远，而攻取有正谲，叛服有通塞，况师异道，人异论，百家殊方，指意不同，亡以持一统，议者病之。唐腹心之地为异地，而不能一者动数十年。若夫宋之画于白沟，金之局于中土，又无以议为也。我元四极之远，载籍之所未闻，振古之所未属者，莫不涣其群而混于一，则是古之一统皆名浮于实，而我则实协于名矣。且统之为言昉见于易乾之象，曰：大哉乾元，万物资始，乃统天。说者谓天也者，形也，统也者，用形者也。《象》曰：天行健，君子以自强不息。则又示人以体乾之道。盖天为万物之祖，君为万邦之宗，乾以至健而为物始，乃能统理于天。皇上体乾行健，以统理万邦，所谓一统万类，可以执一御，而六合同风、九州共贯之机括系焉。九州之志谓之九丘，周官小史掌

138 天下、中国与王朝——中国古代政治地理结构再认知

邦国之志,外史掌四方之志,志之由来尚矣,况一统之盛跨轶汉唐者乎?是书之行,非以资口耳博洽也。垂之万世,知祖宗创业之艰难。播之臣庶,知生长一统之世。邦有道谷,各尽其职;于变时雍,各尽其力,上下相维,以持一统,我国家无疆之休,岂特万世而已哉。统天而与天悠久矣。①

从这段论述来看,许有壬可能是为了强调元的"大一统",从而将"大一统"的标准确定得更为符合"大一统"最初的标准,即不仅不能"天无二日,地无二主",而且在思想等方面也要"统于一",这样不仅有着"安史之乱"的唐与思想等未能实现统一的汉,都被他认为不属于真正的"大一统",元朝也就成为超越历代王朝的真正的"大一统"王朝。但无论如何,其核心依然是欧阳修强调的"合天下于一",只是在细节上有所不同而已,且需要注意的是,许有壬的论述中并未强调疆域的"统一"。

此外,元人在一些描述中也涉及"大一统"的地理范围,如苏天爵《元文类》卷四〇《都邑》载:"惟我太祖皇帝开创中土,而大业既定。世祖皇帝削平江南,而大统始一。舆地之广,古所未有。遂分天下为十一省,以山东西、河北之地为腹里,隶都省,余则行中书省治之。下则以宣慰司辖路,路辖府州,若县星罗棋布,粲然有条。至元间,尝命秘书少监虞应龙等修大一统志书,在官府可考焉……"②这段论述中所表现的"大一统"地理空间,表面上看是包含元朝"十一省"的"天下",也就大致相当于元直接控御的范围,不过从其中"削平江南,而

---

① (元)许有壬:《至正集》卷三五《大一统志序》。
② (元)苏天爵:《元文类》卷四〇《都邑》,文渊阁四库全书电子版。

大统始一"来看，实际上作者强调的是"大统始一"，也就是"天无二日，地无二主"，而与地理空间并无直接的关系。再如许有壬《至正集》卷三五《大一统志序》："至元二十三年岁丙戌，江南平，而四海一者十年矣。集贤大学士中奉大夫行秘书监事扎玛里鼎上言，今尺地一，民尽入版籍，宜为书以明一统。"①这段文字中的"大一统"有两个范围，一个是"四海"，另外一个则是"尺地一，民尽入版籍"所指代的元朝直接控制的范围，两者看上去似乎并不一致，具体参见本章第四部分的讨论。

　　明朝人自认为"大一统"应当没有太大的疑义，《明一统志》的修纂就是明证，这样的认识在当时应当是较为普遍的，如钱穀《吴都文粹续集》卷一四所收录的陆伸的《太仓关王庙记》："太仓旧有公庙，在小北门内教场之西偏。弘治十年，奉命鼎建州治教场，南迁于张王仓基。越六年，州民始请于总督备倭都指挥西公，修举如故。或者谓，公毙吴人之手，当不食于吴，殆非通论。今天下大一统，非复偏据一隅之吴矣。况国初定鼎于钟山，钟山非孙氏开国之地乎？故有公庙而新之。"②

　　明人对"大一统"的论述虽然细节不同，但核心思想依然是"天无二日"，如林希元《易经存疑》卷一一："此因上文言卦画阴阳多寡而及其德行，阳尊统阴，有君道焉。阴贱承阳，有民道焉。阳卦一阳二阴，是以一君而统兆民，天下大一统，唐、虞、三代、汉、唐之盛世也，故曰'君子之道'。阴卦一阴二阳，是以二君而统一民，天下分裂，春秋、战国、五胡、南北朝之分王也，故曰'小人之道'。"③

　　当然，在具体表现或者措施方面明人的论述同样涉及正朔、法制，

---

①　（元）许有壬：《至正集》卷三五《大一统志序》。

②　（明）钱穀：《吴都文粹续集》卷一四《太仓关王庙记》（陆伸），文渊阁四库全书电子版。

③　（明）林希元：《易经存疑》卷一一，文渊阁四库全书电子版。

以及思想等众多方面的"统于一",如下所示。

孙楙《孙毅庵奏议》卷下:"二曰:一法制。臣惟法制之一者,大一统之道也。"①

丘濬《大学衍义补》卷一六〇:"臣按:人君治天下,车必同轨,书必同文,行必同伦,盖王者之治,大一统而无外也。有如此,盖有法制以维持之,则世道虽降,而不至于废坠。苟有兴起者,由是而循持之,以复先王之旧不难矣。故成周盛时之车轨书文,至于春秋之时,犹同也。唯天下至圣为能聪明睿知足以有临也,宽裕温柔足以有容也,发强刚毅足以有执也,齐庄中正足以有敬也,文理密察足以有别也。溥博渊泉,而时出之。溥博如天,渊泉如渊,见而民莫不敬,言而民莫不信,行而民莫不说。是以声名洋溢乎中国,施及蛮貊,舟车所至,人力所通,天之所覆,地之所载,日月所照,霜露所队,凡有血气者,莫不尊亲,故曰配天。"②

湛若水《格物通》卷五五:"《王制》曰:命典礼考时月,定日,同律,礼乐制度衣服正之。臣若水通曰:此先王巡狩之典,所以大一统于天下者也。"③

杨慎《升庵集》卷四三《隐公元年》:"元年,鲁隐公元年也。《春秋》大一统,所谓一统天下,咸奉元朔也。天子立元,而诸侯遵也。天子颁朔,而诸侯行也。自共和以来,诸侯如蜂房蚁穴,不用天子之元年矣。晋曲沃庄伯改建夏正,则有不奉天子之朔矣……"④

孙承泽《春明梦余录》卷四〇:"宗伯冯琦疏:顷者,皇上纳都给

① (明)孙楙:《孙毅庵奏议》卷下《厘凤弊端以正版籍疏》,文渊阁四库全书电子版。
② (明)丘濬:《大学衍义补》卷一六〇,文渊阁四库全书电子版。
③ (明)湛若水:《格物通》卷五五《正万民上》,文渊阁四库全书电子版。
④ (明)杨慎:《升庵集》卷四三《隐公元年》,文渊阁四库全书电子版。

事中张问达之言，正李贽惑世诬民之罪，尽焚其所著书，其于崇正辟邪，甚盛举也。臣窃惟《春秋》大一统，统者，统于一也。统于圣真，则百家诸子无敢抗焉；统于王制，则卿大夫士庶无敢异焉。"[1]

此外，明人在对"正统"进行论述时，依然延续了欧阳修的论述，也即将"正统"中的"统"与"大一统"联系起来，典型的就是王祎的《正统论》：

> 正统之论，本乎《春秋》。当周之东迁，王室衰微，夷于列国，而楚及吴、徐并僭王号，天下之人，几不知正统之所在。孔子之作《春秋》，于正必书王，于王必称天，而僭窃之邦，皆降而书子，凡以著尊王之义也。故《传》者曰"君子大居正"，又曰"王者大一统"，正统之义，于斯肇焉。欧阳修氏曰："正者，所以正天下之不正也，统者，所以合天下之不一也。由不正与不一，是非有难明，故正统之论所为作也。"呜呼！三代之下，有天下者，大抵皆不正不一，而不能合乎至公大义之所在，是非之际于是难明者多矣！盖当其难明之际，验之天文，则失于妄稽之人，言则失于偏，是故荧惑守心，应乎魏文帝之殂，而吴、蜀无他，故若可以魏为正矣。然月犯大心，王者所恶，则蜀昭烈之殂实应之，而吴、魏无事也，是蜀亦可为正也，此非失于妄哉？自晋之灭，而南为东晋、宋、齐、梁、陈，北为后魏、后周、隋。私东晋者曰：隋得陈而后天下一，则推其统曰晋、宋、齐、梁、陈、隋。私后魏者曰：统必有所授，则推其统曰隋授之后周，后周授之后魏。此非失于偏哉！呜呼！论正统而不推天下之至公，据天下之大义，而溺于妄于偏，其亦不明

---

[1]　（清）孙承泽：《春明梦余录》卷四〇《礼部二·正士习》，北京古籍出版社，1992，第744页。

于春秋之旨矣。且欧阳氏正统之论以谓正统者听其有绝有续，而后可不必猥以假人而使勿绝也，猥以假人而使勿绝，则至公大义有所不行矣。故正统之序，历唐、虞、夏、商、周、秦、汉，至汉建安而绝。魏武窃取汉鼎，得之既不以正，刘氏虽汉裔，崎岖巴蜀，又未尝得志于中国，而孙氏徒保守江表而已，皆不可谓居天下之正，合天下于一者也。及晋有天下，而其统始续，故自泰始元年，复得正其统。至建兴之亡，正统于是又绝矣。晋氏既南，天下大乱，故自东晋建武之始，止陈贞明之终，二百余年，其间乘时并起，争夺僭窃者，不可胜纪。其略可纪者，犹十六七家。既而大小强弱自相并吞，而天下犹为四，东晋、宋、齐、梁、陈，又自分为后梁而为二，后魏、后周、隋，又自分为东魏、北齐而为二，离合纷纭，莫适为正，皆不得其统，正统于是又绝矣。及后周并北齐，而授之隋，隋并后周，又并陈，然后天下合为一，而其统复续。故自开皇九年复得正其统，而唐继之。自天祐之亡，正统于是又绝矣。梁氏弑其君，盗其国，以梁为伪，固也。后唐之兴，藉曰名正而言顺，实非所以复唐。晋氏受国于契丹，尤无足议。而汉、周亦皆取之以非义。况此五代者，皆未尝合天下于一，则其不得以承正统，夫复何疑！及宋有天下，居其正，合于一，而其统乃复续，故自建隆元年复得正其统。至于靖康之乱，南北分裂，金虽据有中原，不可谓居天下之正；宋既南渡，不可谓合天下于一，其事适类于魏、蜀、东晋、后魏之际，是非难明，而正统于是又绝矣。自辽并于金，而金又并于元，及元又并南宋，然后居天下之正，合天下于一，而复正其统。故元之绍正统当自至元十三年始也。由是论之，所谓正统者，自唐虞以来四绝而四续，惟其有绝而有续，然后是非公，予夺当，而正统明也。呜呼！吾之说至公大义之所，存欧阳氏之所为说

也。欧阳氏之说废,则吾之说不行于天下矣! [1]

当然也有与"疆域"有关的论述,如商辂《商文毅疏稿》:"一重地方。臣等闻得永乐年间,征取交趾,郡县其地,天下大一统而无外。其后守镇非人,不恤夷情,遂至激变失陷,地方再不可复。今两广、四川、贵州、云南俱系边远之地,设若任用非人,一旦有警,军旅荐〔洊〕兴,粮运不继,欲天下无事不可得矣!" [2] 从这段来看,似乎在占有交趾之后,明朝才完成了"大一统"。又如陆深《俨山集》卷二三《新水令》:"圣德精禋格,昊穹大一统。四夷来贡,玉帛捧,文轨同,世际昌隆,共听舆人颂。" [3] 从这句论述来看,"大一统"在地域上应当还包括"四夷"。

而明人对"大一统"分析最为全面的当数丘濬《重编琼台稿》卷八中收录的《拟进大明一统志表》:

> 伏以并日月,以照临千载,启大明之运,全天地所覆载,万邦咸正统之,归舆图之广,旷古所无,地志之成,于今为盛。粤自三才定位,历代迭兴,封山浚川,舜肇十有二州之地,列爵分土,周会千八百国之君。迨夫嬴秦始置郡县,继以刘汉益拓土疆,自魏晋以来,由宋元而上,或闰位之弗齿,或霸业之偏安,或威令之阻行,或凉德之可厌,皆未有若我朝得国之正,辟地之大者也。德与地而兼广,政与教以并行。南都吴,北都燕,立标准于四极,大为府,小为县,总要会于三司,藩府分封并峙。维城之固,卫所布

---

① (明)王祎:《王忠文集》卷四《正统论》,文渊阁四库全书电子版。

② (明)商辂:《修德弭灾疏》,《商文毅疏稿》,文渊阁四库全书电子版。

③ (明)陆深:《俨山集》卷二三《新水令》,文渊阁四库全书电子版。

列，广宣御侮之威，规制周严，气势联属。南逾铜柱，东越鲲波，
尽入版图之内。西亘金河，北弥狼望，率归声教之余。殚九服于域
中，通八荒于化外。青狄、黑濮遥候月以来宾，黄支、朱鸢毕占风
而受吏。禹迹之所不至，章步之所未周，地无间于华夷，治独超乎
今古，不有盛制，曷彰丕图……臣等章句腐儒，草茅贱士，叨蒙拔
擢，岂能如楚左史之读《九丘》，泰效编劘，窃自比晋司空之创六
体，莫能称诏，深虞玩愒之尤。幸睹就编，少助清闲之燕，书同
文，车同轨，大一统而四海向方，天为盖，地为舆，中两间而万世
永赖。①

　　这段文字与《元大一统志序》颇为类似，即通过将之前历代王朝的
"大一统"总结为"或闰位之弗齿，或霸业之偏安，或威令之阻行，或
凉德之可厌"，来强调明朝"大一统"的"德与地而兼广，政与教以并
行"，这一论述的依据显然同样来自欧阳修的论述。且这种"大一统"
不仅表现在"书同文，车同轨"，也表现在地理范围上，即"南逾铜柱，
东越鲲波，尽入版图之内。西亘金河，北弥狼望，率归声教之余。殚九
服于域中，通八荒于化外。青狄、黑濮遥候月以来宾，黄支、朱鸢毕占
风而受吏。禹迹之所不至，章步之所未周，地无间于华夷"，"华夷"也
即"天下"是"大一统"的地理范围。

　　清人对"大一统"的解释并无太多新意，主要强调的依然是"天无
二日，民无二王"等，如胡渭在《洪范正论》卷四中论述："普天率土，
悉主、悉臣，故四海九州之美味，皆得享之。诸侯非但分不当，然恐力
亦未能必致也。孔子曰：'天无二日，民无二王'，使诸侯得作威福，则

---

① （明）丘濬：《重编琼台稿》卷八《拟进大明一统志表》，文渊阁四库全书电子版。

大一统之治安在？"① 清人对之前王朝的评价也表达了这点，如张自勋
《纲目续麟》卷一五"按嗣圣之号虽虚而分注武氏之年，未尝失实，当
从纲目纪年为正。史纲以唐易年，是周未篡唐，先已降唐为列国，非所
以大一统也"。② 更为直接的如《粤闽巡视纪略》卷六所载："初，烺将
出师，梦观音授以水一桶，觉而曰：水者，海也；一桶者，大一统也。
我今兹必破贼乎！"③ 由此来看，收复台湾之后，也就是消灭南明政权之
后，在时人眼中清朝也就达成了"大一统"。

　　此外，为了维持"大一统"，清人还强调了"尊卑秩序"，如张尚瑗
《三传折诸·公羊折诸》卷首载"然使后人得知《春秋》大一统之义，
内京师而外诸夏，内中国而外四裔，尊王抑霸，讨贼扶善，以存天理，
而遏乱源，皆自公谷发之。而何休治《公羊传》，外多生支节，失公羊
之本旨"④；顾栋高《春秋大事表》卷一七上说："当其时，诸侯率天下而
群奉乎一尊，天子锡隆施以推恩乎万国，疏数有常期，贡赋有常数，赍
予有常典，体统相承，尊卑不紊，岂非天下为同，大一统之世哉！"⑤

　　但清人的各种论说依然强调的是天下万物统于"一"，如徐乾学等
奉旨编注的《御选古文渊鉴》卷七中的论述："王正月，大一统也（王
者受命制正月以统天下，令万物无不一一皆奉之以为始，故言大一统
也）"；⑥ 同书卷一二："《春秋》大一统者，天地之常经，古今之通谊
也（一统者，万物之统皆归于一也。《春秋公羊传》'隐公元年春，王

①　（清）胡渭:《洪范正论》卷四，文渊阁四库全书电子版。

②　（清）张自勋:《纲目续麟》卷一五，文渊阁四库全书电子版。

③　（清）杜臻:《粤闽巡视纪略》卷六《附纪彭湖台湾》，文渊阁四库全书电子版。

④　（清）张尚瑗:《三传折诸·公羊折诸》卷首，文渊阁四库全书电子版。

⑤　（清）顾栋高:《春秋大事表》卷一七上，吴树平等点校，中华书局，1993，第1561页。

⑥　（清）徐乾学等编注《御选古文渊鉴》卷七，文渊阁四库全书电子版。

正月',何言乎? 王正月,大一统也,此言诸侯皆系统天子,不得自专也)。"① 当然,这种"一统者,万物之统皆归于一",并不能理解为是将"万物"整齐划一,而应当被理解为"万物"是被"一"所统,而"万物"自身还是存在差异的。

三 "大一统"的地理范围

本章除了对历代"大一统"思想进行描述之外,还希望能对"大一统"的地理范围进行分析,并对以往这方面的研究进行回应。在讨论"大一统"的地理范围之前,首先要对清人所认知的"大一统"的地理范围进行介绍。与前朝相比,清代留存下来的论述"大一统"地理范围的文字非常之多,且与前代类似,这些论述涉及的地理范围差异颇大。

如蒋廷锡《尚书地理今释》:"即魏之法显、唐之玄奘、元世祖之南征、丘处机之西游,皆绕出昆仑以外,历西域诸国,至于滇南,既未尝经其地,但从入中国之支流,以古今分域配之,料约为某水某水而已。今四海大一统,皇上恩威所届,靡不沾被⋯⋯"② 此处"大一统"的范围为"四海"。

《皇朝通典》卷一五载:"我国家受命之初,高丽、琉球率先表贡,他如红毛、日本、暹罗、吕宋、噶喇吧诸国,远隔重洋,莫不献琛纳赆,愿效悃忱。列圣抚绥怀柔,德威并著⋯⋯是以外藩莫不怀畏,百余年来遐迩皆梯航恐后。若乃西北茶马之市,行之既久,边氓番族,胥享

---

① (清)徐乾学等编注《御选古文渊鉴》卷一二。

② (清)蒋廷锡:《尚书地理今释》,文渊阁四库全书电子版。

其利。迩者新疆底定，版章式廓二万余里，因而度地开廛，因中置市，先之以官办，次之以招商，斗斛权衡，一禀部颁法制。皇哉大一统之闳规，蔑以加兹……"①由上可知，编者认为清"大一统"的范围不仅包括新疆，而且从整段的叙述以高丽、琉球、红毛、日本、暹罗、吕宋和噶喇吧诸国作为"铺垫"来看，实际上还包括这些域外各地。

《世宗宪皇帝上谕内阁》卷八二载雍正皇帝的上谕："太祖高皇帝开基东土，遐迩率服，而各蒙古又复望风归顺，咸禀正朔，以迄于今。是中国之一统始于秦氏，而塞外之一统始于元氏，而极盛于我朝。自古中外一家，幅员极广，未有如我朝者也。然各蒙古之所以统一者，亦皆天时人事之自然，岂人力所能强乎？至若贾谊、晁错欲削弱诸侯，乃虑分封之失而欲一之，非以郡县为失而欲分之也。李泌因藩镇之兵连祸结，思以封建为自固之谋，岂尝谓三代之制必可复乎？而陆生楠又云，岂今之人固有异于前人耶，后人之心固有异于前人之心耶？人犹是，心亦犹是，而日下竟如是等语。夫孔子以礼乐征伐自诸侯出为深忧，孟子亦极言诸侯放恣之祸，前人之心昭然可知。乃至于今，而六合成大一统之天下，东西南朔声教所被，莫不尊亲。"②从雍正所描述的范围来看，他认为"大一统"的范围不仅包括"中国"，而且还包括"塞外"，虽然他没有论述"塞外"的范围，但从"极盛于我朝"来看，具体所指应当是清朝当时直接控制的范围。

《钦定皇舆西域图志》卷一《皇舆全图说》："中华当大地之东北，西域则中华之西北，为大地直北境也。自嘉峪关西迄准部、回部，外列藩部，圆广二万余里，其疆围之阔远几与中土埒。自古英君，诞辟声

---

① 《皇朝通典》卷一五《食货志》，文渊阁四库全书电子版。

② 《世宗宪皇帝上谕内阁》卷八二，文渊阁四库全书电子版。

教有所不通，有时力征经营而羁縻服属，卒未闻有混而一之者，厥故安在……而后中土之与西域始合为一家，抚斯图者，当凛然于千秋功烈之骏，惟我皇之德与量有以致之，此固以尧、舜、禹、汤、文、武之为君而不能得于中天之世者也。"① 可见该书编者认为的"大一统"包括大致相当于"九州"的"中华"，再加上"西域"。类似的表述在该书卷八《疆域》中也能见到，即："收准夷之疆索，辑回部之畋章，其人民足以守耕牧之业，其土宜足以昭贡赋之经。爰设郡县、建学校，与内地赤县神州相表里，固已远轶汉唐而上矣。今试览其崖略，玉关东峙，洱海西环，庐帐区分，城垣保界，莫不仰流鳞集，绳贯丝联，以成大一统之盛。"②

《万寿盛典初集》卷一一二所载《尧天击壤歌》中说："皇帝御极五十二载，圣德遍于天覆之区，神功极于坤载之上。昔轩后方制天下，画野分州，自幽陵至于交趾，蟠木距于流沙，历代绳承未能远廓。我皇上德威所临，迩怀远服。自朝鲜、琉球以外，至于青海、乌斯诸域；珠崖、交趾以南，迄乎鲁特俄罗诸部，凡血气所钟，声教所及，莫不三译来朝，献琛奉贡，此诚皇古开天以来从未有大一统若斯之盛者也！"③ 该文作者将"大一统"的地理范围进一步扩大。

《广东通志》卷一载："以归诚效顺，尽臣民之道者，尤不得以华夷而有异心，此揆之天道，验之人理。海隅日出之乡，普天率土之众，莫不知大一统之在，我朝悉子悉臣罔敢越志者也。"④ 该文将"大一统"的范围扩展到了"普天"。类似的描述还有《广西通志》卷一一〇《桂林

---

① 《钦定皇舆西域图志》卷一《皇舆全图说》，文渊阁四库全书电子版。

② 《钦定皇舆西域图志》卷八《疆域》。

③ 《万寿盛典初集》卷一一二《尧天击壤歌》（监生臣林珠），文渊阁四库全书电子版。

④ 《广东通志》卷一《典谟志》，文渊阁四库全书电子版。

图志序》："国家大一统，已尽有天地帱载之地……"①《贵州通志》卷四一《平越卫儒学碑记》："皇明大一统，极天地之大而有之，惟夏惟夷，悉臣悉主。"②

此外，《钦定续通典》卷七〇中载："汉时呼韩邪单于入觐，萧望之谓单于非正朔所加，宜待以不臣之礼。后代蕃使朝贡，仪注率多优假，皆本于望之之议。明初定蕃使入朝，宣制抚问国君并及使者，略如敌国之仪，此亦沿习历代具文，而揆诸大一统之朝，所以驾驭藩服者，其说固未当也。夫溥天率土莫非王臣，要荒之裔以职事来朝，正宜示以彝宪，俾知共主之尊义在则……"③这里朝臣虽然讨论的是"礼仪"问题，但实际上也反映了他们认为"藩服""要荒之裔"都是"大一统之朝"所应管理的，可见他们心目中"大一统"涉及的范围应当就是"天下"。

综上，结合本章第三部分的描述可知，至少从宋代以后，"大一统"的地理范围就是不一致的，最小也要包括"中国""九州"，而最大的则应当是"天下"，那么应如何解释上述现象呢？

我们首先需要明确的就是，前文所列的一些对"大一统"范围的描述往往有着特定的语境和目的。要明确王朝时期"大一统"的地理范围，最为官方和正式的材料就是元明清三朝编纂的《大一统志》。三朝的大一统志中，《大元一统志》只有残卷留存，《大明一统志》和《大清一统志》完整地保存了下来。而后两者涵盖的地理范围，在本书第一章已经有详细描述，它们记述的"大一统"的地理范围不仅超出了"中国""九州"，而且也超出了王朝设置州县之地，是包括了"蛮夷"的"天下"。这点其实也不难理解，"普天之下莫非王土"，即王朝是"天

---

① 《广西通志》卷一一〇《桂林图志序》（王宗沐），文渊阁四库全书电子版。

② 《贵州通志》卷四一《平越卫儒学碑记》（黄纵），文渊阁四库全书电子版。

③ 《钦定续通典》卷七〇《礼》，文渊阁四库全书电子版。

下"的统治者，或者至少王朝自认为是"天下"的统治者。而正如第一章所述，王朝时期的"天下"实际上只有一个。如果明确了这一点，那么"大一统"的范围也就比较明确了，就是指广义的"天下"，如果不是这样的话，即如果在"天下"中存在"二"，更准确地说，王朝认为"天下"中存在"二"的话，那么该王朝显然是未能达成"大一统"的。那么，下一个问题就是，如何理解文献中对于"大一统"范围的不同描述呢？

首先，要明确的就是，王朝时期虽然认为"普天之下莫非王土"，但这些"王土"并不是平等和均衡的，而是存在着等级差异的，简言之就是存在"华"和"夷"的区别，这点已经在第二章中进行了详细的介绍。因此，王朝时期"天下"虽然是由"华""夷"构成的，但对于王朝而言，重要的是"华"以及某些对其有意义的"夷"，而对其他的"夷"，王朝可能"知道"，但也仅仅是"知道"，更有可能王朝根本就不屑于去了解。对于"大一统"而言，虽然要做到"普天之下"，但实际上，对于王朝来说，只要实现"华"以及某些对其有意义的"夷"的"统于一"即可，也就造成了不同王朝以及不同语境下"大一统"所指范围的差异。

也正是因为这样，虽然宋代以后的"大一统"强调"天无二日，地无二主"，但在"华夷观"之下，并不是"普天之下"所有"王土"上的政权都是王朝应当在意的，对于王朝而言有意义的只是那些集中于"九州""中国"范围内的王朝或者政权，因此一旦消灭了这一范围内并立的王朝和政权，那么王朝就可以自认为实现了"大一统"，因而，像自认为结束了分裂的宋朝和元朝，在对本朝"大一统"的描述中也就会着重强调它们对"九州""中国"范围内并立的王朝和政权的"消灭"。

另外从上文的描述来看，无论是元、明还是清，都往往会强调自己的"大一统"超越之前的所有王朝。而作为这一"夸耀"的证据，论者大都要强调自身的"正"以及承认其统治权的"蛮夷"涉及的地理范围，这点在元人和明人的论述中都能看到，更加典型的就是清朝，其对蒙古地区、西域和西藏地区都建立了稳固的统治，清人认为本朝在直接控制的"蛮夷"的范围上超越了前人，这就成为其夸耀其"大一统"的证据，最为明显的就是"是中国之一统始于秦氏，而塞外之一统始于元氏，而极盛于我朝"这样的叙述。

小　结

通过上述分析，可以看出，至少从宋代开始，"大一统"被与"正统"联系起来，建立"大一统"是获得"正统"的条件之一，而且后世也逐渐将两者等同起来，这点也不难理解，毕竟"正统"是不好界定的，且历代王朝统治者都会认为自己是"正统"的，而"大一统"则可以有据可循，即"天无二日，地无二主"。不过，在王朝时期的"天下秩序"观念之下，所谓"天无二日，地无二主"只要在"九州"范围之内达成即可。当然，这样的"大一统"看上去又缺乏"德"的一面，因此历代王朝又会采用先秦和秦汉时期对"大一统"的界定标准，也即要求在正朔、法律、制度和文字等方面达成"一统"，尽管其中很多都是"表面文章"。

需要强调的就是，在王朝时期的"天下秩序"观念之下，不是所有的"夷"都是有意义的，且王朝也没有能力真正使"天下"所有的"夷"在正朔、度量衡、文字等各方面都"统于一"，甚至在"中国""九州"之内都无法真正达成这点，①因此对于王朝而言，只要"蛮夷"承认王朝的统治权，也即达成"天无二日"，王朝就可以自认为形成了"大一统"。当然即使是这一点，也不可能真正达成，因此只要王朝认为其视野中的"蛮夷"承认其统治权即可，而承认其统治权的"蛮夷"涉及的地理范围有时也就成为王朝夸耀其"大一统之盛"的论据。

与此同时，由于王朝时期公认"普天之下莫非王土"，因此就地理范围而言，"大一统"必然是"天下"，只是同样受到"天下秩序"观念的影响，不同王朝以及不同语境之中，涉及的或者了解的"夷"不同，也就产生了对于"大一统"地理范围的不同描述。但无论如何，名义上"大一统"的地理范围必然是"天下"，其核心则是"中国""九州"，也就可以认为以往将"大一统"的范围与现代中国的领土或者谭其骧提出的 1840 年之前清朝"疆域"的范围联系起来的认知都是错误的。但还需要说明的是，正如本书第四章所述，清朝中期之后王朝将"中国"的概念扩展到了其直接统驭的地理范围，所以在清朝中期之后，对于王朝而言，"大一统"所涉及的"最小"或者"最为核心"的部分也随之扩展。

---

① 　其中可能比较特殊的就是"正朔"，因为"正朔"代表了王朝的"正统"性。

第四章

王朝时期的"中国"

引　言

　　历史时期的"中国"，长期以来都是学界讨论的热点问题，各种观点层出不穷。如关于"中国"的起源，自 20 世纪以来，考古学界热衷于追寻"早期中国"，一般认为狭义的"最初的中国"是指"中原地区形成的最早的王权国家（或王朝）"，[①]广义的"最初的中国"是指"我们统一多民族国家的雏形"。[②]需要指出的是，史学界和考古学界在这一问题上研究视角相差较大，即历史研究中学者更多是将"中国"作为一个"概念"来进行探讨，主要是利用甲骨文或者金文的材料来进行研究。学界目前通常认为，何尊铭文中的"宅兹中国"是目前发现最早的使用"中国"一词的例子。而通过对古文字的解读，于省吾认为"商代甲骨文没有或、国二字，'中国'名称起源于周武王时期"，[③]但胡厚宣很早就已指出："商也称'中商'，与四方并立，

---

①　许宏：《最早的中国》，科学出版社，2009，第 3 页。

②　李新伟：《"最初的中国"之考古学认定》，《考古》2016 年第 3 期。

③　于省吾：《释中国》，载中华书局编辑部编《中华学术论文集》，中华书局，1981，第 6 页。

应为后世'中国'之起源。"① 且据王震中的研究,"商代的国土结构由'商'和'四土'组成,国家结构由'内服'和'外服'构成",② 而胡阿祥则试图调和上述二说,认为"中国确见于西周武王时期,但商代就形成了中商之类的概念,从这个意义上说,中国名号始于商代也不过分"。③

在对先秦典籍进行全面考察后,王尔敏认为:"在秦汉以前,'中国'主要为诸夏及其活动的全部领域,这充分显示出民族文化一统的观念。"④ 不过,平势隆郎的研究则指出:"战国时期'中国'的范围视各书籍而异,这是因为'中国'一词是战国时代诸国站在自己的立场而使用的词语。"⑤

而就"中国"的诸多含义而言,学界一般认为"中国"最早指的是"成周",如马承源认为"'中国'是指天下的中心地区,也就是伊洛之间的洛邑",⑥ 但对此赵永春等人则指出何尊铭文中的"中国"并非仅指天下之中的洛阳,还具有京师和国家政权的意思,是一个具有多重含义的概念,⑦ 不过他的这一认知主要基于对文献的引申,缺乏可信性。对于"中国"之"中"的含义,陈玉屏则指出:"'中国'一词的'中'并非源自地域位置,而是源自'以我为中心'的政治理念。"⑧

---

① 胡厚宣:《论五方观念及中国称谓之起源》,载《甲骨学商史论丛初集》第二册,齐鲁大学国学研究所,1944,第 386 页。

② 王震中:《论商代复合制国家结构》,《中国史研究》2012 年第 3 期,第 43 页。

③ 胡阿祥:《"中国"名号考述》,《历史地理》第 17 辑,上海人民出版社,2001,第 85 页。

④ 王尔敏:《"中国"名称溯源及其近代诠释》,载王尔敏《中国近代思想史论》,社会科学文献出版社,2003,第 371 页。

⑤ 〔日〕平势隆郎:《战国时代的天下与其下的中国、夏等特别领域》,载甘怀真编《东亚历史上的天下与中国概念》,台北:台大出版中心,2009,第 64 页。

⑥ 马承源:《何尊铭文初释》,《文物》1976 年第 1 期,第 64 页。

⑦ 赵永春、迟安然:《最早的"中国":夏、商、西周时期的"中国"观》,《西南民族大学学报》(人文社会科学版)2021 年第 6 期。

⑧ 陈玉屏:《略论中国古代的"天下"、"国家"和"中国"观》,《民族研究》2005 年第 1 期,第 67 页。

安部健夫指出，秦汉之后的"天下"有广义和狭义之分，分别指世界和中国。如果取广义，那么世界则是"中国＋蛮夷"。但在古代史上，中国即天下的观念却一直占据着主流。① 如果将"天下"取广义，将"天下"视为"普天之下"的话，那么"秦汉天下格局的基本构造"也就呼之欲出，正如朱圣明所说："'天下'以'中国'为中心，而'中国'又以'内郡'为核心。"② 而在"中国为天下之中"这一点上，汉唐两朝存在着高度相似，渡边信一郎认为"天下是以中国为核心的实际支配领域"，③ 李方亦指出，唐代的"中国"仅代表唐朝统治的核心地区，而"天下"代表唐朝实际统治的全部领域。④

葛兆光认为，直到宋代，随着北方外族政权的先后崛起，才真正打破了唐以前汉族中国人关于天下、中国与四夷的传统观念和想象。这不仅成为宋人极力确立"中国"与"道统"合法性的历史背景，还成为近世中国民族主义的一个远源，⑤ 不仅如此，他还认为在宋代，具有边界即有着明确领土、具有他者即构成国际关系的民族国家已经逐渐形成。⑥ 与他的观点相似，冯天瑜亦认为："'中国'作为与'外国'对等的国家概念，萌发于宋代。"⑦ 对于葛兆光等的观点，黄纯艳进行了反驳。

---

① 〔日〕安部健夫，宋文杰译：《中国人的天下观念——政治思想史试论》，《西北民族论丛》2017年第1期，第216页。

② 朱圣明：《有层次的"天下"与有差别的"政区"——兼论秦汉天下格局视域下的人群划分与认同建构》，《中国边疆史地研究》2014年第1期，第10页。

③ 〔日〕渡边信一郎：《中国古代的王权与天下秩序——从中日比较史的视角出发》，第44页。

④ 李方：《试论唐朝的"中国"与"天下"》，《中国边疆史地研究》2007年第2期。

⑤ 葛兆光：《宋代"中国"意识的凸显——关于近世民族主义思想的一个远源》，《文史哲》2004年第1期。

⑥ 葛兆光：《宅兹中国》，第25—27页。

⑦ 冯天瑜：《"中国"、"中华民族"语义的历史生成》，《河南大学学报》（社会科学版）2012年第6期，第1页。

在"华夷关系"上，黄纯艳指出："终其灭亡，宋朝始终在华夷和'中国'的框架中寻找解决困境的应对之策，其思想来源和具体做法都与民族主义或民族国家意识无涉。"① 此外，通过运用菲利克斯·罗格斯提出的"公民国家"和"部族国家"的理论，马戎认为，葛兆光理解的"民族国家"还是属于"部族国家"，和近代欧洲以公民权和共和体制相联系的"公民国家"存在着本质上的区别。②

有日本学者认为，元朝不是中国的王朝。但此说引起了相当一部分学者的反对，如许倬云认为成吉思汗建立的大蒙古国不是"中国"，但忽必烈建立元朝却是自成格局，因此元朝可以称为"中国"，③ 罗新亦指出："忽必烈有意识地将草原时代和入主中原分成了两个历史阶段，他认为自己建立的'大元'是继宋金之后接续了'中国正统'的王朝。"④

武沐等人曾比较过明清两朝的中国观，并指出，两者存在着较大的差异，明朝中国观总体上代表着传统中国观，即"中国"为"天下之中"。而在概念使用上，清朝的"中国"和"王朝"基本一致，这是对元代中国观的继承发展。⑤

学界对于清代"中国"概念的研究成果颇丰，郭成康指出，乾隆中期以后的"中国"已经不单指汉族地区的"中国"，而是囊括了清朝统治的全部区域。同时随着"中国"一词的外延，中国和四夷的对称，转

---

① 黄纯艳：《绝对理念与弹性标准：宋朝政治场域对"华夷""中国"观念的运用》，《南国学术》2019 年第 2 期，第 306 页。

② 马戎：《鸦片战争后新观念的进入与中国话语体系的转型》，《社会科学战线》2019 年第 3 期。

③ 许倬云：《说中国：一个不断变化的复杂共同体》，广西师范大学出版社，2015，第 142 页。

④ 罗新：《元朝不是中国的王朝吗？》，载《东方早报·上海书评》编辑部编《殊方未远：古代中国的疆域、民族与认同》，中华书局，2016，第 173 页。

⑤ 武沐、杨博皓：《明清两朝中国观对比研究》，《中国边疆史地研究》2021 年第 1 期。

化为大一统中国与外国的对称。① 李大龙甚至认为，清朝开始以"中国"的身份参与国际事务，这就使"中国"已经开始具备了近现代国家的含义。② 但也有学者指出上述观点皆存在不当之处。第一，虽然清代"中国"有时用来指清统治的全部区域，但是不能回避的是，"在《大清一统志》178处中国一词的使用中，将汉人居住之地视为中国的用法竟有109处"。③ 从这个意义上说，"中国"指清朝全部疆域和汉人居住之地的说法同时并存，而后者应该是其主要含义。此外，葛剑雄指出，清朝在对外交往和正式条约中使用"中国"一词，实际上包含着一种传统心态，即此处的"中国"为"天下之中的国家"，④ 故而《尼布楚条约》中的"中国"应理解为"中国—夷狄"之"中国"，而不是具有近现代国家意义的"中国"。此外，还有一些研究者认为，传统天下观念在近代的浪潮中逐渐走向解体之后，"中国"才从传统天下观下的"中央之国"转化成了近代国家意义上的"世界万国"之一。正如孙隆基所说："'民族国家'是一件进口货，因此当天朝中心的天下主义被现代民族主义取代之时，中国亦在符号学意义上被'去中心化'。"⑤ 罗志田亦认为晚清民国的"中国"逐渐放弃了传统的"天下秩序"，试图融入当时的"世界"，从而导致"中国"含义发生了转化，此前的中国之"中"与其字面意义相关，而后来则基本转变成一个指称符号。⑥ 清朝是传统天下观

---

① 郭成康：《清朝皇帝的中国观》，《清史研究》2005年第4期。

② 李大龙：《"中国"与"天下"的重合：古代中国疆域形成的历史轨迹——古代中国疆域形成理论研究之六》，《中国边疆史地研究》2007年第3期。

③ 武沐、杨博皓：《明清两朝中国观对比研究》，《中国边疆史地研究》2021年第1期。

④ 葛剑雄：《统一与分裂：中国历史的启示》，商务印书馆，2013，第27页。

⑤ 〔美〕孙隆基：《历史学家的经线》，广西师范大学出版社，2004，第21页。

⑥ 罗志田：《天下与世界：清末士人关于人类社会认知的转变——侧重梁启超的观念》，《中国社会科学》2007年第5期。

和中国观的终章，而在"中国"转向现代的过程中，"作为民族主义主观构建过程的最终结果，'中国'才凝结成为中国的正式国家名称，构成了中国人对其身份的认同"。①

上文对以往关于"中国"一词的含义以及涉及的地理空间的研究进行了概述，② 当然这一概述还非常不全面，但对具体观点的概括和总结不是此处的重点。此处笔者希望基于对以往观点的概述，进而指出，就研究方法而言，以往的研究都或多或少地存在两点共性的问题。

第一，对留存下来的文献中的"中国"一词缺乏进行全面的搜集、整理和分析，无论是断代的、专题性的研究，还是整体性的研究中都存在非常多极为明显的错误。如果能对王朝时期与"中国"有关的史料进行全面梳理的话，这些问题本是可以避免的，下面仅举几例予以说明。

葛剑雄在《"中国"名称的由来及"北京"称谓的变迁》一文中提出"公元前221年秦始皇统一六国，建秦朝，称皇帝，自然也自称中国了。以后历代王朝都自称为中国，连入驻中原的少数民族，或者与中原关系密切的政权也都自称中国，中国概念从一个点扩大到整个国家，甚至包括边疆的少数民族的政权。比如契丹人建了辽朝，到辽朝后期，也认为自己是中国的一部分。南北朝时，南朝、北朝都称自己为'中国'，而骂对方是'索虏''岛夷'，隋、唐统一以后它们都成了'中国'一部分。'中国'实际上成了这个国家的代名词，但各朝都有自己的国号，如清朝称大清、大清

---

① 李扬帆:《未完成的国家:"中国"国名的形成与近代民族主义的构建》,《国际政治研究》2014年第5期, 第39页。

② 上述概述是根据云南大学历史与档案学院硕士研究生刘洁撰写的文字改编的, 在此对他表示谢意。

国"。[①]从"中国概念从一个点扩大到整个国家""'中国'实际上成了这个国家的代名词，但各朝都有自己的国号，如清朝称大清、大清国"等论述来看，葛剑雄似乎将"王朝"与"中国""国家"等同了起来，但他并未就上述论述提出史料方面的依据，或者至少作者对于王朝与"中国""国家"的关系并没有进行清晰的描述，而且根据本章的研究，在王朝时期，这两个词语是存在明确差异的；[②]不仅如此，从"公元前221年秦始皇统一六国，建秦朝，称皇帝，自然也自称中国了。以后历代王朝都自称为中国"的论述来看，作者显然认为"中国"作为一个政治概念或者说"政治中国"起源于秦朝甚至之前，但他同样并未就此举出相应的史料，从本章后文所罗列的秦、汉、魏、晋的史料来看，这样的认识是存在问题的；且如后文的叙述，秦时期的"中国"主要指的是"北方地区"，甚至"关东地区"，与秦朝直接统治的地理范围并不存在直接联系。

胡阿祥在《吾国与吾名：中国历代国号与古今名称研究》中提出，"到战国后期，魏、赵、韩、齐、秦、楚、燕七雄，事实上就都被视为中国了"，[③]但作者也并未对这一论点提供史料方面的支持，且从战国和汉代的史料以及下文提及的王尔敏的研究来看，这一认识同样存在问题。

李大龙提出"随着秦汉的长期统一，被称为'天下的中心地带'的'中国'已经由'京师'、'王畿'发展为秦汉时期的郡县范围，据有'中国'才能成为'天下共主'、正朔王朝的观念也由此得到了不

---

① 葛剑雄：《"中国"名称的由来及"北京"称谓的变迁》，《中国地名》2016年第1期，第10页。

② 对此，参见本章结论部分的讨论。

③ 胡阿祥：《吾国与吾名：中国历代国号与古今名称研究》，江苏人民出版社，2018，第304页。

断强化"，[1]但翻阅全文，作者并未对这一论述提供文献方面的直接支持，或者说作者并未能对秦汉时期的相关文献进行全面的梳理，该文还提到"迄至唐代，'九州'在一定意义上是'中国'的代名词"[2]也是如此。而且，正如本章后面的研究所揭示的，这两种认识都是错误的。

王尔敏在《中国名称溯源及其近代诠释》中对 53 种先秦文献中出现的"中国"一词进行了全面的检索，共检索出 178 条，并按照其含义进行了分类，即谓京师之意 9 次、国中 17 次、诸夏 145 次、中等之国 6 次、中央之国 1 次。这是目前少有的以对某一时期的文献进行全面检索为基础，对某一时期"中国"一词的含义进行的研究，非常值得肯定。[3]不过，该文进而提出"至于古代'中国'在地球上所笼罩固定领域之范围，秦汉统一前，当已形成了共喻之理解。就是普通观念之中国，载于文献者，均漫指黄河及淮河流域之大部分。而沿边裔之秦、楚、吴、越则不在'中国'领域之内。至秦统一之后，形成政治大一统局面，中国行政制度改变，遂使'中国'称谓之实义又有新确立，不但三十六郡沿为正确之中国领域，而东南至于海，北至于塞，西接流沙，则俱为秦汉时代人所共喻之中国领域"。[4]这段文字的第一、二句话，建立在文献检索的研究的基础上，没有太大问题，但"至秦统一之后"以下的论述，在该文中则没有任何史料依据，从本章的研究来看，这种认识应当也是错误的，且作者在这段文字中对"大一统"的使用显然是对这一词语的

---

① 李大龙：《"中国"与"天下"的重合：古代中国疆域形成的历史轨迹——古代中国疆域形成理论研究之六》，《中国边疆史地研究》2007 年第 3 期，第 5 页。

② 李大龙：《"中国"与"天下"的重合：古代中国疆域形成的历史轨迹——古代中国疆域形成理论研究之六》，《中国边疆史地研究》2007 年第 3 期，第 5 页。

③ 王尔敏：《中国名称溯源及其近代诠释》，《中国近代思想史论》，第 370 页。

④ 王尔敏：《中国名称溯源及其近代诠释》，《中国近代思想史论》，第 373—374 页。

曲解,具体参见本书第三章的讨论。

总体来看,以往的一些研究在未能对相关文献进行全面梳理的情况下,基于个别史料,甚至没有史料而仅凭"猜想"得出的结论,显然不足以说明当时的普遍情况,更不用说其间还会掺杂研究者有意无意曲解而形成的"错误解读"。

第二,对史料有意无意地进行曲解,即研究者基于其"结论"或者某种目的对史料按照自己的意图进行引申、夸张,甚至曲解。当然,其中一些结论的得出可能是由于作者未能对史料进行全面梳理,并不是有意识的,但在阅读这些研究的时候,我们无法对这两者进行明确区分。下面以赵永春《从复数"中国"到单数"中国"——试论统一多民族中国及其疆域的形成》一文为例进行分析。该文提出:

> 司马迁在《史记·匈奴列传》中曾说"匈奴,其先祖夏后氏之苗裔也,曰淳维",《索隐》称"乐产《括地谱》云'夏桀无道,汤放之鸣条,三年而死。其子獯粥妻桀之众妾,避居北野,随畜移徙,中国(中原)谓之匈奴'。其言夏后苗裔,或当然也。"《汉书》、《后汉书》沿袭司马迁的说法,《资治通鉴》引注也说:"匈奴,淳维之后,本夏后氏之苗裔。"这些文献均认为匈奴是夏桀之子的直接后裔。司马迁等人有关匈奴人是"炎黄子孙"的说法,并没有为后世匈奴人否认。据《晋书》记载,魏晋十六国时期,建立汉政权的一支匈奴人即承认司马迁等人关于"匈奴,其先祖夏后氏之苗裔"的说法,以"汉高祖以宗女为公主,以妻冒顿,约为兄弟,故其子孙遂冒姓刘氏","自谓其先本汉室之甥"。因此,匈奴人刘渊在建立政权之时,拒绝其叔父刘宣恢复"匈奴"国号的建议,特定国号为"汉",声称"汉有天下世长,恩德结于人心","吾又汉氏之甥,

约为兄弟，兄亡弟绍，不亦可乎？且可称汉"，就是以汉高祖刘邦的传人自居，要继承两汉之统，光大两汉之业，"遂立汉高祖以下三祖五宗神主而祭之"。

匈奴人赫连勃勃建立政权之时，也"自以匈奴夏后氏之苗裔也"，特定国号为"大夏"。他曾明确表示"朕大禹之后，世居幽朔"，建立大夏政权，目的就是要"复大禹之业"。赫连勃勃强调自己是"大禹之后"，要"复大禹之业"，完全把自己说成是黄帝的后人，视自己所建政权为"中国"。[①]

上述两段叙述中存在诸多曲解、引申之处：其一，确实，秦汉以后众多"少数民族"政权都会构建自己的"祖源"，他们的心态、目的各不相同，但这种构建，与其自称为"中国"之间并不存在必然联系，或者说至少作者没有提供两者之间存在直接联系的证据；其二，就本章的梳理来看，"政治中国"的概念，在隋唐之前还没有产生，或者至少还不那么明确，在当时的历史条件下"视自己所建政权为中国"，可能性不大；其三，就本章的梳理来看，在隋唐之前，"中国"与政权的合法性之间并无必然的联系，如南朝通常也都认为北方为中国（地理中国），由此"视自己所建政权为'中国'"在当时的历史条件下并不具有后世那样的政治意义；其四，上述两段论述中，作者多次提到"匈奴"认为自己是"炎黄子孙""黄帝的后人"，但是基于此"视自己所建政权"为"中国"显然是作者自己的引申。该文还提出：

羯族人石勒建立后赵，"据赵旧都"，是以战国时期被人们视为

---

① 赵永春：《从复数"中国"到单数"中国"——试论统一多民族中国及其疆域的形成》，《中国边疆史地研究》2011年第3期，第10页。

"中国"的华夏人建立的赵国为继承对象，并按照"五德终始"学说，以继承西晋金德之后的德自居，试图跻身为"中国正统"之行列。据《晋书》记载，石勒曾担心"吴蜀未平，书轨不一，司马家犹不绝于丹杨，恐后之人将以吾为不应符箓"。这完全道出了他意欲为"中国正统"的意愿。徐光曾劝慰石勒说："魏承汉运，为正朔帝王，刘备虽绍兴巴蜀，亦不可谓汉不灭也。吴虽跨江东，岂有亏魏美？陛下既苞括二都，为中国帝王，彼司马家儿复何异玄德，李氏亦犹孙权。符箓不在陛下，竟欲安归？"他明确表示石勒没有完成全国统一，也可以称"中国帝王"。这说明羯族人石勒建立的后赵政权，一直以"中国"自居。[①]

这一段论述中同样存在大量的引申和曲解，即使承认石勒有构建自己政权合法性即"正统性"的意图，但作者在此显然是根据自己的理解在"正统"一词之前加上了"中国"两字，但这没有文献的支持；且如后文所述，这一时期的"中国"一词并无明确的政治层面的含义。"中国帝王"这一用法看上去似乎验证了作者的观点，但仅就本段来看，文中的"中国"似乎只限于石勒控制的北方地区，无论是从徐光引用的三国的历史，还是从"陛下既苞括二都，为中国帝王，彼司马家儿复何异玄德，李氏亦犹孙权。符箓不在陛下，竟欲安归"一句来看都是如此；不仅如此，当时文献中的"中国"一词大都指的也是"北方地区"，因此此处不是作者没有对当时"中国"一词所指的地理范围进行过系统分析，就是有意识忽略了这一点，而基于其结论和目的对原文进行了"曲解"。此外，该文在分析了金、辽等政权自称"中国"之后，还提出：

---

① 赵永春：《从复数"中国"到单数"中国"——试论统一多民族中国及其疆域的形成》，《中国边疆史地研究》2011 年第 3 期，第 10—11 页。

　　可见，在中国历史上，被汉人视为"夷狄"的少数民族，并没有认为"中国"一词应该为汉人所独有，他们曾依据"中国"一词的不同概念，根据自己的需要，在不同时期取"中国"一词的不同含义而自称"中国"，表明他们也是"中国"的一部分。这应该是中国自秦统一之后仍然存在一定程度的"复数"现象的一种表现。①

　　这一结论表面上看是对"事实"的解读，但仅就这段文字而言，本身仍有诸多含混之处。这段论述中的"中国"理应也对应多重含义，但作者提出"表明他们也是'中国'的一部分"中的"中国"又指的是"中国"的哪重含义呢？从作者全文的叙述来看，应当等同于"国家"或者"政治中国"的"中国"，这显然是偷换了"概念"，或者至少说作者此处的论述颇为含混。不仅如此，回到历史场景就会发现，当时"中国"一词的含义是多元的，存在地理、文化和政治多个层面的含义，涵盖的地理空间也是不一致的。作者提到的这些政权"自称'中国'"，如果指的是"政治中国"的话，那么由于"政治中国"在当时涉及王朝的正统性，只能有一个，因此"表明他们也是'中国'的一部分"肯定是错误的，而应该是"表明他们自己才是'中国'"，所以"表明他们也是'中国'的一部分"应当是作者基于他的结论和目的所做的一种曲解。此外，对这些论述形成支撑的"史料"的解释中也存在曲解，如：

　　《独吉思忠传》记载，独吉思忠说："宋虽羁栖江表，未尝一日忘中国，但力不足耳。"这里所说的"中国"都是指金朝。金人自

---

①　赵永春：《从复数"中国"到单数"中国"——试论统一多民族中国及其疆域的形成》，《中国边疆史地研究》2011 年第 3 期，第 14 页。

称"中国",虽不为大多数宋人所接受,但也有人依据中原即中国的理念,承认金人占据的中原地区是中国,并引申金朝为中国。如陈亮就曾在上孝宗皇帝书中,劝皇帝不要"忘君父之大仇,而置中国于度外",建议经略荆襄,"以争衡于中国"。其所使用的"中国"一词,也是指中原地区及占据中原地区的金朝。①

　　这段文字中所提到的"中国"应是指称"北方地区"的传统的"地理中国",作者所述"承认金人占据的中原地区是中国"的"中国"显然与"国家""政权"无关,且从当时"中国"代表了王朝、文化等方面的合法性和正统性来说,南宋承认金朝为"中国"显然是不可思议的事情,因此"引申金朝为中国"非常明显也是作者基于他的结论和目的所做的一种曲解。且如果"中国"指的是"金朝",那么"宋虽羁栖江表,未尝一日忘中国,但力不足耳"中的"江表"与"中国"相对也不符合古文的习惯,"以争衡于中国"也是如此,仅仅从古汉语的角度来说,这两句中的"中国"解释为"地理中国"更为合适。总体而言,作者在这里有意混淆了"地理中国"和"政治中国"两者的含义,或者说将"地理中国"曲解引申为在当时政治语境中极为敏感的"政治中国"。最后,由于该文中存在许多对文献的曲解、引申,因此无论是其中的大多数论述,还是整体结论,都是不能成立的。

　　其他学者的研究中也或多或少存在类似的问题,如李大龙提到"分别记载宋、辽、金、元历史的《宋史》《辽史》《金史》《元史》被纳入中国历史的'正史'系列,应该是这些王朝对'中国'认同得到承认的

---

① 赵永春:《从复数"中国"到单数"中国"——试论统一多民族中国及其疆域的形成》,《中国边疆史地研究》2011年第3期,第13页。

最为有力的证据"。[①] 作者此处显然是将"中国"与历代"王朝"混淆了，这两个词语在古代存在明确的区别。[②] 不仅如此，即使编修《宋史》《辽史》和《金史》的元人将宋、辽、金都看成正统，也不代表元人认为他们都可以被称为"中国"，而且即使元人承认他们是"中国"，那也是元人的认知，不能代表这些王朝的人的"中国"认同，况且从史料来看，宋从未将辽、金政权称为"（政治）中国"。更为重要的是，"纳入中国历史"中的"中国历史"显然是一个非常现代的概念，在王朝时期，似乎并不存在"中国历史"这样的说法。[③]

最后还需要说明的就是，虽然一些研究者意识到了王朝时期"中国"是与"四夷"相对的，但绝大多数研究者都没有意识到王朝时期使用"中国"一词的语境，如果没有意识到这一点的话，也就无法真正理解这一词语的意思。大致而言，要理解"中国"一词的含义，就要理解王朝时期的"天下观"或者说是古人对于"天下秩序"的认知，也就不会简单地将王朝与"中国"等同起来，更不会简单地认为"中国"会成为王朝的国号了。还有一些研究者意识到了王朝时期"中国"一词有着多重含义，且存在着变化，但很多研究者都倾向于将文献中的"中国"解释为某一种含义，如上文提到的论著基本倾向于将"中国"解释为"政治"层面的"中国"。

由于存在着上述两点问题，以往对于王朝时期"中国"一词含义的研究未能厘清这一词语在王朝时期的含义及其演变以及使用的语境。基于此，本章以"中国"为关键词，在电子版文渊阁四库全书中进行了全

---

① 李大龙：《"中国"与"天下"的重合：古代中国疆域形成的历史轨迹——古代中国疆域形成理论研究之六》，《中国边疆史地研究》2007 年第 3 期，第 10 页。

② 对此参见本章的结论。

③ 如以"中国历史"为关键词，在四库全书中就检索不到结果。

面的检索，并在引用时尽量核对了通行的点校本，对这一词语在王朝时期不同语境下的含义及其演变进行梳理，希望能澄清以往研究中存在的误解，为今后与此有关的研究奠定更为坚实的基础。还需要说明的是，本章对于"中国"一词含义演变的原因不进行太多的讨论，因为这是一个比梳理其含义和演变更为复杂的问题，而本章的篇幅已经极其庞大，故不再专述。

一 先秦和秦汉时期的"中国"

"中国"一词在先秦时期的含义，以往学者多有研究。如前文提到的王尔敏在《中国名称溯源及其近代诠释》中对 53 种先秦文献中出现的"中国"一词进行了全面的检索。[1] 此外，胡阿祥认为"'中国'名号自从公元前 11 世纪西周初期出现以来，直到公元前 221 年秦国统一以前，在这大概 800 多年的先秦时代里，依据当时人及后来人的说法，其所指地域随着对象与时代的不同，也不尽一致"，[2] 他罗列了先秦时期"中国"一词的六种含义，即：指京师，指国中、国都，指王畿，指天子直接统治的地区，指诸夏国家，指地处中原之国。而赵永春等则认为夏、商、西周时期的"中国"指京师，天下之中，商朝、商朝人，原来商朝统治地区，以及西周人、西周统治地区。[3]

笔者也基本同意他们的分类和观点，但对于他们提出的当时"中

---

[1] 王尔敏：《中国名称溯源及其近代诠释》，《中国近代思想史论》，第 370 页。

[2] 胡阿祥：《吾国与吾名：中国历代国号与古今名称研究》，第 300 页。

[3] 赵永春、迟安然：《最早的"中国"：夏、商、西周时期的"中国"观》，《西南民族大学学报》（人文社会科学版）2021 年第 6 期。

国"概念的一些引申或者扩展的含义则不认同。如胡阿祥提出"把战国七雄都视为中国,是一种相对于四夷的广义的中国范围,它与上述的中国'指诸夏国家'含义近;把吴、越、楚、秦、燕等国排除在外而特指中原诸国,则是习惯上的狭义的中国范围",①这一观点并无史料支撑,且如后文所述,秦汉时期"中国"范围并不包括长江以南各地,也说明这一认识应当是存在问题的。而赵永春认为"中国"一词可以指称商朝、商朝人、原来商朝统治地区以及西周人、西周统治地区,又引申认为这一词语可以代表国家政权,②但他所引用的所有文献中的"中国"一词虽然也可以解释为"商朝、商朝人、原来商朝统治地区以及西周人、西周统治地区,即地理空间的含义",但也都可以解释为"中原之地",也就与他所强调的存在差异。且从王尔敏和胡阿祥的研究来看,赵永春的这一观点应当并不成立。不仅如此,即使我们认同他对"中国"一词的解释,但"地区"与"政权"之间并不存在直接的联系,引申为"政权"应当是现代人的认知,而绝不是当时人的认知。且从后文来看,"中国"一词有着较为明确的政权的含义,应当出现在隋唐时期。因此,赵永春的这一认知应是不成立的。

此外,从王尔敏的分类来看,先秦时期对"中国"一词含义的解释基本都是地理层面的,即"地理中国",而这一时期的"中国"一词基本没有"政治"层面的含义。而胡阿祥注意到先秦时期"中国"一词已经具有了鲜明的文化层面的含义,③强调"中国"对于"四夷"的"优越性",且时人往往将这种"优越性"归结于道德、礼义等文化因

---

①　胡阿祥:《吾国与吾名:中国历代国号与古今名称研究》,第 304 页。

②　赵永春、迟安然:《最早的"中国":夏、商、西周时期的"中国"观》,《西南民族大学学报》(人文社会科学版)2021 年第 6 期,第 2 页。

③　胡阿祥:《吾国与吾名:中国历代国号与古今名称研究》,第 305 页。

素。文献中相关记载的典型就是《战国策》卷一九载"公子成再拜曰：'臣固闻王之胡服也！不佞寝疾，不能趋走，是以不先进。王今命之，臣固敢竭其愚忠。臣闻之："中国者，聪明睿知之所居也，万物财用之所聚也，贤圣之所教也，仁义之所施也，《诗》《书》礼乐之所用也，异敏技艺之所试也，远方之所观赴也，蛮夷之所义行也。"今王释此而袭远方之服，变古之教，易古之道，逆人之心，畔学者，离中国，臣愿大王图之！'"[1] 再如《礼记训纂·王制》载"中国戎夷，五方之民，皆有性也，不可推移。东方曰夷，被发文身，有不火食者矣。南方曰蛮，雕题交趾，有不火食者矣。西方曰戎，被发衣皮，有不粒食者矣。北方曰狄，衣羽毛，穴居，有不粒食者矣。中国、夷、蛮、戎、狄，皆有安居、和味、宜服、利用、备器，五方之民，言语不通，嗜欲不同"。[2] 这段文字虽然没有描述"中国之民"的"性"，但对四方之民的众多描述显然是以"中国之民"为对照标准的，如"火食""粒食"，以及"被发文身""雕题交趾""被发衣皮""衣羽毛，穴居"等，也就展现了"中国之民"的优越性；而"不可推移"更是将这种所谓文化的差异与"五方"的方位联系且固定下来，也就固化了"中国之民"的优越性。

不过这样的论述在先秦时期并不多，这一时期多强调的是"夏""夷"之间的差异，典型的例子就是《春秋》以及《左传》中的相关论述，但如果"诸夏"在空间上被认为是居于"中国"的话，那么这样的论述也可以被用于"中国"。不过，还需要注意的是，在某些语境下，有时论者会强调"中国""诸夏"与"夷狄"并不是绝对的，而是可以相互

---

[1] 《战国策集注汇考（增补本）》卷一九《赵二·武灵王平昼闲居》，凤凰出版传媒集团、凤凰出版社，2008，第967页。

[2] （清）朱彬：《礼记训纂》卷五《王制》，饶钦农点校，中华书局，1996，第191页。

转化的，如唐代韩愈在《原道》中所说："孔子之作《春秋》也，诸侯用夷礼则夷之，进于中国则中国之。"① 这也就为后世某些"夷狄"通过将其自身确立为"中国"进而赋予其建立的王朝以合法性奠定了理论基础。

秦汉时期，先秦"中国"一词在地理层面具有多重含义的特性被保留了下来，大致用以表达北方地区（中原地区）、"国都"以及"九州"，下面分别对其进行介绍。

虽然少量汉代文献中的"中国"被解释为"京师"，但相关的注释都来自唐代的颜师古，如《汉书·扬雄传》载"都于雒阳，娄敬委辂脱挽，掉三寸之舌，建不拔之策，举中国徙之长安，适也"，② 对于这句话，颜师古注曰："不拔，谓其坚固不拔也。中国谓京师。"③ 还有两条材料都是《汉书》引用先秦时期的文献，而颜师古也将其中的"中国"注释为"京师"，即《汉书·元帝纪》中"诏曰：'安土重迁，黎民之性；骨肉相附，人情所愿也。顷者有司缘臣子之义，奏徙郡国民以奉园陵，令百姓远弃先祖坟墓，破业失产，亲戚别离，人怀思慕之心，家有不安之意。是以东垂被虚耗之害，关中有无聊之民，非久长之策也。《诗》不云乎？'民亦劳止，迄可小康，惠此中国，以绥四方'"，④ 对于这段文字中引用的《诗经》，颜师古曰："'《大雅·民劳》之诗也。止，语助也。迄，至也。康，安也。言人劳已久，至此可以小安逸之。施惠京师，以及四远也'。"⑤ 也即他认为文中的"中国"指的是"京师"。还有

---

① 　屈守元、常思春主编《韩愈全集校注》，四川大学出版社，1996，第2664页。
② 　《汉书》卷八七下《扬雄传》，第3572页。
③ 　《汉书》卷八七下《扬雄传》，第3574页。
④ 　《汉书》卷九《元帝纪》，第292页。
⑤ 　《汉书》卷九《元帝纪》，第293页。

《汉书·地理志上》记"咸则三壤，成赋中国"，①"师古曰：'言皆随其土田上中下三品，而成其赋于中国也。中国，京师也'"。②总体而言，"中国"一词指代"京师"的用法，在汉代使用得极少，后世也很少看到这样的用法。

秦汉文献中大量出现的"中国"一词，虽然大部分都没有明确指出具体含义，但这些"中国"通常所涉及的是"地理"。这些文献中有时指出某些区域不属于"中国"，因此整合这些材料，也大致可以勾勒出当时人所认知的"中国"的地理范围。

1. 南越

如《史记·南越列传》载："汉十一年，遣陆贾因立佗为南越王，与剖符通使，和集百越，毋为南边患害，与长沙接境。高后时，有司请禁南越关市铁器。佗曰：'高帝立我，通使物，今高后听谗臣，别异蛮夷，隔绝器物，此必长沙王计也，欲倚中国，击灭南越而并王之，自为功也。'于是佗乃自尊号为南越武帝，发兵攻长沙边邑，败数县而去焉。高后遣将军隆虑侯灶往击之。会暑湿，士卒大疫，兵不能逾岭。岁余，高后崩，即罢兵。佗因此以兵威边，财物赂遗闽越、西瓯、骆，役属焉，东西万余里。乃乘黄屋左纛，称制，与中国侔。"③显然大致范围相当于今两广地区的"南越"在时人眼中不属于"中国"的范围，相近的记载在《史记》和《汉书》中还有很多，如："于是佗乃蹶然起坐，谢贾曰：'居蛮夷中久，殊失礼义。'因问贾曰：'我孰与萧何、曹参、韩信贤？'贾曰：'王似贤也。'复问曰：'我孰与皇帝贤？'贾曰：'皇帝起丰沛，讨暴秦，诛强楚，为天下兴利除害，继五帝三王之业，统天下，理

---

① 《汉书》卷二八上《地理志上》，第 1536 页。

② 《汉书》卷二八上《地理志上》，第 1537 页。

③ 《史记》卷一一三《南越列传》，第 2967—2969 页。

中国。中国之人以亿计，地方万里，居天下之膏腴，人众车舆，万物殷富，政由一家，自天地剖判未始有也。今王众不过数万，皆蛮夷，崎岖山海间，譬如汉一郡，王何乃比于汉！'佗大笑曰：'吾不起中国，故王此。使我居中国，何遽不若汉？'"①

2. 东南地区的"闽越"和"东瓯"、"吴越"、"百越"以及"吴国"等

如《史记·东越列传》载"蚡对曰：'越人相攻击，固其常，又数反复，不足以烦中国往救也。自秦时弃弗属。'于是中大夫庄助诘蚡曰：'特患力弗能救，德弗能覆；诚能，何故弃之？且秦举咸阳而弃之，何乃越也！今小国以穷困来告急天子，天子弗振，彼当安所告诉？又何以子万国乎？'上曰：'太尉未足与计。吾初即位，不欲出虎符发兵郡国。'乃遣庄助以节发兵会稽。会稽太守欲距不为发兵，助乃斩一司马，谕意指，遂发兵浮海救东瓯。未至，闽越引兵而去。东瓯请举国徙中国，乃悉举众来，处江淮之间"，②从这段文字来看，秦汉时东南地区的"闽越"和"东瓯"都被认为不属于"中国"，但"江淮之间"则应当属于"中国"。《汉书》中也有类似的记载，即"建元三年，闽越举兵围东瓯，东瓯告急于汉。时武帝年未二十，以问太尉田蚡。蚡以为越人相攻击，其常事，又数反复，不足烦中国往救也"。③

此外，《汉书·严助传》载："自三代之盛，胡越不与受正朔，非强弗能服，威弗能制也，以为不居之地，不牧之民，不足以烦中国也。故古者封内甸服，封外侯服，侯卫宾服，蛮夷要服，戎狄荒服，远近势异也。自汉初定已来七十二年，吴越人相攻者不可胜数，然天子未尝举兵而入其地也。臣闻越非有城郭邑里也，处溪谷之间，篁竹之中，习于

---

① 《汉书》卷四三《郦陆朱刘叔孙传》，第2112页。
② 《史记》卷一一四《东越列传》，第2980页。
③ 《汉书》卷六四上《严朱吾丘主父徐严终王贾传》，第2776页。

水斗，便于用舟，地深昧而多水险，中国之人不知其势阻而入其地，虽百不当其一。得其地，不可郡县也；攻之，不可暴取也……自相攻击而陛下发兵救之，是反以中国而劳蛮夷也……不习南方地形者，多以越为人众兵强，能难边城，淮南全国之时，多为边吏，臣窃闻之，与中国异……"①从这段论述来看，汉人认为"吴越"不属于"中国"，且"淮南国"位于"中国"与"吴越"相接的"边"。

《汉书·枚乘传》载："今汉亲诛其三公，以谢前过，是大王之威加于天下，而功越于汤武也。夫吴有诸侯之位，而实富于天子，有隐匿之名，而居过于中国。夫汉并二十四郡，十七诸侯，方输错出，运行数千里不绝于道，其珍怪不如东山之府。"②此处汉人将"吴"与"汉"掌握的"中国"并列，在他们眼中汉初的同姓诸侯王"吴"之封地应当不属于"中国"。

3. 长江以南的"长沙国"

如《汉书·西南夷两粤朝鲜传》载："佗曰：'……此必长沙王计，欲倚中国，击灭南海并王之，自为功也。'"③从"长沙王计，欲倚中国"来看，汉初的"长沙国"也不属于"中国"。

4. "西南夷"

如《汉书·司马相如传下》记："且夫邛、莋、西僰之与中国并也，历年兹多，不可记已。"④从"邛、莋、西僰之与中国并"来看，这些地方在汉人的观念中也不属于"中国"。

5. 长城以北和临洮以西

如《汉书·西域传上》载："自周衰，戎狄错居泾渭之北。及秦始

① 《汉书》卷六四上《严朱吾丘主父徐严终王贾传》，第2777—2781页。
② 《汉书》卷五一《贾邹枚路传》，第2363页。
③ 《汉书》卷九五《西南夷两粤朝鲜传》，第3848页。
④ 《汉书》卷五七下《司马相如传下》，第2583页。

皇攘却戎狄，筑长城，界中国，然西不过临洮。"① 这条资料大致勾勒了汉人眼中"中国"的北界和西北界，即长城和临洮。

此外，还存在一些总体性的描述。

如《汉书·司马相如传下》载："乃遣相如责唐蒙等，因谕告巴蜀民以非上意。檄曰：告巴蜀太守：蛮夷自擅，不讨之日久矣，时侵犯边境，劳士大夫。陛下即位，存抚天下，集安中国，然后兴师出兵，北征匈奴，单于怖骇，交臂受事，屈膝请和。康居西域，重译纳贡，稽首来享。移师东指，闽越相诛；右吊番禺，太子入朝。南夷之君，西僰之长，常效贡职，不敢惰怠，延颈举踵，喁喁然，皆乡风慕义，欲为臣妾，道里辽远，山川阻深，不能自致。"② 从汉武帝"存抚天下，集安中国"之后才出兵匈奴、西域、闽越、番禺、南夷、西僰来看，这些地区应当不属于时人认识中"中国"的范围。

《史记·平津侯主父列传》载："元朔三年，张欧免，以弘为御史大夫。是时通西南夷，东置沧海，北筑朔方之郡。弘数谏，以为罢敝中国以奉无用之地，愿罢之。"③ 从这段文字，我们也可以看到西南夷、沧海、朔方这些地区应当不在时人眼中"中国"的范围之内。

《汉书·韦贤传》载："太仆王舜、中垒校尉刘歆议曰：'臣闻周室既衰，四夷并侵……故称中兴。及至幽王，犬戎来伐，杀幽王，取宗器。自是之后，南夷与北夷交侵，中国不绝如线。《春秋》纪齐桓南伐楚，北伐山戎，孔子曰："微管仲，吾其披发左衽矣。"是故弃桓之过而录其功，以为伯首。及汉兴，冒顿始强，破东胡，禽月氏，并其土地，地广兵强，为中国害。南越尉佗总百粤，自称帝。故中国虽平，犹

---

① 《汉书》卷九六上《西域传上》，第 3872 页。
② 《汉书》卷五七下《司马相如传下》，第 2577 页。
③ 《史记》卷一一二《平津侯主父列传》，第 2950 页。

有四夷之患，且无宁岁……'"①显然匈奴、南越等地也不属于时人眼中
"中国"。

从上述这些文献勾勒的地理范围来看，汉代的"中国"应当不包括
今天的两广、四川、云贵以及长江以南地区，汉代"中国"的范围大致
北到秦汉长城，西则至临洮，不过汉中地区也应当不属于"中国"。

虽然上述文献大都集中在汉代中期之前，尤其是在汉武帝征服"四
夷"之前或者过程中，但实际上这样的认识直至东汉末年也没有发生本
质的变化，后文对三国、魏晋时期文献的分析即能佐证这点，如《后汉
书·刘表传》载："琮曰：'今与诸君据全楚之地，守先君之业，以观天
下，何为不可？'巽曰：'逆顺有大体，强弱有定势。以人臣而拒人主，
逆道也；以新造之楚而御中国，必危也；以刘备而敌曹公，不当也。'"②
《后汉书·刘焉传》载："操入南郑，甚嘉之。又以鲁本有善意，遣人慰
安之。鲁即与家属出逆，拜镇南将军，封阆中侯，邑万户，将还中国，
待以客礼。"③《后汉书·刘宠传》记："兴平中，繇为杨州牧、振威将军。
时袁术据淮南，繇乃移居曲阿。值中国丧乱，士友多南奔，繇携接收
养，与同优剧，甚得名称。"④从这些资料来看，在汉末之时，楚地、汉
中以及江南依然都不被当时人认为属于"中国"。

还需要说明的是，前文所引王尔敏的研究认为，先秦时期，秦、
楚、吴、越不在"中国"范围之内，也即函谷关以西似乎不属于"中
国"，这点也有着文献依据，如《史记·楚世家》载："秦为大鸟，负海
内而处，东面而立，左臂据赵之西南，右臂傅楚鄢郢，膺击韩魏，垂头

---

① 《汉书》卷七三《韦贤传》，第 3125 页。
② 《后汉书》卷七四下《刘表传》，中华书局，1965，第 2424 页。
③ 《后汉书》卷七五《刘焉传》，第 2437 页。
④ 《后汉书》卷七六《刘宠传》，第 2479 页。

中国。"①"索隐：垂头犹申颈也。言欲吞山东。"②《史记·张仪列传》载："曰：'中国无事，秦得烧掇焚杅君之国……'"③"索隐：'谓山东诸侯齐、魏之大国等。'正义：'中国谓关东六国。无事，不共攻秦。'"④虽然这两条注释都来自唐人，但唐人应有所本，且从这两条史料的上下文来看，这也是一种合理的解释。两汉时期，"中国"的范围从关东扩展到整个北方，可能与西汉建都关中有关，当然这只是一种推测。

整体而言，从出现频率来看，在两汉的文献中，"中国"一词主要指北方地区，更为准确地说指长江以北、长城以南，但可能不包括汉中。

此外，《史记》的记载中，有时"中国"也与"九州"或者"十二州"等同起来，如《史记·夏本纪》载："于是九州攸同，四奥既居，九山刊旅，九川涤原，九泽既陂，四海会同。六府甚修，众土交正，致慎财赋，咸则三壤成赋。中国赐土姓：'祗台德先，不距朕行。'"⑤对此汉人郑玄在《集解》中解释道："中即九州也。天子建其国，诸侯祚之土，赐之姓，命之氏，其敬悦天子之德既先，又不距违我天子政教所行。"⑥《史记·天官书》载："三代，绍而明之，内冠带，外夷狄，分中国为十有二州，仰则观象于天，俯则法类于地。"⑦《史记·孟子列传》载："因载其礽祥度制，推而远之，至天地未生，窈冥不可考而原也。先列中国名山大川，通谷禽兽，水土所殖，物类所珍，因而推之，及海外人之所不能睹。称引天地剖判以来，五德转移，治各有宜，而符

---

① 《史记》卷四〇《楚世家》，第 1731 页。
② 《史记》卷四〇《楚世家》，第 1733 页。
③ 《史记》卷七〇《张仪列传》，第 2303 页。
④ 《史记》卷七〇《张仪列传》，第 2303 页。
⑤ 《史记》卷二《夏本纪》，第 75 页。
⑥ 《史记》卷二《夏本纪》，第 75 页。
⑦ 《史记》卷二七《天官书》，第 1342 页。

应若兹。以为儒者所谓中国者，于天下乃八十一分居其一分耳。中国名曰赤县神州。赤县神州内自有九州，禹之序九州是也，不得为州数。中国外如赤县神州者九，乃所谓九州也。于是有裨海环之……"① 此外，《史记·天官书》记："及秦并吞三晋、燕、代，自河山以南者中国。中国于四海内则在东南，为阳……"② 对于第一句话，《正义》云："河，黄河也。山，华山也。从华山及黄河以南为中国也。"③ 对于第二句话，《正义》曰："《尔雅》云：'九夷、八狄、七戎、六蛮，谓之四海之内。'中国，从河山东南为阳也。"④ 这里只是记载了黄河、华山以南，或者说其东南为"中国"，但没有明确"中国"的南界和东界（以及西界），大致可以认为其指的应当是"九州"，或者"九州"是这一语境中"中国"一词可能的解释。但"中国"一词的这一用法，就笔者所见，在两汉时期的文献中基本只有上述几条。

还需要提及的是，《汉书·五行志下》中记载董仲舒用五行（天象）解释春秋战国时期的历史时，其所用的"中国"基本指的是"关东地区"，如："'八月癸巳朔，日有食之。'董仲舒以为比食又既，象阳将绝，夷狄主上国之象也。后六君弑，楚子果从诸侯伐郑，灭舒鸠，鲁往朝之，卒主中国……"⑤ "十五年'八月庚辰朔，日有食之'。董仲舒以为宿在柳，周室大坏，夷狄主诸夏之象也。明年，中国诸侯果累累从楚而围蔡……"⑥ "严公七年'四月辛卯夜，恒星不见，夜中星陨如雨'。

---

① 《史记》卷七四《孟子列传》，第2344页。
② 《史记》卷二七《天官书》，第1347页。
③ 《史记》卷二七《天官书》，第1347页。
④ 《史记》卷二七《天官书》，第1347页。
⑤ 《汉书》卷二七下之下《五行志下》，第1491—1492页。
⑥ 《汉书》卷二七下之下《五行志下》，第1499页。

董仲舒、刘向以为常星二十八宿者，人君之象也；众星，万民之类也。列宿不见，象诸侯微也；众星陨坠，民失其所也。夜中者，为中国也。不及地而复，象齐桓起而救存之也。乡亡桓公，星遂至地，中国其良绝矣。"①

如上文所述，"中国"一词在先秦时期并不具有"九州"的含义，因此将"中国"等同于"九州"可以被认为是汉朝人的首创，至于原因，正如本书前言所提及的，是一个非常复杂的问题，涉及历史的众多方面以及现代研究者的构建，故不是本章关注的重点。最后，"中国"一词的这一含义，虽然在此后的很长时间内一直存在，但并未占据主流。

此外，在秦汉文献中还有其他地方提及"中国"，特别是在"四夷"的语境下，如《史记·大宛列传》载："天子既闻大宛及大夏、安息之属皆大国，多奇物，土著，颇与中国同业，而兵弱，贵汉财物；其北有大月氏、康居之属，兵强，可以赂遗设利朝也。且诚得而以义属之，则广地万里，重九译，致殊俗，威德遍于四海。"②以往的某些研究者，有时会将此类文献中"中国"一词解释为代表的是"西汉国家"。③但通过上文的描述来看，这显然不符合汉人的认知，首先，正如本书第一章所述，"西汉"或者"汉"，在王朝时期并不被认为是一个"国家"；其次，退一步而言，即使这些语境下的"中国"可以被解释为"西汉国家"，但同样也可以被解释为"北方地区"（中原地区），且前者这样的用法，在汉代（以及三国魏晋）的文献中并不存在直接的证据，因此可能性极

---

① 《汉书》卷二七下之下《五行志下》，第1508页。

② 《史记》卷一二三《大宛列传》，第3166页。

③ 赵永春、刘月：《多民族"中国"的构建：司马迁〈史记〉的"中国"观》，《西南民族大学学报》（人文社会科学版）2020年第2期。

低。此外，《史记·西南夷列传》"或闻邛西可二千里有身毒国。骞因盛言大夏在汉西南，慕中国，患匈奴隔其道，诚通蜀，身毒国道便近，有利无害"①一句，"大夏在汉西南"是对其地理方位的描述，而"慕中国"是他们对"中国"文化、财富等的仰慕，这里的"中国"有着"文化中国"的意味，就地理范围而言，这里的"中国"似乎应当指的是当时人所认知的在文化、经济方面占据主导地位的北方地区，如果如某些研究者所言"中国"是"西汉国家"的话，那么这句话是否可以改写为"大夏在中国西南，慕汉"呢？显然这是在两汉时期所有文献中都未曾出现，且不可能出现的用法。

另外，汉代文献也再次强调了"中国"的优越性，除了前文引用的文献中出现的"大夏在汉西南，慕中国"等之外，还有如下例证。《盐铁论》卷九《论功第五十二》："大夫曰：'匈奴无城郭之守，沟池之固，修戟强弩之用，仓廪府库之积，上无义法，下无文理，君臣嫚易，上下无礼，织柳为室，旃廥为盖。素弧骨镞，马不粟食。内则备不足畏，外则礼不足称。夫中国天下腹心，贤士之所总，礼义之所集，财用之所殖也。'"②扬雄的《扬子法言》卷四《问道》载："或问八荒之礼，礼也，乐也，孰是？曰：殷之以中国。或曰：孰为中国？曰：五政之所加，七赋之所养，中于天地者为中国。过此而往人也哉。圣人之治天下也，碍诸以礼乐，无则禽，异则貉……"③，等等。

---

① 《史记》卷一一六《西南夷列传》，第2995页。

② （汉）桑弘羊著，王利器校注《盐铁论校注》卷九《论功第五十二》，中华书局，1992，第542页。

③ （汉）扬雄著，李守奎译注《扬子法言译注》卷四《问道》，黑龙江人民出版社，2003，第49页。

二　三国魏晋南北朝时期的"中国"

三国时期以及稍晚一些的文献中，只有北方地区被称为"中国"。

如《三国志·鲍勋传》："（黄初）六年秋，帝欲征吴，群臣大议，勋面谏曰：'王师屡征而未有所克者，盖以吴、蜀唇齿相依，凭阻山水，有难拔之势故也。往年龙舟飘荡，隔在南岸，圣躬蹈危，臣下破胆。此时宗庙几至倾覆，为百世之戒。今又劳兵袭远，日费千金，中国虚耗，令黠虏玩威，臣窃以为不可。'帝益忿之……"①

《三国志·陈群传》："群上疏曰：'……且吴、蜀未灭，社稷不安。宜及其未动，讲武劝农，有以待之。今舍此急而先宫室，臣惧百姓遂困，将何以应敌？昔刘备自成都至白水，多作传舍，兴费人役，太祖知其疲民也。今中国劳力，亦吴、蜀之所愿。'"②

《三国志·高堂隆传》："今吴、蜀二贼，非徒白地小虏、聚邑之寇，乃据险乘流，跨有士众，僭号称帝，欲与中国争衡。"③

《三国志·裴潜传》："太祖问潜曰：'卿前与刘备俱在荆州，卿以备才略何如？'潜曰：'使居中国，能乱人而不能为治也。若乘间守险，足以为一方主。'"④

《三国志·诸葛亮传》："亮说权曰：'海内大乱，将军起兵据有江东，刘豫州亦收众汉南，与曹操并争天下。今操芟夷大难，略已平矣，遂破荆州，威震四海。英雄无所用武，故豫州遁逃至此。将军量力而处之：

---

① 《三国志》卷一二《魏书十二·鲍勋传》，中华书局，1964，第385—386页。
② 《三国志》卷二二《魏书二十二·陈群传》，第636—637页。
③ 《三国志》卷二五《魏书二十五·高堂隆传》，第714页。
④ 《三国志》卷二三《魏书二十三·裴潜传》，第672页。

若能以吴、越之众与中国抗衡，不如早与之绝；若不能当，何不案兵束甲，北面而事之！'"①

《三国志·孙策传》："（孙策）创甚，请张昭等谓曰：'中国方乱，夫以吴、越之众，三江之固，足以观成败，公等善相吾弟！'"②

《三国志·周瑜传》："瑜曰：'不然。操虽托名汉相，其实汉贼也……请为将军筹之：今使北土已安，操无内忧，能旷日持久，来争疆场，又能与我校胜负于船楫可乎？今北土既未平安，加马超、韩遂尚在关西，为操后患。且舍鞍马，仗舟楫，与吴越争衡，本非中国所长。'"③

《三国志·朱绩传》："太平二年，拜骠骑将军。孙綝秉政，大臣疑贰，绩恐吴必扰乱，而中国乘衅……"④

《华阳国志·刘后主志》："邓艾亦谓蜀人曰：'姜维，雄儿也！'会、维出则同车，坐则同席。将至成都，自称益州牧以叛。恃维为爪牙，欲遣维为前将军伐中国。维既失策，又知会志广，教会诛北来诸将；诸将既死，徐欲杀会，尽坑魏兵，还复蜀祚。"⑤

有学者可能会认为，《三国志》为陈寿所撰，由于"中国"一词涉及"正统"问题，其在书中必然称魏为"中国"，因此这里的"中国"似乎并不能代表北方地区，而更有可能代表的是所谓正统王朝所控制的地域。当然，这样论说有一定道理，尤其是在宋代之后，"中国"与"正统"的关系变得非常密切，但三国时期的人是否有这样明确的认知，并

① 《三国志》卷三五《蜀书五·诸葛亮传》，第915页。
② 《三国志》卷四六《吴书一·孙策传》，第1109页。
③ 《三国志》卷五四《吴书九·周瑜传》，第1261页。
④ 《三国志》卷五六《吴书十一·朱绩传》，第1308—1309页。
⑤ （晋）常璩撰，刘琳校注《华阳国志校注》卷七《刘后主志》，巴蜀书社，1984，第595页。

无明确的证据。不仅如此，从后文引用的资料来看，东晋士人依然习称北朝所据的北方地区为"中国"，且上文所使用的一些材料也是蜀与吴将曹魏所在的北方地区称为"中国"，因此应当可以认为三国时期"中国"一词指的就是北方地区，即一个地理名称，而不具有"政治中国"以及进而具有"正统"的意味。

西晋也基本如此，如《晋书·文帝本纪》载："帝笑曰：'取蜀如指掌，而众人皆言不可，唯会与吾意同。灭蜀之后，中国将士，人自思归，蜀之遗黎，犹怀震恐，纵有异志，无能为也。'"[1]西晋人在追溯历史的时候也是如此，如《晋书·礼志中》记："太康元年，东平王楙上言，相王昌父毖，本居长沙，有妻息，汉末使入中国……"[2]西晋平吴之后也是如此，如《晋书·五行志中》载："武帝太康三年平吴后，江南童谣曰：'局缩肉，数横目，中国当败吴当复。'"[3]值得注意的还有《晋书·五行志下》载："元帝太兴初，有女子其阴在腹，当脐下，自中国来至江东……"[4]此处"中国"与地理名词"江东"相对，因此这里的"中国"应当具有更多的"地理"意味。最为典型的还有江统的《徙戎论》。

> 时关陇屡为氐羌所扰，孟观西讨，自擒氐帅齐万年。统深惟四夷乱华，宜杜其萌，乃作《徙戎论》。其辞曰：夫夷蛮戎狄，谓之四夷，九服之制，地在要荒。《春秋》之义，内诸夏而外夷狄。以其言语不通，贽币不同，法俗诡异，种类乖殊；或居绝域之外，山河之表，崎岖川谷阻险之地，与中国壤断土隔，不相侵涉，赋役不

---

① 《晋书》卷二《文帝本纪》，第 43 页。
② 《晋书》卷二〇《礼志中》，第 635 页。
③ 《晋书》卷二八《五行志中》，第 844 页。
④ 《晋书》卷二九《五行志下》，第 909 页。

及，正朔不加，故曰"天子有道，守在四夷"……及至周室失统，诸侯专征，以大兼小，转相残灭，封强不固，而利害异心。戎狄乘间，得入中国。或招诱安抚，以为己用。故申缯之祸，颠覆宗周；襄公要秦，遂兴姜戎。当春秋时，义渠、大荔居秦晋之域，陆浑、阴戎处伊洛之间，鄋瞒之属害及济东，侵入齐宋，陵虐邢卫，南夷与北狄交侵，中国不绝若线。齐桓攘之，存亡继绝，北伐山戎，以开燕路。故仲尼称管仲之力，嘉左衽之功。逮至春秋之末，战国方盛，楚吞蛮氏，晋翦陆浑，赵武胡服，开榆中之地，秦雄咸阳，灭义渠之等。始皇之并天下也，南兼百越，北走匈奴，五岭长城，戎卒亿计，虽师役烦殷，寇贼横暴，然一世之功，戎虏奔却，当时中国无复四夷也。……当今之宜，宜及兵威方盛，众事未罢，徙冯翊、北地、新平、安定界内诸羌，著先零、罕开、析支之地；徙扶风、始平、京兆之氐，出还陇右，著阴平、武都之界。廪其道路之粮，令足自致，各附本种，反其旧土，使属国、抚夷就安集之。戎晋不杂，并得其所，上合往古即叙之义，下为盛世永久之规。纵有猾夏之心，风尘之警，则绝远中国，隔阂山河……①

这段文字中的"中国"显然也是一个地理名词。

东晋也是如此，如《晋书·孙绰传》载："时大司马桓温欲经纬中国，以河南粗平，将移都洛阳。朝廷畏温，不敢为异，而北土萧条，人情疑惧，虽并知不可，莫敢先谏。"② 从上下文来看，此处的"中国"应当指的也是北方地区。还有《晋书·周觊传》记："觊字彦和。常缄

---

① 《晋书》卷五六《江统传》，第1529—1532页。
② 《晋书》卷五六《孙绰传》，第1545页。

父言。时中国亡官失守之士避乱来者，多居显位，驾御吴人，吴人颇怨。"[1]此处的中国显然也指的是北方地区。类似的还有《晋书·蔡谟传》："自勒初起，则季龙为爪牙，百战百胜，遂定中国，境土所据，同于魏世……今征西之往，则异于是。何者？重镇也，名贤也，中国之人所闻而归心也。"[2]《晋书·袁乔传》载："时桓温谋伐蜀，众以为不可，乔劝温曰：'……蜀土富实，号称天府，昔诸葛武侯欲以抗衡中国。今诚不能为害……'"[3]《晋书·索纮传》记："索纮字叔彻，敦煌人也。少游京师，受业太学，博综经籍，遂为通儒。明阴阳天文，善术数占候。司徒辟，除郎中，知中国将乱，避世而归。"[4]又载："澹命为西阁祭酒，纮辞曰"'少无山林之操，游学京师，交结时贤，希申鄙艺。会中国不靖，欲养志终年。'"[5]《晋书·李特载记》记："特兄辅素留乡里，托言迎家，既至蜀，谓特曰：'中国方乱，不足复还。'特以为然，乃有雄据巴蜀之意。"[6]《晋书·乞伏乾归载记》载："乾归闻兴将至，谓诸将曰：'吾自开建以来，屡摧劲敌，乘机借算，举无遗策。今姚兴尽中国之师，军势甚盛。山川阻狭，无纵骑之地，宜引师平川，伺其殆而击之。存亡之机，在斯一举……'"[7]

十六国对"中国"的认识也是如此，如《晋书·石弘载记》中载，徐光曾劝慰石勒说："魏承汉运，为正朔帝王，刘备虽绍兴巴蜀，亦不可谓汉不灭也。吴虽跨江东，岂有亏魏美？陛下既苞括二都，为中国

① 《晋书》卷五八《周觊传》，第 1574 页。
② 《晋书》卷七七《蔡谟传》，第 2036 页。
③ 《晋书》卷八三《袁乔传》，第 2168 页。
④ 《晋书》卷九五《索纮传》，第 2494 页。
⑤ 《晋书》卷九五《索纮传》，第 2495 页。
⑥ 《晋书》卷一二〇《李特载记》，第 3025 页。
⑦ 《晋书》卷一二五《乞伏乾归载记》，第 3119—3120 页。

帝王，彼司马家儿复何异玄德，李氏亦犹孙权。符箓不在陛下，竟欲安归？"①《晋书·鸠摩罗什传》中载，苻坚听说天竺佛教徒鸠摩罗什很有才学，"密有迎罗什之意。会太史奏云：'有星见外国分野，当有大智入辅中国。'"②《晋书·苻坚载记下》记载，苻坚派兵"以讨定西域。苻融以虚耗中国，投兵万里之外，得其人不可役，得其地不可耕，固谏以为不可"③，等等。

南北朝时期也基本如此，如《魏书·高闾传》载："车驾还幸石济，闾朝于行宫。高祖谓闾曰：'朕往年之意，不欲决征，但兵士已集，恐为幽王之失，不容中止。发洛之日，正欲至于悬瓠，以观形势。然机不可失，遂至淮南。而彼诸将，并列州镇，至无所获，定由晚一月日故也。'闾对曰：'人皆是其所事，而非其所不事，犹犬之吠非其主。且古者攻战之法，倍则攻之，十则围之。圣驾亲戎，诚应大捷，所以无大获者，良由兵少故也。且徙都者，天下之大事，今京邑甫尔，庶事草创，臣闻《诗》云："惠此中国，以绥四方。"臣愿陛下从容伊瀍，优游京洛，使德被四海，中国缉宁，然后向化之徒，自然乐附。'高祖曰：'愿从容伊瀍，实亦不少，但未获耳。'闾曰：'司马相如临终恨不见封禅。今虽江介不宾，小贼未殄，然中州之地，略亦尽平，岂可于圣明之辰，而阙盛礼。齐桓公霸诸侯，犹欲封禅，而况万乘。'高祖曰：'由此桓公屈于管仲。荆扬未一，岂得如卿言也。'闾曰：'汉之名臣，皆不以江南为中国。且三代之境，亦不能远。'"④此处"江南"依然不被认为是"中国"，且"中国缉宁"和"中州之地"显然指的是北方地区。再

---

① 《晋书》卷一〇五《石弘载记》，第2753页。

② 《晋书》卷九五《鸠摩罗什传》，第2500页。

③ 《晋书》卷一一四《苻坚载记下》，第2911页。

④ 《魏书》卷五四《高闾传》，中华书局，1974，第1208页。

如《魏书·崔鸿传》载："考诸旧志，删正差谬，定为实录。商校大略，著《春秋》百篇。至三年之末，草成九十五卷。唯常璩所撰李雄父子据蜀时书，寻访不获，所以未及缮成，辍笔私求，七载于今。此书本江南撰录，恐中国所无，非臣私力所能终得，其起兵僭号，事之始末，乃亦颇有，但不得此书，惧简略不成。久思陈奏，乞敕缘边求采，但愚贱无因，不敢轻辄。"① 此处"江南"与"中国"相对，显然不属于"中国"。再如《周书·尉迟迥传》记："太祖深以为然，谓迥曰：'伐蜀之事，一以委汝，计将安出？'迥曰：'蜀与中国隔绝百有余年，恃其山川险阻，不虞我师之至。'"② 此处"蜀"不属于"中国"。《北史·薛道衡传》记薛道衡曾说："郭璞有云：'江东偏王三百年，还与中国合。'今数将满矣。"③ 其中"江东"与"中国"相对。此外，《钦定四库全书总目》卷四〇记："《古今韵会》引魏李登《声类》云：'江南曰辣；中国曰辛。'"④

如果说上述认识只是北朝的角度的话，南朝也是如此，如《宋书·索虏传》载："元嘉二年，佛佛死，昌立，至是为焘所兼。焘西定陇右，东灭黄龙，海东诸国，并遣朝贡。太祖践祚，便有志北略。七年三月，诏曰：'河南，中国多故，湮没非所，遗黎荼炭，每用矜怀。今民和年丰，方隅无事，宜时经理，以固疆场。'"⑤ "祸乱仍起，猃狁侜张，侵暴中国，使长安为豺狼之墟，邺、洛为蜂蛇之薮……"⑥ "自索虏破慕容，

---

① 《魏书》卷六七《崔鸿传》，第 1504 页。

② 《周书》卷二一《尉迟迥传》，中华书局，1974，第 350 页。

③ 《北史》卷三六《薛道衡传》，中华书局，1974，第 1338 页。

④ 《钦定四库全书总目》卷四〇，文渊阁四库全书电子版。

⑤ 《宋书》卷九五《索虏传》，第 2331 页。

⑥ 《宋书》卷九五《索虏传》，第 2340 页。

据有中国，而芮芮虏有其故地，盖汉世匈奴之北庭也。"①从"河南，中国多……湮没""侵暴中国，使长安为豺狼之墟"以及"据有中国"的表述来看，显然这几句话中的"中国"指的就是北方地区，而且这是南朝人的概念。

此外，《南齐书·魏虏传》载："伪征北将军恒州刺史巨鹿公伏鹿孤贺鹿浑守桑干，宏从叔平阳王安寿戍怀栅，在桑干西北。浑非宏任用中国人，与伪定州刺史冯翌公目邻、安乐公托跋阿幹儿谋立安寿，分据河北。"②这里的"中国人"显然指的是北方人。类似的还有《南史·郭祖深传》载："帝溺情内教，朝政纵弛，祖深舆榇诣阙上封事，其略曰：'……云、旻所议则伤俗盛法，勉、舍之志唯愿安枕江东。主慈臣恇，息谋外甸，使中国士女南望怀冤……'"③

也有少量特殊情况，如《梁书·诸夷传》载："天监元年，其王瞿昙修跋陁罗以四月八日梦见一僧，谓之曰：'中国今有圣主，十年之后，佛法大兴。汝若遣使贡奉敬礼，则土地丰乐，商旅百倍；若不信我，则境土不得自安。'修跋陁罗初未能信，既而又梦此僧曰：'汝若不信我，当与汝往观之。'乃于梦中来至中国，拜觐天子。"④此段中的"中国"比较模糊。类似的还有《梁书·诸夷传》所记："继以中原丧乱，胡人递起，西域与江东隔碍，重译不交。吕光之涉龟兹，亦犹蛮夷之伐蛮夷，非中国之意也。"⑤《宋书·柳元景传》载："元景轻骑晨至，虏兵之面缚者多河内人，元景诘之曰：'汝等怨王泽不浃，请命无所，今并为虏尽

---

① 《宋书》卷九五《索虏传》，第2357页。

② 《南齐书》卷五七《魏虏传》，中华书局，1972，第996页。

③ 《南史》卷七〇《郭祖深传》，中华书局，1975，第1721页。

④ 《梁书》卷五四《诸夷传》，中华书局，1973，第794页。

⑤ 《梁书》卷五四《诸夷传》，第809页。

力，便是本无善心。顺附者存拯，从恶者诛灭，欲知王师正如此尔。'
皆曰：'虐虏见驱，后出赤族，以骑蹙步，未战先死，此亲将军所见，非
敢背中国也。'诸将欲尽杀之，元景以为不可，曰：'今王旗北扫，当令
仁声先路。'乃悉释而遣之，家在关里者，符守关诸军听出，皆称万岁
而去。"① 这些记载中的"中国"似乎可以指"南朝"，也可以指"文化
中国"。

还需要注意的就是如下这些记载，《南齐书·扶南国传》记："宋
末，扶南王姓侨陈如，名阇耶跋摩，遣商货至广州。天竺道人那伽仙附
载欲归国，遭风至林邑，掠其财物皆尽。那伽仙间道得达扶南，具说中
国有圣主受命。永明二年，阇耶跋摩遣天竺道人释那伽仙上表称扶南国
王臣侨陈如阇耶跋摩叩头启曰：'天化抚育，感动灵祇，四气调适。伏
愿圣主尊体起居康御，皇太子万福，六宫清休，诸王妃主内外朝臣普
同和睦，邻境士庶万国归心，五谷丰熟，灾害不生，土清民泰，一切
安稳。臣及人民，国土丰乐，四气调和，道俗济济，并蒙陛下光化所
被，咸荷安泰。'又曰：'臣前遣使赍杂物行广州货易，天竺道人释那伽
仙于广州因附臣舶欲来扶南，海中风漂到林邑，国王夺臣货易，并那伽
仙私财。具陈其从中国来此，仰序陛下圣德仁治……'"②《梁书·诸夷
传》载："海南诸国，大抵在交州南及西南大海洲上，相去近者三五千
里，远者二三万里，其西与西域诸国接。汉元鼎中，遣伏波将军路博德
开百越，置日南郡。其徼外诸国，自武帝以来皆朝贡。后汉桓帝世，大
秦、天竺皆由此道遣使贡献。及吴孙权时，遣宣化从事朱应、中郎康泰
通焉。其所经及传闻，则有百数十国，因立记传。晋代通中国者盖鲜，

① 《宋书》卷七七《柳元景传》，第 1985 页。
② 《南齐书》卷五八《扶南国传》，第 1014—1015 页。

故不载史官。及宋、齐，至者有十余国，始为之传。自梁革运，其奉正朔，修贡职，航海岁至，逾于前代矣。今采其风俗粗著者，缀为《海南传》云。"①

这些资料都出自南朝的史书，因此其中"中国"一词在地理层面上应当指的是"南朝"，但我们要考虑这一语境下的"中国"是否也更多地具有"文化"的意味，以及是不是用一种对以往传统"写法"的继承，即与"夷狄""四夷"相对的"中国"，以凸显南朝文化的优越性。还需要注意的就是《宋书》《南齐书》《梁书》《陈书》中大部分"中国"一词都出现在"四夷列传"中（69次中占到了38次），而作为对比，《魏书》中"四夷列传"部分出现的"中国"一词只占到总次数的小部分（58次中的23次），②这也从侧面说明，南北朝时期，"中国"一词确实多用来指代北方地区。

总体而言，在当时文献中，在与北朝相关的语境中南朝人自称"中国"的情况并不多见，而在其他语境中南朝人自称"中国"的例证也不多见。不仅当时的人是如此认识的，后人也基本如此，此处仅举出几例。

如南宋黄震《古今纪要》载："东西魏至齐周，中国方扰，隋炀帝乃遣韦节、林行满使之，至罽宾国得马瑙杯，王舍城得佛经，史国得舞女、师子皮、火鼠尾，复令裴矩引致之，来者四十余国，置西戎校尉。"③从"东西魏至齐周，中国方扰"来看，此处的"中国"显然指的是北方。

南宋王伯大重编《别本韩文考异》卷三○《唐故相权公墓碑》载："上之元和六年，其相曰权公，讳德舆，字载之。其本出自殷帝武丁，武丁之子降封于权。权，江汉间国也。周衰入楚，为权氏。楚灭徙秦，

---

① 《梁书》卷五四《诸夷传》，第783页。

② 具体参见本章"小结"部分的表4-1。

③ （宋）黄震:《古今纪要》卷七，文渊阁四库全书电子版。

而居天水略阳。苻秦之王中国，其臣有安丘公翼者，有大臣之言。后六世至平凉公文诞，为唐上庸太守、荆州大都督长史，焯有声烈。"① 显然"苻秦之王中国"中的"中国"指的也是北方地区。

元代郝经的《郝氏续后汉书》卷五〇载："项羽以江东兵残灭诸侯，屠咸阳，鏖秦民，自称西楚霸王，擅号令于天下，五年始自刃。孝景时，吴楚七国复仰关而攻汉，几危刘氏。世为中国患者如此，剽轻好乱，殆天性然。东汉之衰，孙权乘父兄之烈，尊礼英贤，抚纳豪右，诛黄祖，走曹操，袭关羽，遂奄有荆扬。今年出濡须，明年战合肥，巍然势常北向，而以守为攻。称臣于魏，结援于汉，始忍句践之辱，终为熊通之僭，保据江淮，奄征南海，卒与汉魏鼎峙而立。先起而后亡，非惟智勇足抗衡，亦国势便利使然也。及晋混合，不一再传，亟走江埂，而弃中国。宋、齐、梁、陈承之后，三百年而后亡，岂天之设险，终使限南北乎。"② 从"及晋混合，不一再传，亟走江埂，而弃中国。宋、齐、梁、陈承之后"一句来看，这里的"中国"指的也是北方地区。

此外，唐代皇甫湜在《东晋元魏正闰论》中，将"中国"与"礼义"联系了起来，且从"史实"的角度加以论证，其目的似乎是论述唐朝的正统性，即北魏孝文帝改革后"用夏变夷"，因此"元之所据中国也"，③ 而南朝实际上到梁之时就被继承了北魏的周所灭，由此礼义"中国"和地理"中国"合一。不过需要注意的就是，作者在全文中都没有将南朝正式称为"中国"，尽管作者默认其中部分时间的"文化中国"应当是在南朝。

宋代的阮逸在对成书于隋唐时期的《中说》所做的注释中也展现

---

① （宋）王伯大重编《别本韩文考异》卷三〇《唐故相权公墓碑》，文渊阁四库全书电子版。

② （元）郝经：《郝氏续后汉书》卷五〇，文渊阁四库全书电子版。

③ 也说明"地理中国"指的是北方地区。

了这一点，即"晋宋之王近于正体（东晋至刘宋，中国无真主，则江南以为正体，故曰近），于是乎未忘中国（晋、宋皆举兵中原，有复一之志）……齐、梁、陈之德（僭德），斥之于四夷也，以明中国之有代，太和之力也（后魏孝文太和元年，宋苍梧王元徽五年也，时江南衰替，中国始尊）"，① 他同样认为礼义（文化中国）存在于东晋和南朝宋，但此后南朝齐、梁、陈的"德"就不再那么"正"，而北魏孝文帝改革使"中国始尊"，所以这里的"中国"同样指的是北方地区，此外"东晋至刘宋，中国无真主，则江南以为正体"中的"中国"也是指北方地区。

虽然晋室南迁，但从当时的主流论述来看，"中国"依然指的是北方地区，后世对此基本也没有什么异议，东晋以及南朝极少认为自己是"中国"。少量"异议"的理论基础是"中国"并不是固定的地理空间，而是"礼义"之所在，因此东晋和南朝的某些王朝（具体所指在文献中不太统一），有时认为南朝是"文化中国"，但同时，时人还认为魏孝文帝改革之后，"礼义"（即文化中国）转移到了北魏。不仅如此，我们还可以进一步认为，"中国"一词在此时还没有太多的"政治"意味，或者说据有"地理中国"并不能代表王朝的正统性。也可以看出，此时的"中国"一词，除了"文化"意味之外，也只是一种"地理"概念，并没有成为一种政治组织，即具有"国家"的意味。

三 隋唐时期的"中国"

隋唐时期，"中国"依然是个多义词，当然也存在一些变化，下面

---

① （隋）王通撰，（宋）阮逸注《中说》卷五《问易篇》，文渊阁四库全书电子版。

即对此进行分析。

首先，隋唐时期用"中国"一词指代北方地区的传统依然存在，如《新唐书·礼乐志十一》载："自汉、魏之乱，晋迁江南，中国遂没于夷狄。至隋灭陈，始得其乐器……"[1]《新唐书·陈子昂传》记："且天子以四海为家，舜葬苍梧，禹葬会稽，岂爱夷裔而鄙中国耶？示无外也。"[2]《史通通释》卷六载："中国。《谈苑》：雍熙中校九经，杜镐述贞观敕云：经籍讹舛，由五胡之乱，学士多南迁，中国经术浸微。按：唐初语称中原为中国，此一证也。然其称起汉、魏间。《世说》《识鉴》：裴晋谓刘备，使居中国，能乱人。又《容止》《注》：明帝得吴降人，问江东闻中国名士为谁。皆是也。"[3]《燕翼诒谋录》卷四记"江南初下，李后主朝京师，其群臣随才任使，公卿将相多为小官，惟任州县官者仍旧。至于服色，例令服绿，不问官品高下，以示别于中国也。"[4]

不过需要注意的就是，这样的用法多用于指代前朝，而极少用于当代，但也有少量例外，如韩愈《东雅堂昌黎集注》卷二四《考功员外卢君墓铭》记："大历初，御史大夫李栖筠由工部侍郎为浙西观察使。当是时，中国新去乱，仕多避处江淮间。"[5]不过查阅隋唐时期的文献，这样的用法，主要集中在隋代王通撰、唐代薛收续、宋代阮逸注的《元经》中，如该书《原序》载："又曰：《春秋》抗王而尊鲁，其以周之所存乎？《元经》抗帝以尊中国，其以天命之所归乎？（圣人笔法与天命齐致）然帝衰于太熙（太熙，晋武帝末年），故《元经》首此，振起之也。

---

① 《新唐书》卷二一《礼乐志十一》，第460页。

② 《新唐书》卷一〇七《陈子昂传》，第4068页。

③ （唐）刘知几撰，（清）浦起龙释《史通通释》卷六，上海古籍出版社，1978，第156页。

④ （宋）王栐：《燕翼诒谋录》卷四，中华书局，1981，第32页。

⑤ （唐）韩愈：《东雅堂昌黎集注》卷二四《考功员外卢君墓铭》，中国书店，1991，第332页。

中国盛乎皇始（皇始，后魏年号），故《元经》挈名以正其实。"①卷七记："《元经》抗帝而尊中国，其天命之所归乎？皇始之帝也，征天命以授魏也。晋宋之主，近于正体，于是未忘中国（晋本中国之旧也，未尝有树晋之功，图中国之志）。或问：皇始授魏而帝晋，何也？子曰：主中国者将非中国也（假立以岁时，不欲遽弃）。齐、梁、陈之君，则斥之四夷，以明中国有代矣（《元经》，至魏大和，乃尊中国纪年也）。"②卷八载："魏明元皇帝，拓跋氏，讳嗣，道武帝长子也，崩时年二十二，谥曰明元，书'崩'，抗帝以尊中国也。"③卷九记："又曰，中国之道不替，孝文之力也。又曰，太和之政近雅矣（都洛阳，得中国也。建明堂、修制度、兴文物，得先王之道也），一明中国有法也（置职制、定律令、举兵百万伐江陵，其后宣武、孝明皆修太和之政，是中国有法也）。又曰，修《元经》以断南北之疑（晋东迁，故南朝推运历者，以齐、梁、陈为正统。魏据中原，故北朝推运历者，以北齐、周、陈为正统。于是南北二支，夷虏相乘，而天下疑矣。《元经》者所以尊中国也，中国无主，故正统在东晋及宋，中国有主，则正统归于后魏、后周）……子曰：《元经》之专断，盖禀于天命，吾安敢至之哉（天命未改于晋祚，则断之于江南，天命归于中国，则继之于元魏）。"④

　　虽然依然是描述前朝，但考虑到《元经》成书于隋代，如果当时作者心目中"中国"一词的地理范围已经变化，那么在如此大量的描述中应当偶有提及，但实际上并没有。

　　不过，虽然如此，在隋唐时期，我们确实可以看到"中国"地理范

① （隋）王通:《元经·原序》，文渊阁四库全书电子版。

② （隋）王通:《元经》卷七。

③ （隋）王通:《元经》卷八。

④ （隋）王通:《元经》卷九。

围扩展的诸多迹象。

如《隋书·南蛮传》载："南蛮杂类，与华人错居，曰蜒，曰獽，曰俚，曰獠，曰㐌，俱无君长，随山洞而居，古先所谓百越是也。其俗断发文身，好相攻讨，浸以微弱，稍属于中国，皆列为郡县，同之齐人，不复详载。"①从"稍属于中国，皆列为郡县，同之齐人"来看，隋时百越之地已经被认为属于"中国"。

《旧唐书·职官志二》记："凡天下水泉，三亿二万三千五百五十九。其在遐荒绝域，殆不可得而知矣。其江、河，自西极达于东溟，中国之大川者也。"②从这段文字来看，唐代长江已经算是"中国"之大川。

《新唐书·高丽传》载："武德初，再遣使入朝。高祖下书修好，约高丽人在中国者护送，中国人在高丽者敕遣还。于是建武悉搜亡命归有司，且万人。后三年，遣使者拜为上柱国、辽东郡王、高丽王。命道士以像法往，为讲《老子》，建武大悦，率国人共听之，日数千人。帝谓左右曰：'名实须相副，高丽虽臣于隋，而终拒炀帝，何臣之为？朕务安人，何必受其臣？'裴矩、温彦博谏曰：'辽东本箕子国，魏晋时故封内，不可不臣。中国与夷狄，犹太阳于列星，不可以降。'乃止。"③但同卷中又载："帝欲自将讨之，召长安耆老劳曰：'辽东故中国地，而莫离支贼杀其主，朕将自行经略之，故与父老约：子若孙从我行者，我能拊循之，毋庸恤也。'"④尽管唐人在前一段中还称高句丽为"夷狄"，但在后一段中"高丽"所在的"辽东"就被认为是"故中国地"，当然后者可能与唐太宗为征伐高句丽建立舆论基础有关，不过这也说明唐代"中

①　《隋书》卷八二《南蛮传》，中华书局，1973，第1831页。
②　《旧唐书》卷四三《职官志二》，第1841页。
③　《新唐书》卷二二〇《高丽传》，第6187页。
④　《新唐书》卷二二〇《高丽传》，第6189页。

国"范围已经具有一定的"灵活性"。

《旧唐书·狄仁杰传》记："仁杰以百姓西戍疏勒等四镇，极为凋弊，乃上疏曰：……方今关东饥馑，蜀、汉逃亡，江淮以南，征求不息。人不复业，则相率为盗，本根一摇，忧患不浅。其所以然者，皆为远戍方外，以竭中国，争蛮貊不毛之地，乖子养苍生之道也。"① 从这一句的文意来看，唐代关东、蜀汉、江淮地区似乎都可以被认为属于"中国"。

但另外，就文献来看，唐代的蜀地与南诏似乎又不属于"中国"，如《旧唐书·陈子昂传》记："（武）则天将事雅州讨生羌，子昂上书曰：……臣窃观蜀为西南一都会，国家之宝库，天下珍货聚出其中。又人富粟多，顺江而下，可以兼济中国。"②"蜀"依然与"中国"并称。类似的记载还有，《新唐书·陈子昂传》载："后方谋开蜀山，由雅州道羁生羌，因以袭吐蕃。子昂上书以七验谏止之，曰：……昔蜀与中国不通，秦以金牛、美女啖蜀侯，侯使五丁力士栈褒斜，凿通谷，迎秦之馈。秦随以兵，而地入中州，三验也。吐蕃爱蜀富，思盗之矣，徒以障隧隘绝，顿饿喙不得噬。今撤山羌，开阪险，使贼得收奔亡以攻边，是除道待贼，举蜀以遗之，四验也。蜀为西南一都会，国之宝府，又人富粟多，浮江而下，可济中国。"③《新唐书·杨收传》记："复为惊节度府判官。蜀有可县，直嶲州西南，地宽平多水泉，可灌粳稻。或谓惊计兴屯田，省转馈以饱边士，惊将从之，收曰：'田可致，兵不可得。且地当蛮冲，本非中国。今辍西南屯士往耕，则姚、嶲兵少，贼得乘间。若调兵捍贼，则民疲士怨。'"④《新唐书·徐坚传》记："时监察御史李知古兵击

① 《旧唐书》卷八九《狄仁杰传》，第 2889—2890 页。

② 《旧唐书》卷一九〇中《陈子昂传》，第 5021—5023 页。

③ 《新唐书》卷一〇七《陈子昂传》，第 4073 页。

④ 《新唐书》卷一八四《杨收传》，第 5394 页。

姚州洱河蛮，降之，又请筑城，使输赋徭。坚议：'蛮夷羁縻以属，不宜与中国同法，恐劳师远伐，益不偿损。'"①《新唐书·突厥传上》载："夷狄为中国患，尚矣。在前世者，史家类能言之。唐兴，蛮夷更盛衰，尝与中国亢衡者有四：突厥、吐蕃、回鹘、云南是也。"②

还有些唐人提到了"中国"西部的界线，即《新唐书·郭孝恪传》所载："其地高昌旧都，流徙罪人与镇兵杂，限以沙碛，隔绝中国。"③《新唐书·党项传》记："帝因其胜又令约降，赤辞从子思头潜纳款，其下拓拔细豆亦降。赤辞知宗族携沮，稍欲自归，岷州都督刘师立复诱之，即与思头俱内属。以其地为懿、嵯、麟、可三十二州，以松州为都督府，擢赤辞西戎州都督，赐氏李，贡职遂不绝。于是自河首积石山而东，皆为中国地。"④《唐会要·党项羌》载："贞观三年……后与其从子思头并率众与诸首领归款，列其地为懿、嵯、麟、可等三十二州，以松州为都督府，羁縻存抚之。拜赤词为西戎州都督，赐姓李氏。自是从河首大积石山已东，并为中国之境。后吐蕃强盛，拓拔氏渐为所逼，遂请内徙，始移部落之于庆州，因置静边等州以处之，故地陷于吐蕃，其处者为其役属，吐蕃谓之弥药。"⑤

唐代"中国"一词除了在地理层面涵盖的范围扩展之外，还出现了其他变化。首先是接续了汉朝将"中国"与"九州"等同起来的说法，如《新唐书·贾耽传》所载："（贾耽）并撰《古今郡国县道四夷述》，其中国本之《禹贡》，外夷本班固《汉书》，古郡国题以墨，今州县以

---

① 《新唐书》卷一九九《徐坚传》，第 5662 页。

② 《新唐书》卷二一五上《突厥传上》，第 6023 页。

③ 《新唐书》卷一一一《郭孝恪传》，第 4132 页。

④ 《新唐书》卷二二一上《党项传》，第 6215 页。

⑤ （宋）王溥：《唐会要》卷九八《党项羌》，中华书局，1955，第 1756 页。

朱,刊落疏舛,多所厘正。"①这里虽然没有直接提到"九州",但就《禹贡》而言,其中涵盖的地理范围基本就是九州和五服,因此这一语境中"中国"等同于"九州"的可能性是比较大的。更为直接的证据是《元和郡县图志》序所载:"臣闻王者建州域,物土疆,观次于星躔,察法于地理。考中国山河之象,求二仪险阻之情,天汉萌而两界分,南官正而五均叙。自黄帝之方制万国,夏禹之分别九州,辨方经野,因人纬俗,其揆一矣。"②"考中国山河之象"中就包括了"夏禹之分别九州"。此外,还有前文引用的《史通通释》卷六中的按语:"唐初语称中原为中国,此一证也。"③似乎也可以说唐初之后"中国"一词在地理层面已经不再局限于指"北方地区"或者"中国"。

其次,在隋唐时某些语境下,"中国"一词似乎也可以用来指代正统王朝所控制的区域,或者说,带有"政治中国"的意味,且这一用法的例证颇多,如《隋书》中的诸多记载。《隋书·文献独孤皇后传》载:"突厥尝与中国交市……"④《隋书·李彻传》载:"突厥每侵边,诸将辄以全军为计,莫能死战。由是突厥胜多败少,所以每轻中国之师。"⑤《隋书·齐王暕传》记:"有遗腹子政道,与萧后同入突厥,处罗可汗号为隋王,中国人没入北蕃者,悉配之以为部落,以定襄城处之。"⑥《隋书·裴矩传》载:"复令武威、张掖士女盛饰纵观,骑乘填咽,周亘数十里,以示中国之盛。帝见而大悦。竟破吐谷浑,拓地数千里,

① 《新唐书》卷一六六《贾耽传》,第5084页。
② (唐)李吉甫:《元和郡县图志》"元和郡县图志序",第1页。
③ (唐)刘知几撰,(清)浦起龙释《史通通释》卷六,第156页。
④ 《隋书》卷三六《文献独孤皇后传》,第1108页。
⑤ 《隋书》卷五四《李彻传》,第1368页。
⑥ 《隋书》卷五九《齐王暕传》,第1444页。

并遣兵戍之。每岁委输巨亿万计，诸蕃慑惧，朝贡相续。帝谓矩有绥怀之略，进位银青光禄大夫。其冬，帝至东都，矩以蛮夷朝贡者多，讽帝令都下大戏。征四方奇技异艺，陈于端门街，衣锦绮、珥金翠者，以十数万。又勒百官及民士女列坐棚阁而纵观焉。皆被服鲜丽，终月乃罢。又令三市店肆皆设帷帐，盛列酒食，遣掌蕃率蛮夷与民贸易，所至之处，悉令邀延就坐，醉饱而散。蛮夷嗟叹，谓中国为神仙。帝称其至诚……"①

再如《新唐书》中的一些记载，《新唐书·郭子仪传》载："惊曰：'令公存乎？怀恩言天可汗弃天下，令公即世，中国无主，故我从以来。公今存，天可汗存乎？'报曰：'天子万寿。'"②《新唐书·陆贽传》记："今四夷最强盛者，莫如吐蕃。举吐蕃众，未当中国十数大郡，而内虞外备与中国不殊，所以能寇边者无几。又器不犀利，甲不精完，材不趋敏。动则中国慭其众不敢抗，静则惮其强不敢侵，何哉？……外奉军兴，内课农桑，慎守中国所长，谨行当今所易，则八利可致，六失可去矣。"③《新唐书·食货志一》载："以侍御史副张荐使吐蕃，会顺宗立，荐卒于虏，虏以中国有丧，留温不遣"；"时回纥有助收西京功，代宗厚遇之，与中国婚姻，岁送马十万匹，酬以缣帛百余万匹。而中国财力屈竭……"④《新唐书·薛登传》记："时四夷质子多在京师，如论钦陵、阿史德元珍、孙万荣，皆因入侍见中国法度，及还，并为边害。"⑤《新唐书·陆贽传》载："乃上陈其弊曰：自禄山构乱，肃宗始

---

① 《隋书》卷六七《裴矩传》，第1580—1581页。

② 《新唐书》卷一三七《郭子仪传》，第4606页。

③ 《新唐书》卷一五七《陆贽传》，第4928—4931页。

④ 《新唐书》卷五一《食货志一》，第1348页。

⑤ 《新唐书》卷一一二《薛登传》，第4170页。

撤边备，以靖中邦，借外威，宁内难，于是吐蕃乘衅，回纥矜功，中国不振，四十余年。"①

　　再如《旧唐书》中的记载，《旧唐书·宣宗本纪》记："（大中元年）闰三月，敕：'会昌季年，并省寺宇。虽云异方之教，无损致理之源。中国之人，久行其道，厘革过当，事体未弘。其灵山胜境、天下州府，应会昌五年四月所废寺宇……'"②《旧唐书·刑法志》载："麟台正字陈子昂上书曰：……幸赖陛下以至圣之德，抚宁兆人，边境获安，中国无事，阴阳大顺，年谷累登，天下父子，始得相养矣。"③《旧唐书·温彦博传》记："初，突厥之降也，诏议安边之术。朝士多言：'突厥恃强，扰乱中国，为日久矣。今天实丧之，穷来归我，本非慕义之心也。因其归命，分其种落，俘之河南，散属州县，各使耕田，变其风俗，百万胡虏，可得化而为汉，则中国有加户之利，塞北常空矣。'"④《旧唐书·魏徵传》载："先是，遣使诣西域立叶护可汗，未还，又遣使多赍金银帛历诸国市马。征谏曰：'今以立可汗为名，可汗未定，即诣诸国市马，彼必以为意在市马，不为专意立可汗。可汗得立，则不甚怀恩。诸蕃闻之，以为中国薄义重利，未必得马而失义矣。'"⑤《旧唐书·马周传》记："若人既劳矣而用之不息，倘中国被水旱之灾，边方有风尘之患，狂狡因之以窃发，则有不可测之事……"⑥《旧唐书·黑齿常之传》载："黑齿常之，百济西部人。长七尺余，骁勇有谋略。初在本蕃，仕为达率兼郡将，犹中

①　《新唐书》卷一五七《陆贽传》，第4924—4925页。

②　《旧唐书》卷一八下《宣宗本纪》，第617页。

③　《旧唐书》卷五〇《刑法志》，第2144—2145页。

④　《旧唐书》卷六一《温彦博传》，第2361页。

⑤　《旧唐书》卷七一《魏徵传》，第2559页。

⑥　《旧唐书》卷七四《马周传》，第2617页。

国之刺史也。"①

当然，在这些语境下，"中国"一词也可以用来指"北方地区"或者"九州"，但其中大部分似乎指代"王朝"所控制的区域更有说服力，如"以中国有丧""百万胡虏可得化而为汉，则中国有加户之利，塞北常空矣"等，这些句子中的"中国"一词已经不仅仅是一个地理名词，还带有"政权"的意味。

如果对上述现象的描述成立的话，那么就可以认为隋唐时期，虽然"中国"一词依然可以指北方地区，但此时"中国"的地理范围具有了一定的灵活性，甚至扩展到可以包括之前不属于"中国"的地区，如"江南""闽越""百越"甚至"辽东"等地，换言之，除了蜀地（南诏）等西南部分地区之外，"中国"的地理范围与"九州"渐近，且更为重要的是，"中国"的范围与王朝直接统治的地区（不包括羁縻地区）也基本是近似的。这可能也就导致了"中国"开始被大量用于表示王朝直接管辖的地理范围之上的一个"政治组织"，在某些语境下的"中国"也就具有了"政治中国"的意味，也即"中国"开始被认为是指代一个"国家"。

当然，隋唐时"中国"指代的"文化中国"同样存在，如《唐文粹》收录的程晏的《内夷檄》，文中记："四夷之民长有重译而至，慕中华之仁义、忠信，虽身出异域，能驰心于华，吾不谓之夷矣。中国之民长有倔强王化，忘弃仁义、忠信，虽身出于华，反窜心于夷，吾不谓之华矣。窜心于夷，非国家之窜，尔也自窜心于恶也，岂止华其名谓之华，夷其名谓之夷邪？华其名有夷其心者，夷其名有华其心者，是知弃仁义、忠信于中国者，即为中国之夷矣。不待四夷之侵我也，有悖命中国，专倨不王，弃彼

---

① 《旧唐书》卷一〇九《黑齿常之传》，第3294页。

仁义、忠信，则不可与人伦齿，岂不为中国之夷乎？四夷内向，乐我仁义、忠信，愿为人伦齿者，岂不为四夷之华乎？记吾言者夷其名，尚不为夷矣，华其名反不如夷其名者也。"① 这段文字虽然强调的是"华""夷"的差异，但同时也展现出了"中国"所具有的文化内涵，即"仁义、忠信"等，且"文化中国"在地理上并不是固定不变的。

四　五代、北宋时期的"中国"

隋唐时期某些语境下的"中国"带有了"政治意味"，开始具有"政治中国"的含义，但这种含义还不太明显，或者说在很多语境下还可以被解释为"地理中国"，然而到了五代十国时期，"中国"一词开始展现出更浓厚的"政治意味"。如这一时期"十国"通常不被认为是"中国"，而"中国"通常指的是统治了"中原地区"的五代各朝；且由于隋唐以后"地理中国"所涵盖范围大幅度扩展，因此这些语境下的"中国"显然不再是单纯指"地理中国"，而可以被认为是"政治中国"，或者说是一个"国家"，如《旧五代史·高行珪传》载："后延策因入奏，献封章于阙下，事有三条：一请不禁过淮猪羊，而禁丝绵匹帛，以实中国……"②《旧五代史·王审知传》记："是时，杨氏据江、淮，故闽中与中国隔越……"③《新五代史·李严传》载："李严，幽州人也，初名让坤。事刘守光为刺史，后事庄宗为客省使。严为人明敏多艺能，习骑射，颇知书而辩。同光三年，使于蜀，为王衍陈唐兴复功德之盛，音辞

① 《唐文粹》卷四九《内夷檄》（程晏），文渊阁四库全书电子版。
② 《旧五代史》卷六五《高行珪传》，中华书局，1976，第867页。
③ 《旧五代史》卷一三四《王审知传》，第1792页。

清亮，蜀人听之皆辣动。衍枢密使宋光嗣召严置酒，从容问中国事。"①
《新五代史·刘铢传》记："刘铢，陕州人也。少为梁邵王牙将，与汉高
祖有旧，高祖镇太原，以为左都押衙。铢为人惨酷好杀戮，高祖以为勇
断类己，特信用之。高祖即位，拜永兴军节度使，徙镇平卢，加检校太
师、同平章事，又加侍中。是时，江淮不通，吴越钱镠使者常泛海以
至中国，而滨海诸州皆置博易务，与民贸易。"②《新五代史·司天考二》
载："广顺元年十一月甲子，白虹竟天。此其尤异者也。至于吴火出杨林
江水中、闽天雨豆之类，皆非中国耳目所及者，不可得而悉书矣。"③《新
五代史·南唐世家第二》记："明宗时，熙载南奔吴，谷送至正阳，酒酣
临诀，熙载谓谷曰：'江左用吾为相，当长驱以定中原。'谷曰：'中国用
吾为相，取江南如探囊中物尔。'"④《旧五代史·安重荣传》载："其表数
千言，大抵指斥高祖称臣奉表，罄中国珍异，贡献契丹，凌虐汉人，竟
无厌足。又以此意为书，遗诸朝贵及藩镇诸侯。高祖忧其变也，遂幸邺
都以诏谕之，凡有十焉。其略曰：'尔身为大臣，家有老母，忿不思难，
弃君与亲。吾因契丹而兴基业，尔因吾而致富贵，吾不敢忘，尔可忘
耶！且前代和亲，只为安边，今吾以天下臣之，尔欲以一镇抗之，大小
不等，无自辱焉。'重荣愈恣纵不悛，虽有此奏，亦密令人与契丹幽州
帅刘晞结托。盖重荣有内顾之心，契丹幸我多事，复欲侵吞中国，契丹
之怒重荣，亦非本志也。"⑤《新五代史·杨光远传》记："阿噔啜初非姓
氏，其后改名瑊而姓杨氏。光远初名檀，清泰二年，有司言明宗庙讳犯

①　《新五代史》卷二六《李严传》，中华书局，1974，第283页。

②　《新五代史》卷三〇《刘铢传》，第335页。

③　《新五代史》卷五九《司天考二》，第711页。

④　《新五代史》卷六二《南唐世家第二》，第778页。

⑤　《旧五代史》卷九八《安重荣传》，第1303页。

偏傍者皆易之，乃赐名光远云。光远既病秃，而妻又跛其足也，人为之语曰：'自古岂有秃疮天子、跛脚皇后邪？'相传以为笑。然而召夷狄为天下首祸，卒灭晋氏，疮痍中国者三十余年……"①《新五代史·后蜀世家第四》载："是时，契丹灭晋，汉高祖起于太原，中国多故，雄武军节度使何建以、秦、成、阶三州附于蜀……"②《旧五代史·庄帝本纪》记："契丹累遣使求归则剌、惕隐等，幽州赵德钧奏请不俞允。帝顾问侍臣，亦以为不可与。帝意欲归之，会翼州刺史杨檀罢郡至阙，帝问其事，奏曰：'此辈来援王都，谋危社稷，陛下宽慈，贷其生命，苟若归之，必复向南放箭，既知中国事情，为患深矣。'帝然之。"③《辽史·兵卫志下》载："辽之为国，邻于梁、唐、晋、汉、周、宋。晋以恩故，始则父子一家，终则寇仇相攻；梁、唐、周隐然一敌国；宋惟太宗征北汉，辽不能救，余多败衄，纵得亦不偿失。良由石晋献土，中国失五关之固然也。"④

　　还需要注意下面一些例子，《新五代史·楚世家第六》载："是时，契丹灭晋，中国大乱，希范牙将丁思觐廷谏希范曰：'先王起卒伍，以攻战而得此州，倚朝廷以制邻敌，传国三世，有地数千里，养兵十万人。今天子囚辱，中国无主，真霸者立功之时。'"⑤虽然"是时，契丹灭晋，中国大乱""今天子囚辱，中国无主"两句中的"中国"可以被认为指北方地区，也可以被认为指"五代"各朝所控制的地域，但"中国无主"一词表达的似乎不仅仅是一种地域概念，更是带有一定权力意味的政治概念。类似的用法还有一些，如《新五代史·南平世家第

① 《新五代史》卷五一《杨光远传》，第590页。
② 《新五代史》卷六四《后蜀世家第四》，第804页。
③ 《旧五代史》卷四三《庄帝本纪》，第591页。
④ 《辽史》卷三六《兵卫志下》，中华书局，1974，第433页。
⑤ 《新五代史》卷六六《楚世家第六》，第826—827页。

九》记："建隆四年，太祖命慕容延钊等讨之。延钊假道荆南，约以兵过城外。继冲大将李景威曰：'兵尚权谲，城外之约，不可信也。宜严兵以待之！'判官孙光宪叱之曰：'汝峡江一民尔，安识成败！且中国自周世宗时，已有混一天下之志，况圣宋受命，真主出邪！王师岂易当也！'"① "中国自周世宗时，已有混一天下之志"一句中的"中国"同样不能仅用一种地域的概念来理解。隐约有这种意味的用法还有《新五代史·汉本纪第十》载："（天福）四年，契丹犯京师，出帝北迁，王遣牙将王峻奉表契丹，耶律德光呼之为儿，赐以木拐，虏法贵之如中国几杖，非优大臣不可得。峻持拐归，北人望之皆避道。峻还，为王言契丹必不能有中国，乃议建国。"② "必不能有中国，乃议建国"一句中"中国"与"建国"相对；《旧五代史·景延广传》载："朝廷遣使告哀契丹，无表致书，去臣称孙，契丹怒，遣使来让，延广乃奏令契丹回图使乔荣告戎王曰：'先帝则北朝所立，今上则中国自策，为邻为孙则可，无臣之理。'"③ 需要注意的是，这一语境下的"中国"，似乎与可更替的王朝相比，是相对固定的概念，"今上则中国自策"同样如此；《旧五代史·刘陟传》记："及闻庄宗平梁，遣伪宫苑使何词来聘，称'大汉国主致书上大唐皇帝'，庄宗召见于邺宫，问南海事状，且言本国已发使臣，大陈物贡，期今秋即至。初，陟闻庄宗兵威甚盛，故令何词来视虚实，时朝政已紊，庄宗亦不能以道制御远方，南海贡亦不至，自是与中国遂绝……每对北人自言家本咸秦，耻为蛮夷之主。又呼中国帝王为洛州刺史，其妄自尊大，皆此类也。"④ "中国帝王"一词似乎也具有这样

① 《新五代史》卷六九《南平世家第九》，第860页。
② 《新五代史》卷十《汉本纪第十》，第100页。
③ 《旧五代史》卷八八《景延广传》，第1144页。
④ 《旧五代史》卷一三五《刘陟传》，第1808—1809页。

的含义。另外，《新五代史·东汉世家第十》载："太祖皇帝尝因界上谍者谓承钧曰：'君家与周氏为世仇，宜其不屈，今我与尔无所间，何为困此一方之人也？若有志于中国，宜下太行以决胜负。'承钧遣谍者复命曰：'河东土地兵甲，不足以当中国之十一；然承钧家世非叛者，区区守此，盖惧汉氏之不血食也。'"①这是宋太祖与北汉刘承钧的对话，从地域范围来看，北汉统治的范围在传统的用于指代"北方地区"的"地理中国"范围内，但这段文字中"北汉"与"中国"相对，显然这一语境中的"中国"应指的是北宋统治的地域范围，换言之，只有北宋可以被称为"中国"。

对此表达得最为直白的是《新五代史·职方考第三》中对于唐末以来"天下""州"的数量的统计，将"中国"与"十国"并列，即"唐之盛时，虽名天下为十道，而其势未分。既其衰也，置军节度，号为方镇，镇之大者连州十余，小者犹兼三四，故其兵骄则逐帅，帅强则叛上，土地为其世有，干戈起而相侵，天下之势，自兹而分。然唐自中世多故矣，其兴衰救难，常倚镇兵扶持，而侵凌乱亡，亦终以此。岂其利害之理然欤？自僖、昭以来，日益割裂。梁初，天下别为十一国，南有吴、浙、荆、湖、闽、汉，西有岐、蜀，北有燕、晋，而朱氏所有七十八州以为梁。庄宗初起并、代，取幽、沧，有州三十五，其后又取梁魏、博等十有六州，合五十一州以灭梁。岐王称臣，又得其州七。同光破蜀，已而复失，惟得秦、凤、阶、成四州，而营、平二州陷于契丹，其增置之州一，合一百二十三州以为唐。石氏入立，献十有六州于契丹，而得蜀金州，又增置之州一，合百九州以为晋。刘氏之初，秦、凤、阶、成复入于蜀，隐帝时增置之州一，合一百六州以为汉。郭氏代

---

① 《新五代史》卷七〇《东汉世家第十》，第869页。

汉，十州入于刘旻，世宗取秦、凤、阶、成、瀛、莫及淮南十四州，又增置之州五而废者三，合一百一十八州以为周。宋兴因之。此中国之大略也。其余外属者，强弱相并，不常其得失。至于周末，闽已先亡，而在者七国。自江以南二十一州为南唐，自剑以南及山南西道四十六州为蜀，自湖南北十州为楚，自浙东西十三州为吴越，自岭南北四十七州为南汉，自太原以北十州为东汉，而荆、归、峡三州为南平。合中国所有，二百六十八州，而军不在焉。唐之封疆远矣，前史备载，而羁縻寄治虚名之州在其间。五代乱世，文字不完，而时有废省，又或陷于夷狄，不可考究其详。其可见者，具之如谱"，① 在这段文字中，"中国"属于与"十国"并列的"国"。

此外，宋人在追溯五代历史的时候，也持这样的认知，如欧阳修在《金部郎中赠兵部侍郎阎公神道碑铭》中载："五代之际，江海之间分为五，大者窃名号，其次擅征伐，故皆峻刑法，急聚敛，以制命于其民。越虽名为臣属之邦，然阂于江淮，与中国隔不相及者久矣。"② 他还在《准诏言事上书》中记："国家创业之初，四方割据，中国地狭，兵民不多，然尚能南取荆楚、收伪唐、定闽岭，西平两蜀，东下并、潞，北窥幽、燕。当时所用兵财将吏，其数几何？惟善用之，故不觉其少。"③ 同时在《本论》中他还论述道："前日五代之乱可谓极矣。五十三年之间，易五姓十三君，而亡国被弑者八，长者不过十余岁，甚者三四岁而亡。夫五代之主岂皆愚者邪，其心岂乐祸乱而不欲为久安之计乎？顾其力有不能为者，时也。当是时也，东有汾晋，西有岐蜀，北有强胡，南有江

---

① 《新五代史》卷六〇《职方考第三》，第713—714页。
② 《欧阳修全集》卷二〇《金部郎中赠兵部侍郎阎公神道碑铭》，李逸安点校，中华书局，2001，第321页。
③ 《欧阳修全集》卷四六《准诏言事上书》，第646页。

淮、闽广、吴越、荆潭，天下分为十三四,四面环之。以至狭之中国，又有叛将强臣割而据之。其君天下者，类皆为国日浅，威德未洽，强君武主力而为之，仅以自守……"① 秦观在其所作《王朴论》中载："盖李氏虽据江南之地二十一州，为桂、广、闽、蜀之脊，然南带江、东距海，可挠者二千余里。其人易动摇，轻扰乱，不能持久，号为大国，实脆敌也。刘氏虽据河东十州之面，与中国为境，然左有常山之险，右有大河之固，北有契丹之援，其人剽悍强忍，精急高气，乐斗而轻死，号为小国，实坚敌也。是时，中国欲取之也，譬如壮士操利兵于深山之中，左触虎而右遇熊，不可并刺，则亦先虎而后熊矣。何则？虎躁悍易乘，熊便捷难制。举虎困，则熊必畏威而逃……"② 这些史料中的"中国"显然不能理解为"地理中国"，它们更多地应该指的是"政治中国"。

还需要注意的一点就是，就地理范围而言，"政治中国"与正统王朝直接统驭的范围是一致的，因此理论上随着王朝控制范围的盈缩，"政治中国"也是可以盈缩的，这点从上文《新五代史》中对唐末以后五代各朝控制范围盈缩的介绍就可以看出。还有其他一些例证，如《旧五代史·世宗纪第三》载："近者金陵使人，继来行阙，追悔前事，委质大朝，非无谢咎之辞，亦有罢军之请。但以南邦之土地，本中夏之封疆，苟失克复之期，大辜朝野之望，已兴是役，固不徒还。必若自淮以南，画江为界，尽归中国，犹是远图。所云愿为外臣，乞比湖、浙，彼既服义，朕岂忍人，必当别议封崇，待以殊礼。"③ 这里的"中夏"和"中国"应该是同一意思，而"必若自淮以南，画江为界，尽归中国"说明

---

① 《欧阳修全集》卷六○《本论》，第862页。

② （宋）秦观撰，徐培均笺注《淮海集笺注》卷二二《进论·王朴论》，上海古籍出版社，1994，第773页。

③ 《旧五代史》卷一一六《世宗纪第三》，第1545—1546页。

"中国"的范围是可以盈缩的，也就旁证这里的"中国"绝不是"地理中国"。

下面的一个问题就是，既然"中国"范围是可以盈缩的，那么这样的"盈缩"，或者具体来说就是其"扩张"是否存在一个界限，是否可以无限扩张？《新五代史》中的这两段文字可能是解开问题的关键。

《新五代史·十国世家年谱第十一》表后有如下的一段对答：

> 　　或问：十国固非中国有也，然犹命以封爵，而称中国年号来朝贡者，亦有之矣，本纪之不书，何也？曰：封爵之不书，所以见其非中国有也。其朝贡之来如夷狄，以夷狄书之则甚矣。问者曰：四夷、十国，皆非中国之有也，四夷之封爵朝贡则书，而十国之不书何也？曰：以中国而视夷狄，夷狄之可也。以五代之君而视十国，夷狄之则未可也。故十国之封爵、朝贡，不如夷狄，则无以书之。书如夷狄，则五代之君未可以夷狄之也。是以外而不书，见其自绝于中国焉尔。问者曰：外而不书，则东汉之立何以书？曰：吾于东汉，常异其辞于九国也。《春秋》因乱世而立治法，本纪以治法而正乱君。世乱则疑难之事多，正疑处难，敢不慎也？周、汉之事，可谓难矣哉！或谓：刘旻尝致书于周，求其子赟不得而后自立，然则旻之志不以忘汉为仇，而以失子为仇也。曰：汉尝诏立赟为嗣，则赟为汉之国君，不独为旻子也。旻之大义，宜不为周屈，其立虽未必是，而义当不屈于周，此其可以异乎九国矣。终旻之世，犹称乾祐，至承钧立，然后改元，则旻之志岂不可哀也哉！[1]

---

① 《新五代史》卷七一《十国世家年谱第十一》，第881—882页。

《新五代史·四夷附录第一》载:

> 呜呼,夷狄居处饮食,随水草寒暑徙迁,有君长部号而无世族、文字记别,至于弦弓毒矢,强弱相并,国地大小,兴灭不常,是皆乌足以考述哉!惟其服叛去来,能为中国利害者,此不可以不知也。自古夷狄之于中国,有道未必服,无道未必不来,盖自因其衰盛。虽尝置之治外,而羁縻制驭恩威之际,不可失也。其得之未必为利,失之有足为患,可不慎哉!作四夷附录。
>
> 夷狄,种号多矣。其大者,自以名通中国,其次小远者附见,又其次微不足录者,不可胜数。其地环列九州之外,而西北常强,为中国患。三代猃狁,见于《诗》《书》。秦、汉以来,匈奴著矣。隋、唐之间,突厥为大。其后有吐蕃、回鹘之强。五代之际,以名见中国者十七八,而契丹最盛。[①]

从两段文字来看,大致而言,在宋人心目中,"十国"虽然并不属于"中国",但也不同于"夷狄",且"是以外而不书,见其自绝于中国焉"显然强调的是"十国"与"中国"应当存在密切的关系,而从"惟其服叛去来,能为中国利害者,此不可以不知也。自古夷狄之于中国,有道未必服,无道未必不来,盖自因其衰盛。虽尝置之治外,而羁縻制驭恩威之际,不可失也"来看,"夷狄"是与"中国"相对的,通常是不能被纳入"中国"的,由此似乎可以推断宋人更倾向于认为处于"中国"与"夷狄"之间的"十国"应当为"中国"所有,这点从后文描述的宋代关于"中国"范围的认知上也可以看出,也就是说当时人已经形

---

① 《新五代史》卷七二《四夷附录第一》,第885页。

成了理想的"中国"的范围，且就五代十国的地理范围而言，其大致相当于"九州"，而此外的"夷狄"则不属于中国。不仅如此，自先秦以来，虽然"地理中国"的范围并不固定且不断扩展，但最终也只是逐渐与"九州"接近，而且"地理中国"不仅有着地理上的意义，还暗示着这一地域在"文化上"有着优越性，这也就决定了这一"中国"不可能无限扩张，由此，将"政治中国"限定于"地理中国"是一种合理的结果。也就是说，"政治中国"的范围并不是可以无限扩张的，至少在当时人看来是如此。

虽然受制于当时的政治形势，五代时期"政治中国"的范围基本局限于"北方"，但当时人已经认为无论是"地理中国"还是"政治中国"都应当包括南方各地，即应与"九州"近似。不过，由于"政治中国"的范围与正统王朝统治的地理范围联系在一起，因此其具体范围是随着政局的变化而变动的。

当然，"地理中国"一词原先指"北方地区"的含义并没有彻底消失，因为在北宋之后我们依然能看到这样的用法，只是数量不多，如陆游在《陆氏南唐书》卷一三中记："燕之南，越之北，日月所生，是为中国。其间含齿戴发、食粟衣帛者，是为人；刚柔动植、林林而无穷者，是为物……"①

现存的宋代文献中第一次出现对"中国"的系统论述，即石介的《中国论》，以往的研究也对此多有引用，全文如下：

> 夫天处乎上，地处乎下，居天地之中者曰中国，居天地之偏者曰四夷。四夷外也，中国内也。天地为之乎内外，所以限也。

① （宋）陆游：《陆氏南唐书》卷一三，文渊阁四库全书电子版。

夫中国者，君臣所自立也，礼乐所自作也，衣冠所自出也，冠婚祭祀所自用也，缞麻丧泣所自制也，果蓏菜茹所自殖也，稻麻黍稷所自有也。东方曰"夷"，披发文身，有不火食者矣；南方曰"蛮"，雕题交趾，有不火食者矣；西方曰"戎"，披发衣皮，有不粒食者矣；北方曰"狄"，毛衣穴居，有不粒食者矣。其俗皆自安也，相易则乱。

仰观于天，则二十八舍在焉；俯观于地，则九州分野在焉；中观于人，则君臣、父子、夫妇、兄弟、宾客、朋友之位在焉。非二十八舍、九州分野之内，非君臣、父子、夫妇、兄弟、宾客、朋友之位，皆夷狄也。二十八舍之外干乎二十八舍之内，是乱天常也；九州分野之外入乎九州分野之内，是易地理也；非君臣、父子、夫妇、兄弟、宾客、朋友之位，是悖人道也。苟天常乱于上，地理易于下，人道悖于中，国不为中国矣。

闻乃有巨人名曰"佛"，自西来入我中国；有庞眉名曰"聃"，自胡来入我中国。各以其人易中国之人，以其道易中国之道，以其俗易中国之俗，以其书易中国之书，以其教易中国之教，以其居庐易中国之居庐，以其礼乐易中国之礼乐，以其文章易中国之文章，以其衣服易中国之衣服，以其饮食易中国之饮食，以其祭祀易中国之祭祀。虽然，中国人犹未肯乐焉而从之也。其佛者乃说曰："天有堂，地有狱，从我游则升天堂矣，否则挤地狱。"其老者亦说曰："我长生之道，不死之药，从我游则长生矣，否则夭死。且又有为耒耜以使人农也，为《诗》《书》以使人士也，为器材以使人工也，为货币以使人商也，臣拜乎君，子事乎父，弟事乎兄，幼顺乎长，冠以束乎发，带以绳乎腰，履以羁乎足，妻子以待乎养，宾师以须乎奉，缞麻丧泣之制使人为哀，禋祀祭享之位使人为孝，尔之劳也如是，我皆无是之苦。"

　　于是人或惧之，或悦之，始有从之者。既从之也，则曰："莫尊乎君父，与之伉礼，无兄以事也，无长以顺也，无妻子以养也，无宾师以奉也，无发以束也，无带以绳也，无缞麻丧泣以为哀也，无禋祀祭享以为孝也。中国所为士与农、工与商者，我皆坐而衣食之，我贵也如此。"故其人欢然而去之也，靡然而趋之也。噫！今不离此而去彼，背中国而趋佛、老者几人？

　　或曰："如此，将为之奈何？"曰："各人其人，各俗其俗，各教其教，各礼其礼，各衣服其衣服，各居庐其居庐，四夷处四夷，中国处中国，各不相乱，如斯而已矣。则中国，中国也；四夷，四夷也。"①

　　虽然这段文字很长，但核心意思大致可分为几个层次：首先，"中国"是与"四夷"相对的；其次，"中国"与"四夷"要各居其位，这是由天地法则所定的；最后，"中国"的地理范围对应的就是"九州"，而这里也是礼义、道德等所在。当然，这样的认识，显然是受到北宋所面临的"外患"的影响，不过这不是我们此处分析的重点，需要注意的就是，在这一论述中，"中国"与"九州"被更为直接和密切地联系了起来，虽然这样的联系在之前就已经存在，且"地理中国"与"文化中国"之间也建立起了密切的联系。

　　类似的论述在石介《徂徕集》的他处也存在，如卷五《怪说上》载："三才位焉，各有常道。反厥常道，则谓之怪矣。夫三光代明，四时代终，天之常道也。日月为薄蚀，五星为彗孛，可怪也。夫五岳安焉，

---

① 　（宋）石介：《徂徕石先生文集》卷十《中国论》，陈植锷点校，中华书局，1984，第116—117页。

四渎流焉，地之常道也。山为之崩，川为之竭，可怪也。夫君南面，臣北面，君臣之常道也。父坐子立，父子之常道也。而臣抗于君，子敌于父，可怪也。夫中国，圣人之所常治也，四民之所常居也，衣冠之所常聚也，而髡发左衽，不士不农，不工不商，为夷者半中国，可怪也。夫中国，道德之所治也，礼乐之所施也，五常之所被也，而汗漫不经之教行焉，妖诞幻惑之说满焉，可怪也。"①不过此处强调的是礼义、道德层面的"中国"。

这种强调礼义、道德层面的"中国"的论说在北宋并不是孤证。

释契嵩《镡津集》卷九《万言书上仁宗皇帝》载："《春秋》之法，尊中国而卑夷狄。其时，诸侯虽中国，或失其义，亦夷狄之；虽夷狄者，苟得其义，亦中国之。是亦孔子用其大中之道也。"②同书卷一七《非韩子三十篇》载："孔子以列圣大中之道，断天下之正，为鲁《春秋》。其善者善之，恶者恶之，不必乎中国、夷狄也。《春秋》曰：徐伐莒。徐本中国者也，既不善，则夷狄之。曰：齐人、狄人盟于刑，狄人本夷狄人也，既善，则中国之。圣人尊中国，而卑夷狄者，非在疆土与其人耳，在其所谓适理也。"③不过其强调的"文化中国"在地理范围和"人"的方面并不是固定不变的。如曾巩在《为人后议》中论述："且中国之所以为贵者，以有父子之道，又有《六经》与前世数千载之议论以治之故也。"④

此外，将"中国"等同于"九州"的说法也不是孤例，如赵普在《论彗星》中论述道："臣今将所按经典逐件进呈，伏望陛下亲赐看详，

---

① （宋）石介：《徂徕石先生文集》卷五《怪说上》，第60页。

② （宋）释契嵩：《镡津集》卷九《万言书上仁宗皇帝》，文渊阁四库全书电子版。

③ （宋）释契嵩：《镡津集》卷一七《非韩子三十篇》。

④ 《曾巩集》卷九《为人后议》，陈杏珍等点校，中华书局，1984，第145页。

便知可否。臣闻五星二十八宿与五岳四渎，皆在中国，不在四夷。"①《三朝北盟会编》卷八载："或者又谓，九州中国之地，皆沃饶膏腴之田，岁得甚厚，是曾不虑屯戍守御之备、战斗犒赏之费，岁几百万计耶……日久山后之民，往往徙居漠北，又自唐末至于今，数百年间，子孙无虑已易数世，今则尽为蕃种，岂复九州中国旧民哉。"②《续资治通鉴长编》卷二一〇记："襄又奏：'……臣愿陛下为尧、舜之君，以义治天下，不愿其为霸主也。陛下富有中国，广轮万里，内无强臣悍族之患，外无侵夺凭陵之难。凡四海九州之赋入，又足以供吾之用，不为不足。'"③此外，彭汝砺在《上哲宗论太平百年所当戒惧》中议论道："太宗之治，几于成康。至高宗屡弱，武后专制，明皇之兴，又不克终，唐日微矣。下至五代，中国裂为六七。及真人出，四海一，而圣圣相续，太平逾百年矣。自三代以还，未有如今日之盛也。"④"中国裂为六七"一句中的"中国"指的应该不是北方地区或者五代各朝直接控制的范围，而应是五代十国整体的地理范围，也基本与"九州"相近。

此外，通过宋代流传下来的文献，我们还可以梳理出宋人心目中"中国"的范围。

东南至海。《宋史·天文志一》载："以衡窥之，日分之时，以浑仪抵极星以候日之出没，则常在卯酉之半少北。此殆放乎四海而同者，何从而知中国之为东南也？彼徒见中国东南皆际海而为是说也。"⑤

西北至兰州。《宋史·河渠志·黄河上》载："黄河自昔为中国患，

① （宋）吕祖谦编《宋文鉴》卷四一《论彗星》，文渊阁四库全书电子版。

② （宋）徐梦莘：《三朝北盟会编》卷八，第53页。

③ （宋）李焘：《续资治通鉴长编》卷二一〇，中华书局，1995，第5110页。

④ 《宋名臣奏议》卷二〇《上哲宗论太平百年所当戒惧》，文渊阁四库全书电子版。

⑤ 《宋史》卷四八《天文志一》，第957页。

《河渠书》述之详矣……复绕昆仑之北，自贵德、西宁之境，至积石，经河州，过临洮，合洮河，东北流至兰州，始入中国。"①又《续资治通鉴长编》卷三八二记："右仆射吕公著亦以为先朝所取，皆中国旧境，而兰州乃西蕃地，非先属夏人。今天子嗣守先帝境土，岂宜轻以予人……二府既定议，许归夏人侵地，乃降诏答之。大略言：'……则朕必释然，于尺寸之地，复何顾惜。当议特降指挥，据用兵以来所得地土，除元系中国旧寨及顺汉西蕃境土外，余委边臣商量，随宜分画给赐。'"②《续资治通鉴长编》卷四八三载："庚申，枢密院拟定回夏国主诏：'……况西蕃故疆，中国旧地，已载前诏，不系可还。其分境虽曾商量，在用兵亦合隔绝。然则塞门之请，殊非所宜。定西以东，已有前谕。除河东、鄜延路新边界至，许从前约，令逐路经略司依前后诏，委官开立壕堠外，兰岷路未了地界，亦已令兰岷路经略司依先降朝旨委官，候夏国差到官，详先降指挥同共商量分画。'"③

黄河河道宁夏段以东属于"中国"。《宋史·安焘传》载："哲宗立，复仍前议，二府遂欲并弃熙河，焘固争之，曰：'自灵武而东，皆中国故地。先帝有此武功，今无故弃之，岂不取轻于外夷？'"④

但"榆关"以东，也就是辽东不属于"中国"。《三朝北盟会编》载："出榆关以东，山川风物与中原（四库本为'国'）殊异。所谓州者，当契丹全盛时，但土城存居民数十百家，及官舍三数椽，不及中朝一小镇，强名为州，经兵火之后，更觉萧然，自兹以东类皆如此。"⑤

---

① 《宋史》卷九一《河渠志·黄河上》，第 2255—2256 页。

② （宋）李焘：《续资治通鉴长编》卷三八二，第 9312—9313 页。

③ （宋）李焘：《续资治通鉴长编》卷四八三，第 11483—11484 页。

④ 《宋史》卷三二八《安焘传》，第 10566 页。

⑤ （宋）徐梦莘：《三朝北盟会编》卷八，第 143 页。

南至海皆为"中国"。典型的就是《太平寰宇记·南蛮总述》记："昔在虞舜，南巡至于苍梧，今桂州也。《禹贡》：'淮、海惟扬州。'《传》曰：'北距淮，南至海。'然则南至海裔，尚为九州焉。其后德有衰隆，化有远迩，盖自五岭以外，浸为夷俗焉。流驩兜于崇山，今驩州也（去长安一万一千三百里）。周为越裳之国。秦初得天下，谪卒戍五岭而守之。其后逾岭攻取陆梁之地，命任嚣尉之，今南越是也。其为中国也久。东自闽越滨海，而及琼、振、儋、崖五州，自此西限海裔，其南皆南夷，今海中诸国是也。"① 但也有认为衡山之南不属于中国的，如王安石所撰《司农卿分司南京陈公神道碑》中记："衡州之南，山广袤百余里，与夷接境，大木蒙密，中国人逋逃其中，冒称夷人，数出寇常宁诸邑。"②

"闽"地也属于"中国"。如曾巩《道山亭记》载："闽故隶周者七，至秦开其地，列于中国，始并为闽中郡。"③

此外，也有一些对"中国"范围的总体论述，如《通志》载："今宣尼之书，自中国而东则朝鲜，西则凉、夏，南则交阯，北则朔、易，皆吾故封也，故封之外，其书不通。"④ 这段文字描述了"中国"的四至。类似的还有李纲曾论述"请为陛下试详言之，夫陕西者，中国劲兵、健马之区也；河北、河东者，中国之屏蔽也；京畿及东西，中国之腹心也；河、淮、荆湖、闽、浙、川、广者，中国之支派也"；⑤《续资治通鉴长编》卷二六二载："王安石为上言：'契丹大而无略，则多隙可乘，且并诸国及燕人为一，四分五裂之国也。'上曰：'中国兼燕、秦、楚、越万

① （宋）乐史：《太平寰宇记》卷一七六《南蛮总述》，第3353页。
② （宋）王安石《临川文集》卷八八，文渊阁四库全书电子版。
③ （宋）吕祖谦编《宋文鉴》卷八〇《道山亭记》。
④ （宋）郑樵：《通志》卷三六，中华书局，1987，第513页。
⑤ （宋）李纲《梁溪先生文集》卷六三，线装书局，2004，第721页。

里之地，古所以胜外敌之国皆有之。能修政刑，则契丹诚不足畏。'"①

从上述这些史料来看，宋人眼中"中国"的范围已经极大地扩展，近乎"九州"，也与宋朝直接控制的地理范围相近。因此，大致可以认为，在北宋时期，"文化中国"与"地理中国"以及"九州"之间建立起了内在的联系。

与此同时还需要注意的就是，"政治中国"在北宋被广泛使用，如：《宋史·鱼周询传》载："庆历八年，手诏近臣访天下之务。周询对曰：……臣以谓唐季及五代，强臣专地，中国所制，疆域非广。及祖宗有天下，俘吴、楚、蜀、晋，北捍獯粥，西服羌戎，所用甲兵，所入租赋，比之于今，其数尚寡。"②《宋史·吕景初传》记："时兵冗，用度乏，景初奏疏曰：'……当祖宗时，四方割据，中国才百余州，民力未完，耕植未广……'"③《宋史·曹玮传》载："以镇戎军据平地，便于骑战，非中国之利，请自陇山以东，循古长城堑以为限。又以弓箭手皆土人，习障塞蹊隧，晓羌语，耐寒苦，官未尝与兵械资粮，而每战辄使先拒贼，恐无以责死力，遂给以境内闲田，春秋耕敛，州为出兵护作，而蠲其租。继迁死，其子德明请命于朝。玮言：'继迁擅河南地二十年，兵不解甲，使中国有西顾之忧。'"④还有苏轼所撰《富郑公神道碑》中记："末帝昏乱，神人弃之。是时，中国狭小，上下离叛，故契丹全师独克，虽多获金币，充牣诸臣之家，而壮士、健马物故太半，此谁任其祸者。今中国提封万里，所在精兵以百万计……"⑤这几段文字中的"中国"显

① （宋）李焘：《续资治通鉴长编》卷二六二，第6401页。

② 《宋史》卷三〇二《鱼周询传》，第10011页。

③ 《宋史》卷三〇二《吕景初传》，第10020页。

④ 《宋史》卷二五八《曹玮传》，第8984—8985页。

⑤ （宋）苏轼：《东坡全集》卷八七《富郑公神道碑》，文渊阁四库全书电子版。

然指的是"宋朝"直接控制的范围,具有政治组织的意味,而不再仅仅是表示地域,大致可以理解为是正统王朝所控制地域之上的"国"。这一用法在北宋与辽和西夏交往的语境中表达得更为明确,如《宋史·孔道辅传》载:"道辅正色曰:'中国与北朝通好,以礼文相接。今俳优之徒,慢侮先圣而不之禁,北朝之过也。道辅何谢!'契丹君臣默然,又酌大卮谓曰:'方天寒,饮此,可以致和气。'道辅曰:'不和,固无害。'既还,言者以为生事,且开争端。仁宗问其故,对曰:'契丹比为黑水所破,势甚蹙。平时汉使至契丹,辄为所侮,若不较,恐益慢中国。'帝然之。"① 此处"中国"与"北朝"相对,"北朝"指的是"辽",所以"中国"一词必然不单纯是一个地理名词,而指的是与"辽"相对的"宋",因此"中国"一词具有了政治组织的意味。类似的还有以下几个例子。

《宋史·富弼传》载:"弼曰:'……澶渊之役,苟从诸将言,北兵无得脱者。且北朝与中国通好,则人主专其利,而臣下无获;若用兵,则利归臣下,而人主任其祸。故劝用兵者,皆为身谋耳。'契丹主惊曰:'何谓也?'弼曰:'晋高祖欺天叛君,末帝昏乱,土宇狭小,上下离叛,故契丹全师独克,然壮士健马物故太半。今中国提封万里,精兵百万,法令修明,上下一心,北朝欲用兵,能保其必胜乎?'"②

《宋史·陈亮传》载:"然契丹遂得以猖狂恣睢,与中国抗衡,俨然为南北两朝,而头目手足浑然无别。微澶渊一战,则中国之势浸微,根本虽厚而不可立矣。故庆历增币之事,富弼以为朝廷之大耻,而终身不敢自论其劳。盖契丹征令,是主上之操也;天子供贡,是臣下之礼也。

---

① 《宋史》卷二九七《孔道辅传》,9884 页。
② 《宋史》卷三一三《富弼传》,第 10251 页。

契丹之所以卒胜中国者,其积有渐也。立国之初,其势固必至此。故我祖宗常严庙堂而尊大臣,宽郡县而重守令。于文法之内,未尝折困天下之富商巨室;于格律之外,有以容奖天下之英伟奇杰,皆所以助立国之势,而为不虞之备也。庆历诸臣亦尝愤中国之势不振矣……"①

对于辽而言,北宋为"南朝",有时辽也将北宋称为"中国",如《宋史·范祖禹传》载:"乃至辽主亦戒其臣勿生事曰:'南朝专行仁宗之政矣。'外夷之情如此,中国之人心可知。"②《宋史·任伯雨传》记:"臣闻北使言,去年辽主方食,闻中国黜惇,放箸而起,称甚善者再,谓南朝错用此人。"③《宋史·韩忠彦传》载:"朝廷以夏人囚废其主秉常,用兵西方,既下米脂等城寨数十,夏人求救于辽,辽人移书继至。会遣使贺辽主生辰,神宗以命忠彦,遂以给事中奉使。辽遣赵资睦迓之,语及西事,忠彦曰:'此小役也,何问为?'辽主使其臣王言敷燕于馆,言敷问:'夏国胡罪,而中国兵不解?无失两朝之欢,则善矣。'"④

不过,虽然"中国"与夏(国)、辽(国)等都为"国",但在宋人眼中它们是不平等的,如文彦博在《论夏国册命》(熙宁元年)中所论述的:"自古外国必须中国册命者,方可取重于诸番。"⑤

所以,总体而言,北宋时期,受到北宋实际控制范围的影响,"政治中国"基本近似于"九州",与"地理中国"在地理范围上近似,因此这两个含义在一些语境中也就难以厘清。

最后需要提到的就是,宋代"中国"一词指代"北方地区"的传统

① 《宋史》卷四三六《陈亮传》,第 12934 页。
② 《宋史》卷三三七《范祖禹传》,第 10798 页。
③ 《宋史》卷三四五《任伯雨传》,第 10965 页。
④ 《宋史》卷三一二《韩忠彦传》,第 10230 页。
⑤ (宋)文彦博:《潞公文集》卷一八《论夏国册命》(熙宁元年),嘉靖五年王溱刻本,日本东洋文化研究所馆藏。

用法并没有消失，依然存在于文献中，如刘敞《送王舒序》中记："由中国入扬越，五千余里，其地隘绝，号为一人守险，万人莫攻，盖自秦汉乱时则然。"[①] 其中"扬越"与"中国"对。类似的还有同书卷四一《巷议》载："或劝上避之秣陵，或劝上避之蜀汉。然莱公扣马抗辞，发愤慷慨，以谓弃中国而去，则河北、山东非朝廷所有，废兴之功，危于累卵矣……然元昊叛不能诛也，日蹙国百里。方莱公之时，贼兵深侵，河北再三欲亡，大臣怀异谋，请弃中国，京师可谓危急矣。"[②] 蔡襄《荔枝谱》中记："第一，荔枝之于天下，唯闽、粤、南粤、巴、蜀有之。汉初，南粤王尉佗以之备方物，于是始通中国。"[③] 类似的还有《宋史·河渠志》载："……唯汴水横亘中国，首承大河，漕引江、湖，利尽南海，半天下之财赋，并山泽之百货，悉由此路而进……"[④]《宋史·兵志五》记："熙宁中，王安石言：'……至于二广尤不可缓。今中国募禁军往戍南方，多死，害于仁政……'"[⑤]《宋史·南汉刘氏世家》载"今荆湘以南、庸蜀之地，皆是便山水、习险阻之民，不动中国之兵，精卒已逾于十万矣"[⑥]，等等。

南宋时期更是如此，具体可以参见后文的讨论，这里仅举几例，如翟汝文《应诏条具敌退上封事》中载："昔西晋之乱，元帝建都江左，复兴晋祚，虽苻坚、石勒数雄之强，不能睥睨。以守长江设险之固，用一时人物之杰，故能保有疆土，传祚累世。自金人渡江饮马以至于海，

---

① （宋）刘敞：《公是集》卷三五《送王舒序》，线装书局，2004，第621页。
② （宋）刘敞：《公是集》卷四一《巷议》，第678页。
③ （宋）蔡襄：《端明集》卷三五《荔枝谱》，文渊阁四库全书电子版。
④ 《宋史》卷九三《河渠志·汴河下》，第2321页。
⑤ 《宋史》卷一九一《兵志五》，第4746页。
⑥ 《宋史》卷四八一《南汉刘氏世家》，第13923页。

蹂躏中国,肆意所欲,乘舆远狩,越在裔土,虽西晋永嘉之祸不至于此。"①这里的"中国"显然指的是北方地区。陈亮在《戊申再上孝宗皇帝书》中论述道:"天岂使南方自限于一方之表,而不使与中国而为一哉!江旁极目千里,固将使谋夫、勇士得以展布四体,以与中国争衡者也。"②这也是南宋人的看法,其中"中国"与"南方"相对。

在文献中,我们还可以看到一些被宋人认为不属于"中国"的区域,如《宋史·高宗本纪四》载:"甲戌,禁掠卖生口入蛮夷溪峒及以铜钱出中国。"③《宋史·兵志五》记:"安石对曰:'刚克柔克,所用有宜。王韶以为先以恩信结纳其人,有强梗不服者,乃以杀伐加之。大抵蕃部之情,视西夏与中国强弱为向背。若中国形势强,附中国为利……又稍以恩信收蕃部,则中国形势愈强,恐不假杀伐,而所附蕃部自可制使。'"④同卷又载:"且诸路蕃官,不问官职高卑,例在汉官之下,所以尊中国,制远人也。"⑤另外《太平寰宇记》卷一七八《徼内南蛮序》载:"三代之后,中国之化,极于五岭,自是而西,故南蛮之居中国者众。春秋之时,楚之群蛮、百濮固常为患。自秦、汉之后,渐为郡县,而黔中、武陵、夜郎、沅中不能无之。公孙述时,夜郎大姓为汉保境,后汉初从番禺江奉贡。建武中,武陵蛮率单程大寇郡县,汉将刘尚战败,数岁方平。顺帝时,武陵太守增其租赋,蛮又举众反,杀乡吏。东晋时,沅中蛮因刘、石乱后,渐徙于陆浑以南,遍满山谷。齐、宋以后,荆、雍二州各置校尉以抚宁之,群蛮酋帅互受南北朝封爵。至后魏末,暴患

① (宋)翟汝文:《忠惠集》卷七《应诏条具敌退上封事》,文渊阁四库全书电子版。
② (宋)陈亮:《龙川集》卷一《戊申再上孝宗皇帝书》,文渊阁四库全书电子版。
③ 《宋史》卷二七《高宗本纪四》,第508页。
④ 《宋史》卷一九一《兵志五》,第4758页。
⑤ 《宋史》卷一九一《兵志五》,第4761页。

滋甚，僭称侯王，屯居峡路，断绝行旅。周武帝遣陆腾大破之。其獠，初因蜀李势乱后，自蜀汉山谷出，侵扰郡县。至梁时，州郡每岁伐獠以利公私。及后周平梁、益，自尔遂同华人矣。其黔中东谢、西赵自古不臣中国，贞观以后，置羁縻州以领之。"①

大致而言，在宋人看来无论是"蕃部"还是"蛮夷嵊峒""徼内南蛮""黔中东谢、西赵"，都不属于"中国"，且这些地方从地域范围而言，基本属于"九州"或至少有一部分属于"九州"，因此在这些语境中，"中国"似乎还带有"文化"的含义，当然也可以认为这些地区在当时不属于"政治中国"。

最后，我们在文献中几乎看不到"辽""西夏"等自称"中国"的例子。少有提及的例子就是《辽史·刘辉传》记载："大安末，（刘辉）为太子洗马，上书言：'西边诸番为患，士卒远戍，中国之民疲于飞挽，非长久之策。为今之务，莫若城于盐泺，实以汉户，使耕田聚粮，以为西北之费。'"②但从其他材料来看，《辽史》中的"中国之民"或者"中国人"很可能指的是辽朝控制的燕云十六州以及来自北宋的"人"或者"民"，如《辽史·百官志三》载："辽有北面朝官矣，既得燕、代十有六州，乃用唐制，复设南面三省、六部、台、院、寺、监、诸卫、东宫之官。诚有志帝王之盛制，亦以招徕中国之人也。"③《辽史·地理志一》记："周广顺中，胡峤记曰：上京西楼，有邑屋市肆，交易无钱而用布。有绫锦诸工作、宦者、翰林、伎术、教坊、角抵、儒、僧尼、道士。中国人并、汾、幽、蓟为多。"④《辽史·张砺传》载："从太宗伐

① （宋）乐史：《太平寰宇记》卷一七八《徼内南蛮序》，第3394—3395页。
② 《辽史》卷一〇四《刘辉传》，第1455页。
③ 《辽史》卷四七《百官志三》，第772页。
④ 《辽史》卷三七《地理志一》，第441页。

晋。入汴，诸将萧翰、耶律郎五、麻答辈肆杀掠，砺奏曰：'今大辽始得中国，宜以中国人治之，不可专用国人及左右近习。'"①因此，并不能简单地认为《辽史·刘辉传》中的"中国之民"就是指所有"辽人"，并进而认为这段文字中的"中国"指的就是"辽"，其很可能指的是辽朝控制的燕云十六州以及来自北宋的"人"或者"民"。

唯一一次可能有此意味的论述来自刻于辽天祚帝天庆八年（1118）的《鲜演大师墓碑》，其中记"由是，高丽外邦，僧统倾心；大辽中国，师徒翘首"，②但这时已经是辽朝末期。且即使如此，这也是辽人自己的认知，无论是从"政治中国"，还是从"地理中国"和"文化中国"的角度，都不可能得到北宋的承认，且在文献中也未曾看到北宋将辽称为"中国"的情况。

五　南宋和金时期的"中国"

南宋和金并立，形势颇类似于魏晋南北朝，但此时"中国"的含义已经与魏晋南北朝不同，尤其是"政治中国"的产生，以及"地理中国"范围的扩展，使这一时期"中国"一词的含义颇为复杂。

首先是原本指代北方地区的"（地理）中国"一词传统含义的复兴。除了前文举出的几个例子外，还有以下一些例子。

吕颐浩在《论机会不可失》中记述："去岁九月，直趋淮甸，我师累捷，金人顿兵百余日，师老粮匮，无所得而遁，则情见势屈可知矣。

---

① 《辽史》卷七六《张砺传》，第1252页。

② 向南：《辽代石刻文编》，河北教育出版社，1995，第668页。

夫侵陵中国如此之久，侮嫚如此之甚，今王师已振，敌众向衰，若不发兵攻击，则终无讨伐之期矣。或曰：'得汴京而未能守，何益于事。'臣对曰：'不然，昔汉高祖入关，约法三章，除秦烦苛之令，民心归之。项羽虽以其地析为三秦，徙高祖于汉中，然关中之地终为汉有，因之以取天下。况此举必可以擒刘豫，平僭伪，使中原之民知神器不可以非望得，又可以示我宋不忘中国土地人民之意。'"①

王洋在《遏敌之策》中论述："臣闻中国之于外夷，未易以力胜也，能使外夷之人自相攻讨，则敌寇可遏矣。西汉之属国都护，东京之南单于，与唐回鹘之师，皆此道也。金人用兵以来七年于兹，而四夷之兵未闻效顺，敌兵以是日炽，中国以是日陵，御遏之术未见其善，必能合群夷之情，捍强梁之势，然后外寇可殄，中国可安。或曰：'中国之使外夷，外夷之事中国，各有常势，胡可强议。今中国之势既陵，外夷之势方盛，安能间激使相战争？'臣曰：'不然。今者中国之财货、子女、奇技、珍巧，金人奄取而尽有之，固诸国之所欲也。使诸夷取之之谋利，则中国唊之之术行。况今四夷诸国一介未通，在此者既不示以抚安之情，在彼者安知其无向化之意。臣谓宜常遣单使，屡持尺书，使知中国之势尚可振起。若诸国有能助顺，则金人行可破之……'"②这段文字中的几处"中国"的含义实际上并不一致，其中"今者中国之财货、子女、奇技、珍巧，金人奄取而尽有之"中的"中国"大致应当指的是"北方地区"，而其他句子中的"中国"既可以指"文化中国"，也可以指"政治中国"。

綦崇礼在《抚谕敕书》中论述道："敕李横等，朕淹泪南邦，顾瞻

①　（宋）吕颐浩：《忠穆集》卷二《论机会不可失》，线装书局，2004，第747页。

②　（宋）王洋：《东牟集》卷十《遏敌之策》，文渊阁四库全书电子版。

中国神都旧宅……"①在《论王霸从光武渡滹沱河事》中记述说:"伏望陛下兢兢业业,虽休勿休,惩此多艰,思雪大耻,所期戡定中国,迎还两宫,尽复圣朝之旧,传嗣无穷,此臣区区效忠之至愿,陛下所当念兹而不释者也。"②

苏籀在《进取》中感叹道:"呜呼,使金割据如石勒,魏太武当且以中国委之。今金人无居于中国之理,徒使小丑滔天,何可置也……"③

《三朝北盟会编》卷一九〇载"虏乱中国(四库本'金人据中国')且一纪矣"。④

《金史》中也有这样的例子,如卷一八《哀宗本纪下》:"赞曰:金之初兴,天下莫强焉。太祖、太宗威制中国,大概欲效辽初故事,立楚、立齐,委而去之,宋人不竞,遂失故物。熙宗、海陵济以虐政,中原觖望,金事几去。"⑤

此外,在非政治的语境下,"中国"一词传统的含义,即指"北方地区"的用法也依然存在,如项安世在《项氏家说》卷七《论鬼神》中记述:"凡言怪神者,中国少而荆越多,城市少而村野多,衣冠少而小民多,富室少而贫民多,主人少而童仆多,男子少而妇女多,昼日少而暮夜多,月夜少而晦夜多,盖非愚则暗也。"⑥

此外,在宋人追溯同样"夷狄"占据北方,而"正统"居于南方的魏晋南北朝历史时,也将"中国"一词的地理范围限定于北方。虽然从

---

① (宋)綦崇礼:《北海集》卷一六,文渊阁四库全书电子版。

② (宋)綦崇礼:《北海集》卷二〇。

③ (宋)苏籀:《双溪集》卷十《进取》,文渊阁四库全书电子版。

④ (宋)徐梦莘:《三朝北盟会编》卷一九〇,第1369页。

⑤ 《金史》卷一八《哀宗本纪下》,中华书局,1975,第403页。

⑥ (宋)项安世:《项氏家说》卷七《论鬼神》,文渊阁四库全书电子版。

前文的分析来看，这是对魏晋南北朝时期"中国"认知的如实"陈述"，但同样也可以认为这是宋人在面对相近的历史形势时，做出的近似的反应，及由此确立恢复"中国"或者原有疆域的愿望。

如李焘撰《六朝通鉴博议》卷四载："臣焘曰：晋之与五胡争者，吾中国之境土尔。一传国玺，何足云哉……使晋之君臣其心愧耻，以五胡未灭为忧，以境土未复为念，枕戈尝胆，不忘于袭仇，则中兴之功，虽光武、宪宗不能专其美矣。"①

史温在《钓矶立谈》中记述："叟尝笑诸葛孔明，号称王佐才，然不知地小人单，穷兵不休，两川之人，坐是不聊生。忠则忠矣，安所事智。今江南壤毛瘠薄，土泉不深，其人轻狡剽悍，不能耐久，非中国之敌也。自有宇宙以来，未有偏据而可以成大功者。"②

王安石在《上仁宗皇帝言事书》中感叹道："昔晋武帝趣过目前，而不为子孙长远之谋。当时在位，亦皆偷合苟容，而风俗荡然，弃礼义、捐法制，上下同失，莫以为非，有识固知其将必乱矣。而其后果海内大扰，中国困于兵革者二百余年。"③

王应麟在《通鉴地理通释》卷二《后魏州郡》中记述：《地形志》州百十有一，郡五百十九，县千三百五十二。刘氏曰：拓跋氏乘后燕之衰，蚕食并、冀三十余年，而中国略定，迁洛之后，稍用夏礼。"④

《景定建康志》卷一六《疆域志二·街巷》中记："考证：《世说》曰：宣武出镇南州，谓王东亭曰：'丞相初营建业，无所因承，而置制

---

① （宋）李焘：《六朝通鉴博议》卷四，文渊阁四库全书电子版。
② （宋）史温：《钓矶立谈》，傅璇宗等主编《五代史书汇编》，杭州出版社，2004，第5008页。
③ （宋）王安石：《临川文集》卷三九《上仁宗皇帝言事书》。
④ （宋）王应麟：《通鉴地理通释》卷二《后魏州郡》，文渊阁四库全书电子版。

纤曲，方此为劣'。东亭曰：'此丞相乃所以为巧也。江左地促，不如中国，若使阡陌条畅，则一览而尽，故纤余委曲，若不可测。'"[1]

《景定建康志》卷三三《文籍志一·书籍》载："祭酒孔维上言：其书来自南朝，不可按据章，下有司检讨。杜镐引正观四年敕，以经籍讹舛，盖由五胡之乱，天下学士率多南迁，中国经术浸微之致也。今后并以六朝旧本为正，持以诘维，维不能对。"[2]

当然，也存在宋人通过赋予南朝以"文化中国"从而确立南朝的正统性，并进而论证南宋的正统性以及可以号称"中国"的论述，如李焘在《六朝通鉴博议》卷一中论述："夫东晋、宋、齐、梁、陈之君，虽居江南，中国也。五胡、元魏，虽处神州，夷狄也。其事又与孙、曹不同，故五胡之盛无如苻坚，其臣之贤则有王猛，元魏之强无如佛狸，其臣之贤则有崔浩。王猛丁宁垂死之言，以江南正朔相承，劝苻坚不宜图晋；崔指南方为衣冠所在，历事两朝，常不愿南伐。苻坚违王猛之戒，故有淝水之奔；佛狸忽崔浩之谋，故有盱眙之辱。虽江南之险，兵不可攻，而天意佑华，亦不可以厚诬。其实况以神圣文武之德，皇天眷命，奄有四海，为天下君，合蜀吴之全力以恢复中原，为不难矣。"[3]

类似的例子还有陈亮在《上孝宗皇帝第一书》中论述："臣窃惟中国天地之正气也，天命之所钟也，人心之所会也，衣冠礼乐之所萃也，百代帝王之所以相承也。虽挈中国衣冠、礼乐而寓之偏方，天命、人心犹有所系，岂以是为可久安而无事也？使其君臣上下苟一朝之安，而息

---

[1]　《景定建康志》卷一六《疆域志二·街巷》，《宋元方志丛刊》第二册，中华书局，1989年，第1531—1532页。

[2]　《景定建康志》卷三三《文籍志一·书籍》，第1884页。

[3]　（宋）李焘撰《六朝通鉴博议》卷一。

心于一隅，凡其志虑之经营，一切置中国于度外，如元气偏注一肢，其他肢体往往萎枯而不自觉矣。则其所谓一肢者，又何恃而能久存哉？天地之正气郁遏而久不得骋，必将有所发泄，而天命人心固非偏方之所可久系也。东晋自元帝，息心于一隅，中国无岁不寻干戈。然渊、勒遂无遗种，而愍、怀之痛犹有所诿以安也……而桓温之师，西至灞上，东至枋头，又于其间修陵寝于洛阳，盖犹未尽置中国于度外也。故刘裕竟能一平河洛，而后晋亡百年之间其事既已如此，而天地之正气固将有所发泄矣。元魏起而承之，孝文遂定都洛阳，以修中国之衣冠、礼乐，而江左衣冠、礼乐之旧非复天命、人心之所系矣。是以一天下者，卒在西北，而不在东南，天人之际，岂不甚可畏哉。"①

《三朝北盟会编》卷二九载："云北边种落得中原地，无如拓跋魏，然自拓跋南侵，改为元魏，百有余年。当时所立君长，犹中国之人也，用中国之礼乐、中国之法度、中国之衣服，故中国之人亦安之。今大金岂可以拓跋魏为比？"②这段文字的言外之意就是，北魏用"中国"礼法，因此可以被视为"中国"，而"大金"则不是，因此不属于"中国"，那么礼仪所在的"文化中国"必然就是南宋了。

还有《景定建康志》卷一五《疆域志一》载："晋元渡江，实为王畿，宋、齐、梁、陈因以有国，其间从事河洛，规取中原，几致混一，累朝衣冠、礼乐，号为中国正统。"③

还有更为直接的表达，如陆九渊的论述："圣人贵中国贱夷狄，非私中国也。中国得天地中和之气，固礼义之所在。贵中国者，非贵中国

---

①　（宋）陈亮：《龙川集》卷一《上孝宗皇帝第一书》。

②　（宋）徐梦莘：《三朝北盟会编》卷二九，第213页。

③　《景定建康志》卷一五《疆域志一》，第1518页。

也，贵礼义也。虽更衰乱，先王之典刑犹存，流风遗俗，未尽泯然也。夷狄盛强，吞并小国，将乘其气力以凭陵诸夏，是礼义将无所措矣，此圣人之大忧也。楚人灭弦、灭黄、灭江、灭六、灭庸，至是又灭舒、蓼，圣人悉书不置，其所以望中国者切矣。"①

不仅"文化"上如此，政治层面也是如此，在一些论述中，我们可以看到，南宋自称为"中国"的情况。

如《宋史·岳飞传》载"飞数见帝，论恢复之略。又手疏言：'金人所以立刘豫于河南，盖欲荼毒中原，以中国攻中国……'"②《建炎以来系年要录》卷一〇八载："其所以立豫之意，非唯使我中国自相屠戮，亦欲为其藩篱。今闻车驾进跸建康，有北向之意，若渐逼中原，豫贼难立……"③岳飞在《乞出师札》中议论道："臣揣敌情所以立刘豫于河南，而付之齐、秦之地，盖欲荼毒中原生灵，以中国而攻中国，尼堪因得休兵养马，观衅乘隙，包藏不浅……"④这三段文字都将刘豫的伪齐和南宋并称为"中国"，而将金朝排除在外，从两"中国"并称可知这里的"中国"应当不是"地理中国"，而是"政治中国"。

此外，《三朝北盟会编》卷一七五载："臣愚以谓张将之兵，既置司建康，自可分屯江浙，屏蔽行阙，力已有余。况二将若在淮南，篱藩可谓深固（四库本'可卫中国'），若谓不欲致疑，金人彼既举兵，我则移屯有名。"⑤李弥逊《户部侍郎转对札子》载："今黠寇留屯中原，资粮畿

① （宋）陆九渊：《象山集》卷二三，文渊阁四库全书电子版。

② 《宋史》卷三六五《岳飞传》，第 11386 页。

③ （宋）李心传：《建炎以来系年要录》卷一〇八，中华书局，1956，第 1751 页。

④ （宋）岳飞：《岳武穆遗文》，文渊阁四库全书电子版。

⑤ （宋）徐梦莘：《三朝北盟会编》卷一七五，第 1268 页。

甸，分兵淮泗，观时伺衅，窥我中国，其志甚大，未肯轻举。"①还有刘
爚的议论，即："臣窃惟今日北国有必亡之势三，可为中国忧者二。盖
自有天地以来，北方盛衰不常，然未有昌炽百年而无变者也。女真据
有中原九十载矣，自其立国，惟以刑威杀戮，劫制上下，非有欢心悦
服之素也，持此而欲久存，虽秦隋不能，况区区强悍之女真乎？此其
必亡者一……今之议者大抵以为北国之衰，乃中国之利。"②以及员兴宗
在《恤归附札子》中的论述："诚以吾宋有大义，中国有至仁，北方将士
乐归陛下之德化也，臣前自上流过松江诸郡，归正之士往往而见……"③
《宋史·李纲传上》载："因奏曰：'金人不道，专以诈谋取胜，中国不
悟，一切堕其计中。'"④这些都是南宋自称"中国"的例证。

当然，南宋确立"正统性"的方式不止如此，对此可以参见黄纯艳
在《绝对理念与弹性标准：宋朝政治场域对"华夷""中国"观念的运
用》中的讨论。⑤

不仅如此，我们还可以看到南宋将"政治中国"固化为一种地理
范围固定的政治组织即"国"的现象，即王朝疆域有盈缩，但"政治中
国"的范围则是不变的。虽然南宋的文献中没有其范围的具体描述，但
从后文所举例子来看，其必然要比"中原"广泛，且结合隋唐以后的情
况来看，应相当于"九州"，或者与此近似。

如陈东在《上高宗皇帝第二书》中论述：

---

① （宋）李弥逊：《筠溪集》卷二《户部侍郎转对札子》，文渊阁四库全书电子版。

② （宋）刘爚：《云庄集》卷一七，文渊阁四库全书电子版。

③ （宋）员兴宗：《九华集》卷五《恤归附札子》，文渊阁四库全书电子版。

④ 《宋史》卷三五八《李纲传上》，第 11250 页。

⑤ 黄纯艳：《绝对理念与弹性标准：宋朝政治场域对"华夷""中国"观念的运
用》，《南国学术》2019 年第 2 期。

　　臣在外方闻之道路，其言皆谓朝廷大臣力请陛下迁都金陵，有识之士莫不忧骇，谓：中国者必据中原，然后乃能经制万国，号令天下。自古以来，帝王兴起，无舍中原能立国者。金陵之邦，本荆楚地，后世偏霸，势不得已，或遂都焉。西晋板荡，河洛沦没，琅琊王者，宗室疏属，用王导计，移镇江表，愍帝既崩，因而就立，是为元帝，初非特地迁宅于此。自时厥后，中原之地乃为盗有，刘、石、慕容攘夺僭伪。宋、齐、梁、陈，终不得复。晋之东初，席未暇暖，遽有王敦起而为乱，元帝乃欲归避琅琊，明帝英武，克清大憝。未几，苏峻复起，历归成康哀穆，浸以衰削，宗庙血食，虽已百年，子孙享国，类皆不久。刘裕、二萧，以及陈氏，其创立也亦必艰矣。子孙不能长保宗庙社稷，岂数君者一无长策贻厥后人？盖以金陵地薄势孤，山川迫蹙，不拔之基此非其所。矧今二圣北狩未回，宗庙在京，陵寝在洛，陛下若听左右之言，迁都江左，即是陛下远弃父兄，远弃宗庙，远弃陵寝，为自安计。臣窃妄意，劝陛下者，必皆东南之人，意在自便坟墓之奉、俯仰之养，不为国家长久之策，陷陛下于不孝、不弟。臣尝闻之，在真宗时，契丹入寇，直至澶渊，势已迫近。当时大臣有劝幸蜀，亦有劝幸江南者，皆是怀土自便之计。宰相寇准独请亲征，真宗皇帝深烛厥理，遂从其请，车驾既至，登城抚军，军威大振，射杀契丹主帅达兰，遂大破之，自是契丹百五十年不敢南向，盖得真皇亲征之力。臣愿陛下决意亲征，亦用寇准已试之效，如臣之末学，智略疏浅，岂敢不揆自方前哲。惟是陛下聪明英睿，真可勉力以继祖宗，金人二帅亦达兰耳，何足道哉！①

---

① （宋）陈东：《少阳集》卷三《上高宗皇帝第二书》，文渊阁四库全书电子版。

　　由此我们可以认为，在陈东看来，"中原"虽是"中国"不可缺少的一部分，但"中国"是超越"中原"的存在，且是正统王朝统治"天下"的合法性来源，即"中国者必据中原，然后乃能经制万国"，但这一对"政治中国"地理范围的论述显然是为南宋恢复中原营造理论基础。

　　综上，我们看到在南宋这种"中国"与"夷狄"关系混乱的时期，南宋人心目中"中国"一词的含义变得更为多元。首先，随着中原的沦丧，"地理中国"原本已经使用不多的"中原"（北方地区）的含义复兴。其次，"文化中国"和"政治中国"都缩减到了南方，宋人从而通过将占据"中原"（北方地区）的金贬低为"夷狄"，以确立南宋在政治和文化上的优越性，也就造成在某些语境下，难以识别其中的"中国"是偏向于文化还是政治，抑或两者皆有，如虞俦在《上时政阙失札子》中的论述"臣闻中国者，阳也；外敌者，阴也。自古外敌之强弱，常系中国之盛衰。今国家南渡，甲子已逾一周，敌运将终，朝野咸意中原可复"。[1] 最后，在某些场合，南宋沿用了北宋时期"政治中国"的空间范围，即相当于"九州"的含义，但在这一语境中强调"中原"的重要性，可能也是在为恢复"中原"提供理论支撑。

　　当然，文献中也存在金朝自称"中国"的例子，《金史·海陵嫡母徒单氏列传》载："太后与师恭语久之。大概言'国家世居上京，既徙中都，又自中都至汴，今又兴兵涉江、淮伐宋，疲弊中国，我尝谏止之，不见听。契丹事复如此，奈何'。福娘以告海陵……"[2]《金史·李石传》："石与丞相纥石烈良弼皆曰：'不可。古筑长城备北，徒耗民力，

---

① （宋）虞俦：《尊白堂集》卷六《上时政阙失札子》，文渊阁四库全书电子版。
② 《金史》卷六三《海陵嫡母徒单氏列传》，第1506页。

无益于事。北俗无定居，出没不常，惟当以德柔之。若徒深堑，必当置戍，而塞北多风沙，曾未期年，堑已平矣。不可疲中国有用之力，为此无益。'议遂寝。"①《金史·梁珫传》载："议者言珫与宋通谋，劝帝伐宋，征天下兵以疲敝中国。"②《金史·独吉思忠传》载："思忠曰：'宋虽羁栖江表，未尝一日忘中国，但力不足耳。'"③但上述文献中的"中国"一词，解释为传统的代表"北方地区"的"地理中国"似乎也是可以的。另外，根据研究，金人自称"中国"可能始于金熙宗时期，而广泛自称"中国"则应当始于海陵王时期，④而这两个时期金朝统治者推行汉化都比较积极，所以这很可能与金朝试图与宋朝争夺政治和文化上的"正统"有关，那么就现有文献而言，宋朝没有将金朝称为"中国"也是完全可以理解的。不过，元人编纂的《金史·外国传》中没有出现"中国"一词，基于本章小结得出的结论，似乎也就显示出在元人心目中，金朝确实不被认为是"中国"。

六　元时期的"中国"

元在吞灭南宋之前就已经开始自称"中国"，且在与南宋有关的语境中，这一用法应当具有"政治中国"的意味，如《历代名臣奏议》卷三三九载："中统元年六月，郝经备御奏目曰：……臣又切见江上退师以

---

① 《金史》卷八六《李石传》，第 1915 页。

② 《金史》卷一三一《梁珫传》，第 2808 页。

③ 《金史》卷九三《独吉思忠传》，第 2064 页。

④ 赵永春、马溢澳：《金人自称"中国"的阶段性特点及其发展进程》，《黑龙江社会科学》2017 年第 2 期。

来，宋人颇有轻中国之心。"[1]刘因在《渡江赋》中记："彼留我奉使，仇我大邦，使天下英雄请缨破浪，虎视长江，亦有年矣。今元将启，宋将危，我中国将合，我信使将归应天顺人，有征无战，五也。"[2]甚至在元人追溯元与南宋对立的历史时，依然这样使用，如黎崱在《安南志略》卷五《张尚书立道显卿与世子书》中记述："倘大国军临，小国固守疆场，失而不返，国人必弃土地而居海隅，虽生何异于死，虽存何异于亡哉！海隅之险，不可依者一也。江南四百余州，不能当中国之一锋。安南与江南，众寡何若？焉能以拒上国乎？"[3]

　　不过，传统"地理中国"即指称北方地区的用法在这一时期也仍被使用，如郝经在《与北平王子正先生论道学书》中载："宋氏者，百有余年，今其书自江、汉至中国，学者往往以道学自名，异日祸天下，必有甚于宋氏者。"[4]郑元佑在《元故昭文馆大学士荣禄大夫知秘书监镇太史院司天台事赠推诚赞治功臣银青荣禄大夫大司徒上柱国追封申国公谥文懿汤阴岳铉字周臣第二行状》中记述："时北南阻修，国家起翔漠，戡金定中国，书籍经丧乱，其得见者盖甚寡。"[5]此外，苏天爵在《书黄提学赠孔世川序后》中论及"昔者，国家初定中国，而孔子五十一世孙金奉常袭封衍圣公，抱礼乐之器来归，文治由是兴焉"。[6]而孔子五十一世孙投靠元朝是在元灭金之后。所以，总体而言，这些段落中的"中国"一

---

[1]　（明）杨士奇等编《历代名臣奏议》卷三三九《御边》。

[2]　（元）刘因：《静修集·续集》卷二《渡江赋》，文渊阁四库全书电子版。

[3]　〔越〕黎崱：《安南志略》卷五《张尚书立道显卿与世子书》，中华书局，2000，第106页。

[4]　（元）郝经：《陵川集》卷二三《与北平王子正先生论道学书》，文渊阁四库全书电子版。

[5]　（元）郑元佑：《侨吴集》卷一二《元故昭文馆大学士荣禄大夫知秘书监镇太史院司天台事赠推诚赞治功臣银青荣禄大夫大司徒上柱国追封申国公谥文懿汤阴岳铉字周臣第二行状》，文渊阁四库全书电子版。

[6]　（元）苏天爵：《滋溪文稿》卷二九《书黄提学赠孔世川序后》。

词更应当被解释为"地理中国",且指的是北方地区,解释为"政治中国"则有些勉强。

元朝攻灭南宋之后,传统的指称"北方地区"的"地理中国"的用法逐渐不多见,这一时期的"地理中国"大都指的是"九州"。

如《历代名臣奏议》卷一九五载:"且中国九州地逾万里,名山大川之所出,日异月新而以亿计。谨按夏禹任土作贡之物,冀州尧都有供无贡……此九州之力,亦足以尽国家之所用矣。夫古天下今天下一也,岂以古之中国有其物而今独无之,须待求诸他国而后可以充其用哉。"① 此处"中国"与"九州"并列。

金履祥在《中国山水总说》中论述:"天地常形,固相为勾连贯通,然其条理亦各有脉络。自昆仑而东北言之,则自积石而北为湟水、星海、青海以至浩亹,皆河源也;入匈奴以东为阴山,又东南自代北云、朔分而南,趋为北岳,以至太行,是为河北之脊;壶口、雷首、太岳、析城、王屋,皆其群峰;河之析而南,汾、晋诸水之所以西入河,涿、易、滱、漳、恒、卫之所以东入海也;分而东趋者,行幽、燕之北,为五关之险,以至营、平而碣石,此北络也。自昆仑以东言之,则自西倾而洮水出其北,入河;桓水出其南,入江;又东为朱圉、鸟鼠、诸陇,则为渭之源;自渭源以北,即夹河源而北以东,若岍、岐,若荆山诸峰,泾水、漆、沮诸源也;自渭以南,即西倾,而下诸峰亘为终南,屹为太华;东北为崤、陕,东南为熊耳、外方、嵩高、伊、涪之源;又南为桐柏、淮源,以达于淮西诸山,此中络也。又自西倾、朱圉而南,分是为嶓冢,汉源,夹汉而趋者,北即终南、华、熊、诸陇,南则蜀东诸峰;说者谓蜀东诸山皆嶓冢,正谓其冈岫绵亘耳;又东南言之,是为

---

① (明)杨士奇等编《历代名臣奏议》卷一九五《戒逸欲》。

岷山江源，夹江而东者，北支即西倾以南，嶓冢以西之脉，为恒水、西汉水，如陵江诸源；其南支，即南趋为蒙、蔡诸山，青衣、大渡、马湖江诸源；又东包涪、黔一盘，而北为三峡，其出者包络九江之源，中盘中为衡山，其再盘而北为庐、阜，其岭之东出者，又为袁、吉、章、贡、盱、信诸江之源；至分水、鱼梁岭三盘而北趋，过新安，峙天目，尽升润，再盘之间，其水聚洞庭，三盘之间，其水聚为彭蠡，三盘以东则南为闽、浙，北为震泽，此南络也。惟泰山，则特起东方，横亘左右，以障中原，此所以为异欤。"① 就其中叙述的"中国山水"的范围而言，"中国"基本相当于"九州"。

与此同时，元代"政治中国"的用法依然存在，如《元史·铁木儿塔识传》载："俄有日本僧告其国遣人刺探国事者。铁木儿塔识曰：'刺探在敌国固有之，今六合一家，何以刺探为。设果有之，正可令睹中国之盛，归告其主，使知向化。'"②《元史·张立道传》记："遣使问罪，日烜拒使者不受命，遂遣将讨之，失利而还。帝怒，欲再发兵，丞相完泽、平章不忽木言：'蛮夷小邦，不足以劳中国……'"③《元史·申屠致远传》载："江南行省平章马合谋于商税外横加征取，忽辛籍乡民为匠户，转运使卢世荣榷茶牟利，致远并劾之。又言占城、日本，不可涉海远征，徒费中国……"④

且攻灭南宋之后，元人心目中"政治中国"的范围至少已包含宋、金曾经控制的范围，如苏天爵在《书吴子高诗稿后》中论述道："我国家平定中国，士踵金、宋余习，文辞率粗豪衰苶。涿郡卢公始以清新飘逸

---

① （元）金履祥：《仁山文集》卷三《中国山水总说》，文渊阁四库全书电子版。
② 《元史》卷一四〇《铁木儿塔识传》，第3373页。
③ 《元史》卷一六七《张立道传》，第3917页。
④ 《元史》卷一七〇《申屠致远传》，第3990页。

为之倡。"①元末汉人也持这样的认识,如《元史·顺帝本纪五》载:"福通与杜遵道、罗文素、盛文郁、王显忠、韩咬儿复鼓妖言,谓山童实宋徽宗八世孙,当为中国主。"②明初也是如此,如《明史·太祖本纪二》记:"又以捷奏多侈辞,谓宰相曰:'元主中国百年,朕与卿等父母皆赖其生养,奈何为此浮薄之言,亟改之。'"③当然,上述语境中的"中国"作为"政治中国"或"地理中国"(九州)都是说得通的,不过如果理解为"政治中国"的话,那么就说明元朝的"政治中国"指的并不是其直接控制的所有地理空间,而是将范围限定于"九州",这应当是延续了北宋以后的认知,由此一来,"政治中国"和"地理中国"在地理空间上也就是相近的。

此外,在元代,不仅"九州"之外或者王朝直接控制的地域之外不被称为"中国",而且元朝控制范围内的"蛮夷之地"也不被认为是"中国",如《元史·百官志七》记载:"征东等处行中书省。至元二十年,以征日本国,命高丽王置省,典军兴之务,师还而罢。大德三年,复立行省,以中国之法治之。"④也即元朝设立的"征东行省"不在"中国"的范围内。再如《元史·张庭瑞传》载:"惟正曰:'使者无过于君。'遂从数骑,抵羌界。羌陈兵以待,庭瑞进前语之曰:'杀人偿死,羌与中国之法同⋯⋯'"⑤《元史·谢让传》记:"时广西两江岑雄、黄圣许等,屡相仇杀,为边患。让谓:'此曹第可怀柔,不宜力竞,宽其法以羁縻之,使不至跳梁可也。若乃舍中国有用之民,争炎荒不毛之地,非

---

① (元)苏天爵:《滋溪文稿》卷二九《书吴子高诗稿后》。
② 《元史》卷四二《顺帝本纪五》,第891页。
③ 《明史》卷二《太祖本纪二》,第24页。
④ 《元史》卷九一《百官志七》,第2307页。
⑤ 《元史》卷一六七《张庭瑞传》,第3922页。

长策也。'"①《元史·归旸传》载："七年，迁右司都事。顺江酋长乐孙求内附，请立宣抚司，及置郡县一十三处，旸曰：'古人有言：鞭虽长，不及马腹。使郡县果设，有事不救，则孤来附之意，救之，则罢中国而事外夷……'"②此外，吴澄在《潮州路重修庙学记》中记述："二广，南服之极南也。三阳，又东广之极东也。古先声教之暨于其地也，盖不与中国同。然天之生斯民也，民之秉是性也，岂以地之远近偏正而有异哉。"③傅若金在《送熊立义游学庐陵然后北之京师序》中论述："又为之辞以助之曰：'九州，荆去中国诚远矣。昔者圣人之定土贡，未尝弃其风土所生之物焉，况士之有用于国者乎？'"④

由于元也是"蛮夷"入"中国"，因此元朝的士大夫也要为其统治合法性寻找法理依据，当然，这些依据必然来自儒家学说，大致就是认为"中国"在于道（德、善、礼等），而不在于"人"，典型如郝经在《时务》中的论述："汉之亡，天地无正气，天下无全才。及于晋氏，狙诈取而无君臣，淫间行而无父子，贼妒骄而夫妇废，骨肉逆而兄弟绝，致夷狄兵争，而汉之遗泽尽矣，中国遂亡也。故礼乐灭于秦，而中国亡于晋已矣乎！吾民遂不沾三代二汉之泽矣乎！虽然天无必与，惟善是与，民无必从，惟德之从。中国而既亡矣，岂必中国之人而后善治哉！圣人有云：夷而进于中国，则中国之，苟有善者，与之可也，从之可也，何有于中国于夷？故苻秦三十年而天下称治，元魏数世而四海几平。晋能取吴而不能遂守，隋能混一而不能再世，以是知天之所与不在

---

① 《元史》卷一七六《谢让传》，第4110页。

② 《元史》卷一八六《归旸传》，第4270页。

③ （元）吴澄：《吴文正集》卷三六《潮州路重修庙学记》，文渊阁四库全书电子版。

④ （元）傅若金：《傅与砺诗文集·文集》卷五《送熊立义游学庐陵然后北之京师序》，文渊阁四库全书电子版。

于地，而在于人，不在于人，而在于道，不在于道，而在于必行力为之而已矣！"①

再如许衡在《郡人何瑭题河内祠堂记》中论述："窃惟文正公道德功业万世尊仰，欧阳公所撰神道碑至矣，兹无以赘为也。独近世儒者谓：公，华人也，乃臣于元，非《春秋》内夏外夷之义，有害名教。搢绅之士间，有惑于其说者。瑭尝著论辨之。大略以为中夏、夷狄之名，不系其地与其类，惟其道而已矣。故《春秋》之法，中国而用夷礼则夷之，夷而进于中国则中国之……"② 其在《郑王稽古千文叙》又论述道："我皇祖清华夏，一中国，神功伟烈又高并唐虞之治矣！或曰：'鲁斋，仕元之非士。君子讥之以谓，出处既不可取，而政事著作亦不足取也，王何独取之，似近惑乎？'曰：'是安得而为惑也！夫乘桴于海者，圣人欲为也，九夷之居者，圣人欲为也，谓中国之无君也，夷狄据于华夏，孰不为耻？当是时，河北之地已为元有，而普天率土皆为臣民，不得不立朝行道以及斯民也。'"③

此外还有吴莱在《与傅嘉父书论杞》中的论述，即："《春秋》之法，中国而夷礼则夷之，夷而中国则中国之。"④ 杨奂在《正统八例总序》中的论述："公羊曰：录内而略外。舍刘宋取元魏，何也？痛诸夏之无主也，进于中国则中国之也。"⑤ 这样的论述在元人的文集中还有很多，在此不再一一列举。

总体而言，元朝统一之后，"政治中国"与"地理中国"在地理空

---

① （元）郝经：《陵川集》卷一九《时务》。

② （元）许衡：《鲁斋遗书》卷一四《郡人何瑭题河内祠堂记》，文渊阁四库全书电子版。

③ （元）许衡：《鲁斋遗书》卷一四《郑王稽古千文叙》。

④ （元）吴莱：《渊颖集》卷六《与傅嘉父书论杞》，文渊阁四库全书电子版。

⑤ （元）杨奂：《还山遗稿》卷上《正统八例总序》，文渊阁四库全书电子版。

间上基本达成了一致，而"文化中国"更多地强调的是"道"而不是"人"，简言之就是"中国而夷礼则夷之，夷而中国则中国之"，这也就为元朝的合法性提供了法理依据。

还需要注意的一点就是，由于"中国"一词政治和地理意味的混合，或者说在某些语境下，我们无法严格地识别出其是"政治中国"还是"地理中国"，就会对某些论述的理解产生歧义，如陈桱在《通鉴续编·书例》中论及："宋渡江而犹系之统，同于东晋也。元灭金、夏，有中国，而反系于宋，明天命之未绝也。"①郝经在《上宋主陈请归国万言书》中论述："太祖皇帝倡义漠北，一举而取燕、辽，再举而取河朔，又再举而灭西夏，遂乃掇拾秦、雍，倾覆汴、蔡，穿彻巴蜀，绕出大理，东西北皆际海，而南际江、淮，且自周、汉以来，雄肆劲猛，瞰临中国，况又如是之大且强乎？而其风俗淳厚，禁网疏略，号令简肃，是以夷夏之人，皆尽死力，委如所报，岂能一向即无君主，有中国以来才四十余年，岂能一向便至沦弃。金源氏既失燕秦，又弃河朔，限河以国，仅有河南一道，犹作一龟兹。贵朝不与之绝者殆二十年，本朝纵有一时之变，岂可遽为轻蔑而遂不与乎？无金源氏之世仇，有金源氏倍半之势，殆亦未可轻也。"②

如果将这两段文字中的"中国"理解为"地理中国"的话，可以认为王朝对于"中国"（地理）的占领是其获得合法性的来源，或者说"地理中国"在王朝控制的地域中具有特殊的重要地位。但如果将其中的"中国"理解为"政治中国"的话，那么虽然王朝可以更替，但"政治中国"作为地理空间上的一个"国"是"永恒"存在的，因此王朝对

---

① （元）陈桱：《通鉴续编·书例》，文渊阁四库全书电子版。
② （元）郝经：《陵川集》卷三九《上宋主陈请归国万言书》。

其的占有就是王朝获得合法性的来源，或者说其在王朝控制的地域中具有特殊的重要地位，这同样也可以说得通。对于后一种解释，后世存在更为直接的文献证据。当然，我们无法最终确定这些语境中"中国"一词的具体所指，甚至这两段文字的撰写者对于"中国"的认识可能都是含混的，这一方面说明"中国"一词含义的多元以及混杂，另一方面也说明，在很多语境中，"中国"一词多元的含义也都是适用的。我们现代人需要意识到，与今天"中国"一词有着明确的含义不同，古代"中国"一词的含义本身就是复杂的、含混的，因此，试图对一些语境中这一词语的含义给出一个明确的解释有时也是一种徒劳。

七 明时期的"中国"

明代文献中对于"中国"地理范围的直接描述并不多，但从各类文献中我们可以看出当时人认为的不属于"中国"的地域，也就可以勾勒出时人所认为的"中国"的范围。

1. 西番

如《明史·食货志四》载："三十年改设秦州茶马司于西宁，敕右军都督曰：'近者私茶出境，互市者少，马日贵而茶日贱，启番人玩侮之心。檄秦、蜀二府，发都司官军于松潘、碉门、黎、雅、河州、临洮及入西番关口外，巡禁私茶之出境者。'又遣驸马都尉谢达谕蜀王椿曰：'国家榷茶，本资易马。边吏失讥，私贩出境，惟易红缨杂物。使番人坐收其利，而马入中国者少，岂所以制戎狄哉！尔其谕布政司、都司，严为防禁，毋致失利。'当是时，帝绸缪边防，用茶易马，固番人心，且以强中国。尝谓户部尚书郁新：'用陕西、汉中茶三百万斤，可得马三万匹，四川松、茂茶如之。贩鬻之禁，不可不严。'"①《明史·食货志四》载："（嘉靖）十五年，御史刘良卿言：'律例："私茶出境与关隘失察者，并凌迟处死。"盖西陲藩篱，莫切于诸番。番人恃茶以生，故严法以禁之，易马以酬之，以制番人之死命，壮中国之藩篱，断匈奴之右臂，非可以常法论也……'"②《明史·西域传二》记："西番，即西羌，族种最多，自陕西历四川、云南西徼外皆是。其散处河、湟、洮、岷间者，为中国患尤剧。"③

2. 漠北、蒙古

如《明史·巴匝剌瓦尔密传》载："至正二十三年，明玉珍僭号于蜀，遣兵三道来攻，王走营金马山。明年以大理兵迎战，玉珍兵败退。久之，顺帝北去，大都不守，中国无元尺寸地，而王守云南自若，岁遣使自塞外达元帝行在，执臣节如故。"④《明史·金蒋信传》："正统中，封忠勇伯。从驾陷土木，也先使隶赛罕王帐下。信虽居朔漠，志常在中国。每诣上皇所恸哭，拥卫颇至。已，竟从驾还……"⑤《明史·满桂传》载："满桂，蒙古人，幼入中国，家宣府。"⑥

3. 云南

西南地区较为复杂，有些时候明人将"云南"与"中国"并列。如《明史·郭绪传》载："又旬日至孟赖，去金沙江仅二舍。手自为檄，使持过江，谕以朝廷招徕意。蛮人相顾惊曰：'中国使竟至此乎？'"⑦《明

① 《明史》卷八〇《食货志四》，第 1948 页。
② 《明史》卷八〇《食货志四》，第 1951 页。
③ 《明史》卷三三〇《西域传二》，第 8539 页。
④ 《明史》卷一二四《巴匝剌瓦尔密传》，第 3719 页。
⑤ 《明史》卷一五六《金蒋信传》，第 4274—4275 页。
⑥ 《明史》卷二七一《满桂传》，第 6957 页。
⑦ 《明史》卷一六五《郭绪传》，第 4475 页。

史·四川土司传》记："洪武十四年遣内臣赍敕谕乌蒙、乌撒诸部长曰：'西南诸部，自古及今，莫不朝贡中国。'"① 同卷又载："（洪武）十五年置东川、乌撒、乌蒙、芒部诸卫指挥使司，诏谕诸部人民。以云南已降附，宜益效顺中国，以享升平。"②《明太祖文集》卷二《谕云南诏》载："朕闻顺天者昌，逆天者亡，古今定论，祸福常理也。朕起自草莱，削平群雄，戡定祸乱，今已七年。中夏既安，四夷多附，绝无强凌弱、众暴寡，所以臣顺于我者得遂其生，共享和平之福。惟尔云南王某，乃元君遗孤，受封西南，孤处遐荒，犹未臣服，以若所为，非贻祸于大理之民，必自致丧身灭姓于大理之手。二祸之机，必有其一，不可逃者，何也？盖云南土地人民，本大理所有，自汉通中国，称臣朝贡，至唐、宋皆受王封，其来久矣。昔因尔元灭其王，而统其地，及今百年，无有复其故物者。迩来元祚倾覆已尽，尔尚力据其地，不还大理自王，果欺人乎，欺天乎？人虽可欺，天不可欺，祸患之报，将不旋踵至矣。今特遣尔亲族威顺王亲往开谕，如果上顺天理，下契人心，即奉贡来庭。不然，朕当别遣使者，直抵大理，仍赐唐、宋所封旧号，令彼为王，合兵加讨，悔将何及，於戏！人心转移之机，在人自审而已。时不可失，尔其思之，故兹诏示，想宜知悉。"③ 同书卷二《谕大理诏》记："有元失驭，海内云扰，华夷无主。朕近自洪武元年戊申秋八月，群雄尽平，臣民奉朕称尊，统一中夏，今经七年，四夷诸国，皆已通报，无不称臣入贡，惟尔大理，不见国王名号，未尝遣使……"④ 王世贞在《弇山堂别集》中论及："谕总兵官，云南之地，古与中国相去不甚远，止是山

---

① 《明史》卷三一一《四川土司传》，第 8002 页。

② 《明史》卷三一一《四川土司传》，第 8003 页。

③ （明）姚士观等编校《明太祖文集》卷二《谕云南诏》，文渊阁四库全书电子版。

④ （明）姚士观等编校《明太祖文集》卷二《谕大理诏》。

险阻，其土产不厚，以此历代驭是方艰……"①还有《大学衍义补》卷一五五《驭夷狄·四方夷落之情下》中记："臣按云南地，汉时已入中国，谓为西南夷。唐末为南诏所据，后为蒙段二氏所有，自为一国，宋竟不能有之。元世祖始平大理，以其地内属。本朝立为藩府，命黔国公世守之，今其云南、楚雄、临安、大理等府设置如内地，而更以元江、永昌之外，麓川、车里等处为西南夷，亦犹汉时自成都而视滇池也。国初止立麓川、车里二宣慰司，今则为宣慰司者凡七焉。七者皆百夷之地，而惟麓川最大且要。正统中以思任发梗化，降为陇川宣抚司。大抵云南之地，其南以元江为关，以车里为蔽，而达于八百。其西以永昌为关，以麓川为蔽，而达于木邦。西南通缅甸，底于南海。东南统宁远，而境乎安南。西北尽丽江，而通乎吐蕃。所以制驭之者，与南蛮、北狄不同，盖彼去中国远甚，其有叛乱不过梗化亏欠岁贡而已，不足为中国轻重也。为今之计，宜择一要害地，或景东，或腾冲，命将一员统军于此守备，严禁中国客商，不许擅入其地，则彼不知中国虚实，而不为人所扇惑引诱，设为互市，有所交易，许其移文通译赍载以来，使彼知中国之货难得，则不敢轻自弃绝矣。"②

但到了明代中后期，云南不仅被看成为"中国"的一部分，甚至论者还将这一认识追溯至前代，如王世贞《弇山堂别集》卷八七中载："敕总兵官征南将军颍川侯傅友德、副将军永昌侯蓝玉、西平侯沐英：云南之地，稽之古典，气厚风和，人民尚兵。上古以为遐荒，中古禹迹所至，以别水土，故地属梁州之域。自汉、隋、唐三代，皆中国所统御。"③

不过也有人存在不同认识，如薛瑄在《送于知府赴任序》中提到：

---

① （明）王世贞：《弇山堂别集》卷八七，明万历十八年翁良瑜雨金堂刻本，第9页。

② （明）丘濬：《大学衍义补》卷一五五《驭夷狄·四方夷落之情下》，正德元年刊本。

③ （明）王世贞：《弇山堂别集》卷八七。

"大理,古南诏之地,唐虞三代不及以贡赋。汉、唐、宋历代不登于版图。惟我皇明有天下,德威诞敷,无远弗届。由是南诏之地,列为云南布政司,而大理则为云南之大府。八九十年之间,朝廷礼乐教化之所渐被,而南徼之俗稍变而有华风。然以其地去京师万余里,尚有犷悍未尽革者,故视中国诸郡为难治……余谓大理为云南大府,地控诸番,人杂苗獠,其视中国诸郡虽曰难治,然地有险易之殊,而心无彼此之间……"①

当然,这也可以解释为,云南在明初没有被归入明朝直接统辖范围,因此当时其也就不被认为属于"中国";而当明朝逐渐在云南某些地区建立直接统治之后,其所直接统辖的区域便被称为"中国",且这一认识逐渐被明人广泛接受。

4. 西域

如《明史·赵荣传》载:"赵荣,字孟仁,其先西域人。元时入中国,家闽县。"②罗玘《送宪副张君之任陕西序》中记:"盖肃之距甘也五百里,是为瓜州。瓜之西,古玉门关也,而中国之地至是亦尽矣。"③宋濂在《革象新书序》中记:"且以西域与中国地里相去之远,立为里差相增损之……"④

5. 乌斯藏

如《明史·刘春传》载:"春又奏:'西番俗信佛教,故祖宗承前代旧,设立乌斯藏诸司,及陕西、洮、岷,四川松潘诸寺,令化导番人,许之朝贡。贡期、人数皆有定制。比缘诸番僻远,莫辨真伪。中国逃亡罪人,习其语言,窜身在内……'"⑤《明史·西域传三》载:"后建昌酋

---

① (明)薛瑄:《敬轩文集》卷一六《送于知府赴任序》,文渊阁四库全书电子版。

② 《明史》卷一七一《赵荣传》,第4568页。

③ (明)罗玘:《圭峰集》卷四《送宪副张君之任陕西序》,文渊阁四库全书电子版。

④ (明)宋濂:《宋学士全集》卷五《革象新书序》,金华丛书本,第36页。

⑤ 《明史》卷一八四《刘春传》,第4887页。

月鲁帖木儿叛，长河西诸酋阴附之，失朝贡，太祖怒。三十年春谓礼部臣曰：'今天下一统，四方万国皆以时奉贡。如乌斯藏、尼八剌国其地极远，犹三岁一朝。惟打煎炉长河西土酋外附月鲁帖木儿、贾哈剌不臣中国。'"①《礼部志稿》卷九〇《朝贡备考》所载《申饬勘合限制》中记："弘治元年，礼部言，成化中以乌思藏番僧入贡，烦数劳费中国，其中又多有近边番人冒名来贡者。本部尝奏准请给阐化、辅教等王勘合各二十道，俾三年一贡，每贡不许过百五十人，俱从四川正路赴布政司……"②

6. 广西、云贵等地的"蛮夷之地"

此外，广西、云贵等地的"蛮夷"之地，在文献中被提及时，往往与"中国"相对。如《明史·广西土司传》载："广西瑶、僮居多，盘万岭之中，当三江之险，六十三山倚为巢穴，三十六源踞其腹心，其散布于桂林、柳州、庆远、平乐诸郡县者，所在蔓衍。而田州、泗城之属，尤称强悍。种类滋繁，莫可枚举。蛮势之众，与滇为埒。今就其尤著者列于篇。观其叛服不常，沿革殊致，可以觇中国之德威，知蛮情之顺逆，为筹边者之一助云。"③王世贞在《弇山堂别集》中记："又云，麓川不如中国一大县，纵得其地，于人何利益，而军需所费万万不可计……"④王直在《赠屈金宪序》中记述："贵州，古蛮夷之域，其地多大山深洞，草木丛茂，其人皆依险阻为巢穴，无礼义之习，独好剽掠贼杀。前代惟羁縻之，使无为民患则已，不以中国之治治也。入国朝来皆顺服，而所以处之者，悉因其旧。永乐中，酋豪弗靖，太宗皇帝抚定之，于是如其请，设贵州布政司及府若州以统之，又置兵以卫之，一如

---

① 《明史》卷三三一《西域传三》，第8592页。

② 《礼部志稿》卷九〇《朝贡备考·申饬勘合限制》，文渊阁四库全书电子版。

③ 《明史》卷三一七《广西土司传一》，第8201页。

④ （明）王世贞：《弇山堂别集》卷二三，第15页。

内地，然亦简节疏目，要在使之安而已……”①；于谦提到：“本年闰九月二十一日，又到广西，见彼处土人种类非一，其曰生猺、熟猺，曰獞人、款人，曰狑人，曰獠人，皆强犷悍疾之名。曰溪、曰洞、曰寨、曰团、曰隘，咸负固自保之所，既无城郭可居，亦无沟池可守，不过依山傍险为自全计。虽其衣服言语与中国不同，然其好恶情性则与良民无异……”②刘宗周在《特进左柱国光禄大夫少师兼太子太师兵部尚书都察院右都御史总督贵湖川云广五省军务兼巡抚贵州等处地方恒岳朱公墓志铭》中记述：“自此贵阳上下六卫及楚之清平偏镇四卫，计道里一千六百里，皆设亭障，通商旅，无虞窃发。方蜀事之初定也，诸将吏咸欲郡县其地。公曰：‘尔等徒自营封赏，不为疆域万世计，轻言改设酿衅，异时咎将谁诿？夫蛮方不可以中国之治治也。其地深箐而徼荒，其民鸟兽聚散耳力。’持不可，乃寝。”③

7. 海南岛

如徐一夔在《送朱质夫知宁远县序》中论述：“海之南环岛之州四，黎人居之。黎之种二，依凭深山，不供贡赋者，谓之生黎；耕牧省地，知供贡赋者，谓之熟黎。今州县所治者，则熟黎之外地也。窃闻其俗，其可以州县治者已数百年于此，夷习犹未变，而其知供贡赋者，稍拂其意亦易以生变，矧素不知供贡赋者乎？尝试思之，其人视中国，言语虽不通，衣服虽不同，而其肢体颜面则固不异于人也，彼其天性岂独与人殊哉……天兵南下，其地悉归版图，皇上鉴观前政之失，一视同仁，谓其地虽在要荒之外，不可以不治治之，不以他道，必以儒术……”④

---

① （明）王直：《抑庵文集·后集》卷二二《赠屈金宪序》，文渊阁四库全书电子版。

② （明）于谦：《忠肃集》卷四，文渊阁四库全书电子版。

③ 吴光主编《刘宗周全集》文编七《特进左柱国光禄大夫少师兼太子太师兵部尚书都察院右都御史总督贵湖川云广五省军务兼巡抚贵州等处地方恒岳朱公墓志铭》，浙江古籍出版社，2007，第210页。

④ （明）徐一夔：《始丰稿》卷五《送朱质夫知宁远县序》，文渊阁四库全书电子版。

此外，还有对明代"中国"四至的描述，东南至海，如方孝孺在《观海楼记》中论述"中国之地，南至吴越而尽吴越之东，南际海而穷"；①北至幽燕，如《大学衍义补》卷一五四《驭夷狄·四方夷落之情中》："臣按秦汉以来建都于关中、洛阳、汴梁，其边围皆付之将臣。惟我朝都于幽燕，盖天子自为守也。前此都此者，若金、若元，皆夷也。夷居于近夷之地，将以临中国而内侵也。而我朝则居中国之尽处，而北临边夷。"②

虽然如前文所述，明朝文献中对"中国"地理范围的直接描述并不多，但这样的描述也的确存在。如高叔嗣在《送仲纯李君赴四川建昌道少参序》中载："序曰：四方之极，京师最北，闽广最南，齐鲁最东，西方惟关中，而四川最西，自秦汉开蜀，渐被教化，与中国亡异，然山川县远，夷獠犹存，祸乱间作……"③《浑盖通宪图说》卷上《昼长昼短南极北极四规说》中记："中国去赤道十九度至四十二度，凡此自东徂西一带正当其界，毓灵孕秀，遂多圣贤豪杰之俦。此外过（燠）过寒皆属偏气，虽有人类，蠢顽不灵。"④其中"去赤道十九度"大致相当于今天的广东湛江和海南岛北部，距离赤道四十二度大致相当于今天的内蒙古赤峰。《礼部志稿》卷一《受贡之训》载："洪武七年，诏中书礼部曰：古者，中国诸侯于天子，比年一小聘，三年一大聘，九州之外蕃邦远国，则每世一朝，其所贡方物，不过表诚敬而已。高丽稍近中国，颇有文物，礼乐与他番异，是以命依三年一聘之礼，彼若欲每世一见，亦从其意，其他远国如占城安南……真腊等处新附国土，入贡既频，劳费

① （明）方孝孺：《逊志斋集》卷一六《观海楼记》，文渊阁四库全书电子版。

② （明）丘濬：《大学衍义补》卷一五四《驭夷狄·四方夷落之情中》，正德元年刊本。

③ （明）高叔嗣：《苏门集》卷五《送仲纯李君赴四川建昌道少参序》，文渊阁四库全书电子版。

④ 《浑盖通宪图说》卷上《昼长昼短南极北极四规说》，文渊阁四库全书电子版。

太甚，朕不欲也，令遵古典而行，不必频烦，其移文使诸国知之。"① 此处将"中国诸侯"与"九州之外蕃邦远国"区分开来，可以认为"中国"等同于"九州"。《明太祖文集》卷一《免江西税粮诏（洪武四年五月）》中载："朕本农夫，深知民间疾苦，及至亲率六师，南征北伐，备知将士之劳。方今天下一统，东戍辽海，南镇诸番，西控数种戎夷，北屯沙塞，朕以中国精锐驻守遐荒。"② 范围也大致相同。

此外，还有《大学衍义补》卷六一《国家常祀之礼下》："臣按郑司农解《周礼》，四望以为日、月、星、海。郑玄谓，礼无祭海之文。考《周颂》般序及《观学记》谓，三王祭川，先河后海，则是海之祭三代已有矣，乌可谓无祭海之礼乎？中国之地，在三代不出九州之外，惟扬、徐、青、冀四州滨海而已，四海惟东海滨中国，而南海、北海则越在荒服之外。自汉以后，南越始入中国而有南海。然西海竟不知所在，故今祀东海于登州，祀南海于广州，二祀皆临海而祭。西海则望祀于蒲州，北海则望祀于怀庆。夫宋都汴梁，而怀庆在其北，是时失幽燕而以白沟河为界，无缘至辽蓟之域出国门，而北望以祭之可也。国初都金陵，因之以祭，亦不为过。若夫今日建都于燕，往南而祭北海，岂天子宅中以临四海之义哉？且古谓青州为北海郡，青去登不远，犹以是名。今京师东北乃古碣石沦海之处，于此立祠就海而祭，于势为顺，于理为宜。况今北镇医无闾山在于辽海，山既可以为北镇，川独不可以为北海乎？若夫中国之正西在于秦陇，西南则蜀稍南则滇也，滇之极西百夷之外，闻有大海，通西南岛夷，此地在前代未入中国，今既为羁縻之地，则王化之所及也，宜于云南望祀之。如此则四海之祀，皆在吾域中矣。

---

① 《礼部志稿》卷一《受贡之训》。

② （明）姚士观等编校《明太祖文集》卷一《免江西税粮诏（洪武四年五月）》。

议礼之事，非臣下所敢专者，谨录愚见，以俟采择。"①

《大学衍义补》卷一四三《驭夷狄·内夏外夷之限上》："臣按：……是时中国所有者，宋、晋、齐、鲁、卫、郑，通不过今数十郡地耳。周之盛时犹然，则夏商以前可知已。说者谓，自秦以上，西北表而东南蹙，秦以下东南展，而西北缩，臣窃以为今日地势东南已极于海，至矣尽矣，更无不尽之处。惟西与北及西南之地，尚未底于海耳。然皆限以重山叠嶂，大荒绝漠，地气既恶，人性复犷，非复人所居之处，有与无，不足为中国轻重焉。"②

《明史·外国传七》载："拂菻，即汉大秦，桓帝时始通中国。晋及魏皆曰大秦，尝入贡。唐曰拂菻，宋仍之，亦数入贡。而《宋史》谓历代未尝朝贡，疑其非大秦也。元末，其国人捏古伦入市中国，元亡不能归。太祖闻之，以洪武四年八月召见，命赍诏书还谕其王曰：'自有宋失驭，天绝其祀，元兴沙漠，入主中国百有余年，天厌其昏淫，亦用陨绝其命。中原扰乱十有八年，当群雄初起时，朕为淮右布衣，起义救民。荷天之灵，授以文武诸臣，东渡江左，练兵养士，十有四年。西平汉王陈友谅，东缚吴王张士诚，南平闽、粤，戡定巴蜀，北定幽燕，奠安方夏，复我中国之旧疆。朕为臣民推戴即皇帝位，定有天下之号曰大明，建元洪武，于今四年矣。凡四夷诸邦皆遣官告谕，惟尔拂菻隔越西海，未及报知。今遣尔国之民捏古伦赍诏往谕。朕虽未及古先哲王，俾万方怀德，然不可不使天下知朕平定四海之意。故兹诏告。'已而复命使臣普剌等赍敕书、彩币招谕，其国乃遣使入贡。"③

上述对"中国"地理范围的直接描述，与通过对不属于"中国"部

---

① （明）丘濬：《大学衍义补》卷六一《国家常祀之礼下》，正德元年刊本。

② （明）丘濬：《大学衍义补》卷一四三《驭夷狄·内夏外夷之限上》，正德元年刊本。

③ 《明史》卷三二六《外国传七》，第 8457—8458 页。

分的描述归纳出的"中国"的范围，两者基本一致，即大致相当于"九州"，只是不包含云南以及两广等地中的"蛮夷"。但此处"中国"具体指的是"地理中国""文化中国"还是"政治中国"则颇难判断，因为对于直接统驭的地理范围近似于"九州"的明朝而言，在许多语境中使用的"中国"一词用这三者来解释都是说得通的。

此外，明初大致承认元对"中国"统治的合法性，甚至为其加以辩护，如《明史·太祖本纪二》载："又以捷奏多侈辞，谓宰相曰：'元主中国百年，朕与卿等父母皆赖其生养，奈何为此浮薄之言，亟改之。'"[①]《明太祖文集》卷一《即位诏》记："朕惟中国之君，自宋运既终，天命真人于沙漠，入中国，为天下主。传及子孙，百有余年，今运亦终。海内土疆，豪杰分争。朕本淮右庶民，荷上天眷顾，祖宗之灵，遂乘逐鹿之秋，致英贤于左右。凡两淮、两浙、江东、江西、湖湘、汉、沔、闽、广、山东及西南诸部蛮夷各处寇攘，屡命大将军与诸将校奋扬威武，已皆戡定，民安田里。"[②]但后来朱元璋的态度发生了非常大的转变，认为"中国"应当由"华夏"之人统治，也就暗示着蒙古对"中国"的统治不具有合法性。

如《明太祖文集》卷一《免北平燕南河东山西北京河南潼关唐邓秦陇等处税粮诏》："朕本淮右布衣，因天下乱，率众渡江，保民图治，今十有五年矣。荷天眷佑，西取陈友谅，以安荆楚，东缚张士诚，以平三吴，遂至八番，直抵交广，以极于海，悉皆戡定。重念中国本我华夏之君所主，岂期元人入据，已及百年，天命靡常，群雄并起，以致兵戈纷争，生民涂炭。是用命将北征，兵渡大河，齐鲁之民欢然来迎，馈粮给军，不辞千里。朕思其民当元之末，疲于供给，今既效顺，何忍复劳，

---

① 《明史》卷二《太祖本纪二》，第24页。

② （明）姚士观等编校《明太祖文集》卷一《即位诏》。

朕为天下之主，深用悯焉……"①

《明太祖文集》卷一《免山西陕右二省夏秋租税诏》："山西、陕右，地居西北，山河壮丽，昔我中国历代圣君皆都此而号召万邦。曩因元主华夏，民无的主，已经百年矣。朕自丁未年，复我中土，继我圣人之位，建都炎方，于今九年矣。其间西征炖煌，北讨沙漠，军需甲仗，民人备之，外有转运艰辛，内有秦、晋二府宫殿之役，愈繁益甚。自平定以来，民劳未息，今始方宁，正当与民同享太平之福……"②

丘濬在《论厘革时政（弘治壬子四月十日上）》中也论述："惟太祖高皇帝于洪武元年岁在戊申，登大宝之位，肇皇明之基，复中国之统……非若我圣祖战元人而出之化外，抚绥我二帝三王所自立之中国，重阐彝伦，再立世界。盖自天开子会以来，帝王功德之大，所未有者也……"③他在《忠爱堂记》中论述："皇朝开国，元勋义兼亲贤德业并隆者首称黔宁王家。昭靖王生际大明启运之初，辅我太祖高皇帝，光复中国帝王之统，建万世大功，为一代全臣，子孙嗣守西南陲，世以忠爱传家，上报国恩，下安民夷……"④

不过，笔者在此处引用这些文字的重点并不在于强调明人对元态度的转变，而在于强调这几段文字，尤其是后三段文字中朱元璋及丘濬对于"中国"的认识，即"我中国历代圣君皆都此而号召万邦""肇皇明之基，复中国之统"以及"抚绥我二帝三王所自立之中国"。从这些措辞来看，此处的"中国"解释为"地理中国"虽然也说得通，但解释为

---

① （明）姚士观等编校《明太祖文集》卷一《免北平燕南河东山西北京河南潼关唐邓秦陇等处税粮诏》。

② （明）姚士观等编校《明太祖文集》卷一《免山西陕右二省夏秋租税诏》。

③ （明）丘濬：《重编琼台稿》卷七《论厘革时政（弘治壬子四月十日上）》。

④ （明）丘濬：《重编琼台稿》卷一七《忠爱堂记》。

"政治中国"似乎更合适，即王朝有更替，但"中国"作为一个"国"自古以来就是存在的，尤其是"二帝三王所自立"以及将"中国"与"万邦"相对的论述，凸显了"中国"并不只是一个"地理单元"。

而且，可能正是因为这点，明朝的士大夫似乎已经开始用当时"中国"的概念来理解古代，简言之，即认为"中国"作为一个"国"，自古就已经存在，并按照明朝人当时认识的"中国"的地理范围来重构明之前"中国"的范围。

如丘濬在《南海县儒学记》中论述："王者之化与圣人之教并驾而偕行。皇朝郡县所至之处，学校随之，无间于迩遐。南海在中国极南之徼，孔子没后二百十有六年始入中国……南海在秦世已入中国。"[1]他在《唐丞相张文献公开凿大庾岭碑阴记》中还论述："岭南自秦时入中国，历两汉、三国、南北朝，至于唐，八百八十有八年，丞相张文献公始钟光岳全气而生于曲江之湄……天地大势起自西北，而趋于东南，大庾岭分衡岳之一支，东出横亘江广之间，自此之南以极于海岛，奇材珍货出焉。战国以前，未始通中国也。秦时始谪徙中原民戍五岭。汉武帝始遣将分路下南粤，楼船将军杨仆出豫章下浈水，疑即此途也……"[2]

此外，丘濬还在《定兴忠烈王平定交南录》中记述："黎贼苛政暴敛，悉皆除之，擢用贤能，优礼耆老，赈恤穷独，革去夷俗，以复华风，使秦汉以来之土宇，陷于徼外者四百四十六年，一旦复入中国版图，诏布天下，文武群臣、亲王藩服，咸上表称贺。"[3]

贺士咨在《义州修建缘边营堡记》中记："义州，古曰宜州，在医无闾山之右。有虞封十二山时，即为中国之地矣。秦汉以来，或得或

① （明）丘濬：《重编琼台稿》卷一六《南海县儒学记》。

② （明）丘濬：《重编琼台稿》卷一七《唐丞相张文献公开凿大庾岭碑阴记》。

③ （明）丘濬：《重编琼台稿》卷二〇《定兴忠烈王平定交南录》。

失。我太祖高皇帝扫荡区宇，混一四海，爰命功臣龙虎上将军都督马公云、叶公旺，由东莱航海来辽，招附而经营之，设辽东都司焉。"①

基于前文的叙述，上述明人对于岭南等地入"中国"时间的描述，显然不同于其所叙述时代的人的认识，而属于明人的构建。明人甚至认为，"中国"的范围自古如此，除了前文所引《大学衍义补》之外，该书中《严武备·牧马之政》中还记："臣按：今之中国，即古之中国，万古此天地，则万古此山川，万古此山川，则万古此人物。"②可能正是如此，在安南发生动乱的时候，明朝人普遍认为安南曾经属于"中国"。

如杨士奇在《平安南诗（有序）》中记："咸窃喜曰：……我欣然如脱虎口，归慈父母。相率跽军门言曰：惟故安南王遗嗣悉歼于寇暴无遗，惟兹土故隶中国，诚愿复列中国氓，密比圣化，俾我暨我子我孙咸免于夷狄禽兽。军中献所获俘且具言民所欲，皇上重违民意，下诏郡县其地，选置守吏，复置交阯布政司总之。在廷文武群臣上表称贺。臣惟安南本汉南越地，武帝置交阯郡。暨五季丁氏窃据之，始僭称王，宋弗能制，因授之，卒循为常。更历数姓，蟠结深固，屡叛弗服。宋元数举兵诛，讫无成功。皇明奄有四海，率先款服，曾不逾世，终梗寇盗，天地之德，务隆包荒……"③

王直在《送梁知府赴任清化序》中论述："交阯旧属中国为郡县，自秦汉已然。其后往往窃据，遂为异域，然贡献不绝于中国。至我朝，其大酋悖乱，弑其长，民无所诉，太宗文皇帝不忍弃，出师往抚定焉，因其旧为郡县，择守令以化诲之。"④

①　（明）贺士咨：《医闾集》卷四《义州修建缘边营堡记》，文渊阁四库全书电子版。

②　（明）丘濬：《大学衍义补》卷一二三《严武备·牧马之政》，正德元年刊本。

③　（明）杨士奇：《东里集》文集卷二三《平安南诗（有序）》。

④　（明）王直：《抑庵文集·后集》卷十《送梁知府赴任清化序》。

《大学衍义补》卷一五三《驭夷狄·四方夷落之情上》中记："臣按：交阯，本秦汉以来中国郡县之地。五代时，为刘隐所并。至宋初始封为郡王，然犹授中国官爵勋阶，如所谓特进、检校、太尉、静海军节度、观察等使，及赐号推诚、顺化、功臣，皆如内地之臣，未始以国称也。其后封南平王，奏章文移，犹称安南道。孝宗时，始封以王，称国，而天下因以高丽、真腊视之，不复知其为中国之郡县矣。李氏传八世，陈氏传十二世，至日焜为黎季犛所篡。季犛上表审姓名为胡一元，子苍易名奆，诈称陈氏绝嗣，奆为甥，求权署国事。我太宗皇帝从其请。逾年，陈氏孙名添平者，始遁至京，诉其实，季犛乃表请迎添平还以国。朝廷不逆其诈，遣使送添平归抵其境，季犛伏兵杀之并及使者。事闻，太宗遍告于天地神祇，声罪致讨，遣征夷将军朱能等征之。能道卒，命副将张辅总其兵，生擒季犛及其子苍澄，献俘京师。诏求陈氏遗裔立之，国人咸称季犛杀之尽，无可继承者，佥请复古郡县，遂如今制，立交阯都布按三司，及各府州县卫所诸司，一如内地。其后有黎利者，乃其夷中之夷也，中官庇之，遂致猖肆，上表请立陈氏后。宣宗皇帝谓，此皇祖意也，遂听之，即弃其地，俾复为国。呜呼！自秦并百郡，交阯之地，已与南海、桂林同入中国。汉武立岭南九郡，而九真、日南、交阯与焉。在唐中叶，江南之人仕中国显者犹少，而爱州人姜公辅已仕中朝为学士宰相，与中州之士相颉颃矣。奈何，世历五代，为土豪所据。宋兴，不能讨之，遂使兹地沦于夷狄之域，侏离蓝缕之俗，三百余年。而不得与南海、桂林等六郡班班……"[①]

《明史·外国列传二》载："安南，古交阯地。唐以前皆隶中国。五代时，始为土人曲承美窃据……诏曰：'咨尔安南国王陈日煃，惟乃祖

---

① （明）丘濬：《大学衍义补》卷一五三《驭夷狄·四方夷落之情上》，正德元年刊本。

父，守境南陲，称藩中国……'"①同卷又载："五年正月大破季犛于木丸江，宣诏访求陈氏子孙。于是耆老千一百二十余人诣军门，言：'陈氏为黎贼杀尽，无可继者。安南本中国地，乞仍入职方，同内郡。'辅等以闻。"②

　　与此同时，明人还强调"中国"与"四夷"的差异，或者说二者的优劣，这应当是从"文化中国"角度所做的解释，但与由"夷狄"入"中国"的元人的认识不同，明人认为"地理中国"（"政治中国"）与"文化中国"在地理范围上是固定的。

　　如《明太祖文集》卷一五《解夷狄有君章说》载："夷狄，禽兽也，故孔子贱之，以为彼国虽有君长，然不知君臣之礼，上下之分，争斗纷然。中国纵亡君长，必不如此，是其有君曾不如诸夏之亡也。宋儒乃谓中国之人不如夷狄，岂不谬哉。"③

　　《明太祖文集》卷一六《题范宽雪山行旅图（并诗）》记："夫二仪立极，则万象生焉。然而又有殊方异类者，何以见？且如中国与四夷优劣者，在于四序以时，而寒暑均。若南方地暖日炎，如北方酷寒无五谷，西戎尚杀伐而少君臣，沧海之东人言异，迤东人非人形。故云，覆载之间，物有异类者，为此也。中国得其寒暑均，是天心也……"④

　　《大学衍义补》卷一四三《驭夷狄·内夏外夷之限上》载："臣按：中国之地，南北北东西为远，故《禹贡》言，圣人声教之所及，于东曰渐，于西曰被，皆指其地言。而于南北则止曰暨，而不言其地，可见圣人向明之治，自北而南，日拓而远，不可为之限量也。东渐于海，海之

<hr>

① 《明史》卷三二一《外国列传二》，第8309页。

② 《明史》卷三二一《外国列传二》，第8315页。

③ （明）姚士观等编校《明太祖文集》卷一五《解夷狄有君章说》。

④ （明）姚士观等编校《明太祖文集》卷一六《题范宽雪山行旅图（并诗）》。

外地尽矣。西被于流沙，流沙之外犹有地焉。渐如水之渐渍底于海者也，被则如天之无不覆被。天所覆被处，圣人之化皆可至也。振举于此而远者闻焉，是之谓声轨范于此，而远者效焉。是之谓教其风声，教化虽曰无远不及，然亦惟止于海而已。虽然其所以渐被暨及者风闻之、神化之，教使之闻之而慕之，振而动之而已，未尝体国经野，设官分职，而以内治治之也。无他，天地间有大界，限华处乎内，夷处乎外，各止其所，而天下之理得矣！"①

最后还要提到的就是，在明代"地理中国"传统的用法，即指"北方地区"的用法依然流行，如唐桂芳在《拱璧轩记》中记："天台四万八千丈，洞庭七十二峰，何造物者独私于天台、洞庭者哉？吾闻南闽有山如爼豆，西广有山如马肝，柳州阳德所钟，少人而多石，所以限要荒者，与中国异不惟产诸物也。"②贝琼在《送叶孟桴秀才赴雅州序》中记："蜀去中国为绝远。"③贝琼在《送吴义孚序》中还载："闽去中国万里，而人物多同于中国，或言其山川之秀，风气之和，人生其间者，内鲁而外文，余独以为不然。"④苏伯衡在《师莱堂记》中论及："西南诸番，远而险者惟云南，自古以来桀骜负固，以为中国莫之能制，岂果不足以制之乎？亦中国未有以服其心也。"⑤乌斯道在《重建石龙县儒学记》中载："石龙僻在岭表，春秋秦汉时，地隶南粤。南北齐、隋唐以来，始更置郡县。去中国为最远，其俗虽殊，不出乎父子、兄弟，其嗜虽异，不出乎耕凿、树艺，顾其心未有不可感焉者也。然非建学立师，以圣

① （明）丘濬：《大学衍义补》卷一四三《驭夷狄·内夏外夷之限上》，正德元年刊本。

② （明）唐桂芳：《白云集》卷六《拱璧轩记》，文渊阁四库全书电子版。

③ （明）贝琼：《清江诗集·清江文集》卷二一《送叶孟桴秀才赴雅州序》，文渊阁四库全书电子版。

④ （明）贝琼：《清江诗集·清江文集》卷二九《送吴义孚序》。

⑤ （明）苏伯衡：《苏平仲文集》卷七《师莱堂记》，文渊阁四库全书电子版。

人之道朝儆夕励，启发盲瞆，使出入乎礼乐之中，以变国俗，以向王化，则终于鄙夷。若是，则是役也，其可缓哉。是用纪述，以俟夫后之观者。"①他在《送丁侯元善赴福清监州序》中还论述："朝廷设内外官，视海道漕运为重，闽、广、湖南为远，故咸有优遇于其间。每岁海运北上，天子必命重臣延燕，给光禄之膳，用待仪之乐，复锡之以文织焉。闽、广、湖南，去中国数千里，之官者有崎岖跋涉之劳，故议缩其考，而伸其职，往往由是而得优转也。"②薛瑄在《邵阳县重修庙学记》中论述："宝庆邵阳县，旧为邵州，在楚越之交，去中国数千里，古荒服之地，历年既久，风气渐开，俗亦浸变。"③他在《汾阴阡表》中也记："以北方罢学，改官四川马湖府平夷长官司吏目，其地古西南蕃，去中国绝远。"④丘濬在《野花亭记》中记："礼曰：天地温和之气盛于东南。五岭地当中国之南，而吾郡又居五岭极南之徼，天之旸明贯通于四时……"⑤罗玘在《送李君知华亭县序》中记："吴人之仕于中国则有之矣。彼亦就其师而学之，因而仕焉耳。中国之人固未闻仕于吴者也。秦汉一再更天下，非春秋之天下也，吴非春秋之吴也。循至于今，其势之倒置，亦相悬矣。尽中国之赋，不能当江南之半，尽江南之赋，不能当吴诸县之半。"⑥王世贞在《送王员外新甫视广西学政序》中记："广，故百粤地也，其西距中国万里而遥。"⑦不过，"中国"一词的这一用法有着基本相似的语境，即论者或送某人前往遥远之地，或通过修建以"庙学"为代

①　（明）乌斯道：《春草斋集·文集》卷一《重建石龙县儒学记》，文渊阁四库全书电子版。

②　（明）乌斯道：《春草斋集·文集》卷三《送丁侯元善赴福清监州序》。

③　（明）薛瑄：《敬轩文集》卷一八《邵阳县重修庙学记》。

④　（明）薛瑄：《敬轩文集》卷二二《汾阴阡表》。

⑤　（明）丘濬：《重编琼台稿》卷一九《野花亭记》。

⑥　（明）罗玘：《圭峰集》卷九《送李君知华亭县序》。

⑦　（明）王世贞：《弇州四部稿》卷五五《送王员外新甫视广西学政序》，文渊阁四库全书电子版。

表的建筑来对"偏远之地"进行"开化"。在这两种语境中，强调某地远离"中国"显然能进一步说明某人所去之地的"遥远"，以及兴建某种建筑对当地"开化"的贡献。

总体而言，明朝"中国"一词的"政治""地理"和"文化"层面的含义在涉及的地理范围上比较统一，且在"政治中国"的含义下，"中国"被塑造为一个"自古以来"就存在的不与王朝的兴衰挂钩的"国"。

八 清时期的"中国"

虽然如后文所述，从清中期开始清人就有意识地开始扩展"中国"的地理范围，但最初其继承的是明人对于"中国"地理范围的认知，认为当时的"中国"相当于"九州"或清朝"十八省"，并未包括清前中期扩展的那些"疆域"，如"新疆""西藏""蒙古"以及众多土司之地。这显然是对明朝的继承，现列举一些相关文献。

如《钦定大清会典则例》卷一四〇载："雍正元年，谕理藩院人员来往蒙古地方，有不肖之徒肆行无礼勒索凌虐者。夫蒙古之与中国，不但伊扎萨克王即台吉，亦系宾客，岂可令卑末领催，肆行凌虐，尔衙门严行申禁。钦此。"[1]

《钦定续文献通考》卷二四七载："西番即西羌，族种最多，自陕西，历四川、云南西徼外皆是，其散处河湟、洮岷间者，为中国患尤剧……"[2]

---

[1] 《钦定大清会典则例》卷一四〇，文渊阁四库全书电子版。

[2] 《钦定续文献通考》卷二四七，文渊阁四库全书电子版。

《皇朝文献通考》卷二一九载："有元兴于北漠，我大清兴于东海，与中国无涉，虽曾受明之官号邪，究不过羁縻名系而已，非如亭长、寺僧之本其臣子也。"①

《圣祖仁皇帝亲征平定朔漠方略》卷一五载："皇考召达赖喇嘛来中国以后，佛教大兴，道法归一。"②

《钦定平定金川方略》卷一记："兹金川为西南夷杂种，僻处蜀徼陶关之外，与木坪、沃日、杂谷诸土司接壤。本朝顺治九年归附，颁演化禅师印信，俾领其众。莎罗奔者，初以土舍从岳钟琪征羊峒有功，雍正元年，授为安抚使，以分金川土司之势。雍正八年，颁给印信号纸，不征赋税，其地崇山复岭，春夏积雪，与中国道路不通，据险设碉，恃以自固。其人獉狉角逐，若犬豕麇鹿，然非可以仁义格而礼法绳也。野性不驯，互相仇杀，虽奉正朔，亦曰羁縻……"③

《平定两金川方略》卷八载："己丑，上谕军机大臣曰：番夷之性，贪利忘义，易于动摇，何未闻设法招降，令其自成瓦解。着传谕阿尔泰等当于大兵攻剿之处，遍谕贼人，以尔小金川原系内地土司，所有番众即与中国百姓无异，向俱安享太平……"④

《御批历代通鉴辑览》卷七七记："梅山峒蛮苏氏，旧不通中国，其地东接潭，南接邵，西接辰，北接鼎、澧。章惇招降之，籍其民万四千八百余户，其田二十六万四百余亩，均定其税，使岁一输，筑武阳、开峡二城，置安化县，隶邵州。"⑤

---

①　《皇朝文献通考》卷二一九，文渊阁四库全书电子版。

②　《圣祖仁皇帝亲征平定朔漠方略》卷一五。

③　《钦定平定金川方略》卷一，文渊阁四库全书电子版。

④　《平定两金川方略》卷八，文渊阁四库全书电子版。

⑤　《御批历代通鉴辑览》卷七七。

《钦定皇舆西域图志》卷三七载："盖土尔扈特，自入俄罗斯，远阻声教，越今几六七十年。乾隆丙子秋，其汗敦噜布喇什虽曾使人入贡，第宴而遣之，兹乃不借招致全部内属，诚有不期然而然者。且准噶尔自底定以来，筑城安屯，无异中国郡县。今土尔扈特复隶我藩属，于是四卫拉特之众尽抚而有之，可谓盛矣……"①

《钦定皇舆西域图志》卷四五载："阿济比奉将军书曰：……今将军自喀什噶尔传谕我部，颁给印文，谨已奉到，不胜踊跃。适慰心想，当率诸部自布哈尔迤东二十万人众皆作臣仆。兆惠嘉其诚，表于朝，诏受之。由是十五部落皆内附，诸头目以未出痘不敢入中国，乃遣由玛特之兄名呼达里者，朝京师，觐于盘山静寄山庄，赐宴与观南苑大阅及灯火。"②

《世祖章皇帝圣训》卷五记："番夷，在明时属蒙古，纳贡者即归蒙古，如为明所属者，应隶中国为民，与蒙古又何与焉。其汉人、蒙古所定居址，与夫贸易隘口详为察核，仍旧分定耕牧，毋得越境混扰，庶副朕抚绥之心……"③

《贵州通志》卷三七《黔中水道考》载："又小金沙江，一名北金沙江，来自吐番，由云南丽江府之塔城关入中国，经鹤庆、姚安、武定、东川诸府，至四川之叙州府，与岷江合，入于东海。"④

《钦定河源纪略》卷一三记："皇朝奠定，诸羌隶以版图，青海全境为厄鲁特二十九旗耕牧之地。伊古所谓鲜水，卑禾羌海羁置不常者，皆在休养生息之中，棋布星罗，较如画一。臣等详纪大河经流，并得细述青海四隅，了然如指诸掌。窃以库库淖尔，水色莹然，独青者，盖以诸

① 《钦定皇舆西域图志》卷三七。

② 《钦定皇舆西域图志》卷四五。

③ 《世祖章皇帝圣训》卷五，文渊阁四库全书电子版。

④ 《贵州通志》卷三七《黔中水道考》。

山盘亘，泉源渒发，不与众水相杂之故，以淖尔之青证之阿勒坦郭勒之黄，益知地虽相近，而源有独真，不得以青海统名，遂置百道流泉之本于不问也。河水折东北流八十里，经龙羊峡东贵德所，西折而东入甘肃河州界，为中国河。"①

《钦定河源纪略》卷一四载："今日《图经》，回部大山为河源之所从出，古今一辙，有灼然不虚者，天藻煌煌，昭垂典训，群言衷圣，庶其不昧于方隅乎。又案，《尔雅》：昆仑墟有璆琳琅玕。孙炎注云，墟者，山下之地。郭璞《山海经注》：墟山，下基也。今回部极西为葱岭，稍南为和阗，其水玉隆哈什哈、喇哈什二河，皆产玉，是即所谓璆琳琅玕。而西南诸山，冈岭蟠亘，则即所谓昆仑山下之基也。回部，在中国西北，故云西北之美，此昆仑为河源在今回部之确证……皇上谕旨，谓《武帝纪》所云昆仑，本不误。圣谟精允，鸿义昭垂。盖西域西南山，绵亘数千里，与中国南山相属，气脉长远，无逾于此。今回部近隶版图，群山不在荒迻，以河水所发之墟跟寻昆仑之体，则《郦注》所云东海方丈亦有昆仑之称，西洲铜柱又有九府之治，一切掇拾枝辞，皆不攻而自废矣。"②

《清史稿·藩部五》载："会青海属复为边患，谕顾实汗子车臣岱青及达赖巴图尔等曰：'分疆别界，向有定例。迩来尔等率番众掠内地，抗官兵，守臣奏报二十余次，屡谕不悛。今特遣官赴甘肃、西宁等处勘状。或尔等亲至，或遣宰桑来质，诬妄之罪，各有攸归。番众等旧纳贡蒙古者听尔辖，倘系前明所属，应仍归中国。至汉人蒙古交界，与市易隘口，务宜详加察核，分定耕牧，毋得越境妄行。'"③

---

① 《钦定河源纪略》卷一三，文渊阁四库全书电子版。

② 《钦定河源纪略》卷一四。

③ 《清史稿》卷五二二《藩部五》，中华书局，1977，第14448页。

《清史稿·藩部五》记:"遣使赍敕谕曰:'尔青海厄鲁特尊崇达赖喇嘛法教,敬事本朝,聘问贡献,恭顺有年,朕亦频加恩赉。乃噶尔丹违达赖喇嘛法教,不遵朕旨,朕统军至图拉,剿而灭之。博硕克图济农等遣往噶尔丹使,为朕所擒,俱言达赖喇嘛脱缁已久,第巴匿之,且噶尔丹诡言青海诸台吉谋与彼同犯中国。'"①

《平定准噶尔方略·正编》卷三四载:"然朕办理始意亦惟欲按其四部分封四汗,众建而分其势。俾之各自为守,以奉中国号令,聊示羁縻而已。乃伊等蠢愚无知,不能承受太平之福,以致自干剿戮。"②

此外,还存在少量清人对"中国"范围直接的描述,如李钟伦在《周礼纂训》卷五中记:"今以其说考之,则中国九州正当黄道北轨,距赤道二十四度之外,起于广州夏至戴日之下,迤逦而北,至于夏至去日十六度许,则今直隶也。自此复出塞而北,风气渐寒,昼夜短永,渐逾其度。自广州越海而南,则气渐酷热,而昼夜之刻渐无短永矣。故惟九州之内,风气和,时刻平,而洛又其中之中也。是以天地四时之所交合,阴阳风雨之所会和,昔之达者其知之矣,而周公岂欺我哉!"③这段文字还出现在李光地《榕村集》中,即:"今以其说考之,则中国九州正当黄道北轨,距赤道二十四度之外,起于广州夏至戴日之下,迤逦而北,至于夏至去日十六度许,则今直隶也。自此复出塞而北,风气渐寒,昼夜短永,渐逾其度。自广州越海而南,则气渐酷热,而昼夜之刻渐无短永矣。故惟九州之内,风气和,时刻平,而洛又其中之中也。是以天地四时之所交合,阴阳风雨之所和会,昔之达者其知之矣,而周公岂欺我哉……盖九州之域,西则多山,而东际海。近山则多阴,滨海则

---

① 《清史稿》卷五二二《藩部五》,第14451页。
② 《平定准噶尔方略·正编》卷三四,文渊阁四库全书电子版。
③ (清)李钟伦:《周礼纂训》卷五,文渊阁四库全书电子版。

多风，验之闽、蜀之地，可见然。则周礼之风阴亦就九州言之，明洛邑之为中耳，其所以风，所以阴，恐山水之为，而非日入朝暮之故也。"①

在这些语境中，"中国"的地理范围显然相当于"九州"，或者说是"地理中国"。但对此还可以有另外一种解释，即当时的清朝并未将这些区域看作"政治中国"应当囊括的范围，也即未扩展前文提及的宋代以后"政治中国"的范围，这点也有其他资料的支撑，如在本书第二章中介绍和分析的《皇清职贡图》中，没有来"纳职贡"的是汉人、满人以及一些蒙古部族，这也就反映了清朝政权的构成，②反映到空间上，对应"九州"、东北以及蒙古东部，因此上述文献中的"中国"也可以被认为是"政治中国"。

不仅清人持这样的看法，当时一些并不臣属于清朝的周边政权，也往往将清朝所直接统治的地区称为"中国"，如《圣祖仁皇帝亲征平定朔漠方略·圣祖仁皇帝御制亲征朔漠纪略》载："适有头队前锋统领硕鼐哨地擒来厄鲁特一人。问之，彼云：皇上所遣使到时，我噶尔丹不信圣驾亲临，云：中华皇帝不在中国安居逸乐，乃能飞越过此无水瀚海乎？"③《圣祖仁皇帝亲征平定朔漠方略》卷二记："噶尔丹云：中国使臣从无临我厄鲁特者。"④

由此可以认为，清朝前中期延续了明朝的认识，即认为"中国"是建立在"九州"（地理中国）范围上的一个"国"，即使王朝更替，这个"国"的地理范围大体是固定的，"政治中国"与"地理中国"在空间范围上是一致的，这样的直接证据也存在，如《钦定蒙古源流》卷三载：

---

① （清）李光地：《榕村集》卷五，文渊阁四库全书电子版。
② 齐光：《解析〈皇清职贡图〉绘卷及其满汉文图说》，《清史研究》2014 年第 4 期。
③ 《圣祖仁皇帝亲征平定朔漠方略·圣祖仁皇帝御制亲征朔漠纪略》。
④ 《圣祖仁皇帝亲征平定朔漠方略·圣祖仁皇帝御制亲征朔漠纪略》卷二。

"自是汗率库期大兵灭金主而建业焉，岁次甲寅年，三十三岁，据有乌兰乌鲁斯中国十三省，八十余万户民人之地，称号岱明索多博克达青吉斯汗。"① 这里就将元朝时的"中国"与"十三省"并称。

与此同时，清代前中期"文化中国"的说法依然存在，当然这些论说也可以被看成是为"地理中国"或者"政治中国"统治天下确立法理性。

如李光地《榕村集》卷二〇《记南怀仁问答》中载："康熙十一年某月，见西士南怀仁。怀仁深诋天地方圆之说，及以九州为中国之误，其言曰：天之包地，如卵里黄，未有卵圆而黄乃方者，人以所见之近，谓地平坦而方，其可乎？天地既圆，则所谓地中者，乃天中也。此惟赤道之下二分午中日表无影之处为然。怀仁与会士来时，身履其处，此所谓地中矣。愚答之曰：天地无分于方圆，无分于动静乎？盖动者，其机必圆，静者，其本必方，如是，则天虽不圆，不害于圆，地虽不方，不害于方也。且所谓中国者，谓其礼乐、政教得天地之正理，岂必以形而中乎？譬心之在人中也，不如脐之中也，而卒必以心为人之中，岂以形哉？读吴草庐《土中之说》，因偶忆及，遂记于此。"②

不过，还需要注意的是，清代中期出现了对"中国"，具体说是对"政治中国"地理范围新的认识，"中国"超越了"九州"，而囊括了清朝所直接统治的区域。就笔者所见这方面论述中较早的是图里琛在《异域录》中的记述，即："我等答曰：……我中国地方，南至南海，东之东海，西与西藏之西沙章汗接壤，此等地方我国之人皆曾到过。惟沙章汗地方未到。在北则有尔国地方，我等初次到此。我中国并无似尔国地方

---

① 《钦定蒙古源流》卷三，文渊阁四库全书电子版。

② （清）李光地：《榕村集》卷二〇《记南怀仁问答》。

者。"① 这里的"中国"显然指的是清朝当时控制的地理范围，包括西藏和内外蒙古。类似的还有《清史稿·天文志一》载："（程子曰）据日景以三万里为中，若有穷，然有至一边已及一万五千里，而天地之运盖如初。然则中者亦时中耳。"又曰："今人所定天体，只是且以眼定，视所极处不见，遂以为尽。然向曾有于海上见南极下有大星十，则今所见天体盖未定。日月升降，不过三万里中，然而中国只到鄯善、沙车，已是一万五千里。若就彼观日，尚只是三万里中也。"②其中"中国只到鄯善、沙车"的认识显然已经扩展了原来"中国"的范围。

可以认为，到了清朝中期，"政治中国"的范围不再像北宋以后那样局限于相当于"九州"的"地理中国"之内，而是随着清朝"疆域"的扩展而扩展，因此"政治中国"与"地理中国"所涵盖的地理范围的差异也就日益明显。此外，还需要注意这一时期清人还扩展了天文分野所涵盖的地理范围，③因此可以认为对"政治中国"地理范围的扩展应是清人有意为之的。

但直至清朝晚期，"中国"一词所指称的这两种地理范围，即涵盖了清朝统驭范围的"政治中国"以及代表了"九州"的"地理中国"和"政治中国"，还被共同使用，甚至到民国初年已经受到现代"国家"观念影响的清朝的"遗老遗少"编纂的《清史稿》中也是如此，现对两者分别举例说明。

如对涵盖了清朝统驭范围的"政治中国"的记述，《清史稿·地理志四》载："你不楮即尼布楚，今俄名捏尔臣斯克。艾浑将军即黑龙江将军，此清初界也。自安巴格尔必齐河口，即循此河上流之外兴安岭，东

---

① 　（清）图里琛：《异域录》卷下，文渊阁四库全书电子版。

② 　《清史稿》卷二六《天文志一》，第 1010 页。

③ 　对此参见本书第二章。

至于海。凡岭以南，流入黑龙江之溪河属中国，岭以北属俄罗斯。中、俄分岭，此康熙二十八年《尼布楚条约》界也。自额尔古讷河入黑龙江处起，至黑龙江与松花江会流处止，以南以西属黑龙江省，以北以东属俄罗斯，中、俄分江，此咸丰八年《瑷珲条约》界也。尼布楚在安巴格尔必齐河西五百余里，本中国茂明安、布拉特、乌梁海诸部落地。"①《清史稿·邦交志一》记："中国屏藩，全在内外蒙古，沙漠万里，天所以限夷狄。"②《清史稿·邦交志一》载："帕米尔高原在中国回疆边外，旧为中国所属。"③《清史稿·邦交志六》记："初八日，潘霨偕台湾兵备道夏献纶及洋将日意格、斯恭塞格等，乘轮船由安平出海抵琅峤。诣日营，晤中将西乡从道，示以葆桢照会，略云：'生番土地隶中国者二百余年，杀人者死，律有明条，虽生番岂能轻纵。然此中国分内应办之事，不当转烦他国劳师糜饷。'"④《清史稿·兵志八》载："中国边防，东则三省，北则蒙边，西则新、甘、川、藏，南则粤、湘、滇、黔，而沿边台卡，亦内外兼顾，盖边防与国防并重焉。"⑤《清史稿·邦交志一》记："夫中国幅员之广，远轶前古，幽陵、交阯之众，流沙、蟠木之属，莫不款关奉贽，同我版图。乃康、乾以来所力征而经营者，任人蚕食，置之不顾，西则浩罕、巴达克山诸部失之于俄，南则越南、缅甸失之英、法，东则琉球、朝鲜失之日本，而朔边分界，丧地几近万里，守夷守境之谓何，此则尤令人痛心而疾首者也。爰志各国邦交始末，以备后人之考镜焉。"⑥

---

① 《清史稿》卷五七《地理志四》，第 1964 页。
② 《清史稿》卷一五三《邦交志一》，第 4495—4496 页。
③ 《清史稿》卷一五三《邦交志一》，第 4505 页。
④ 《清史稿》卷一五八《邦交志六》，第 4621 页。
⑤ 《清史稿》卷一三七《兵志八》，第 4063 页。
⑥ 《清史稿》卷一五三《邦交志一》，第 4482 页。

书中对代表了"九州"的"地理中国"和（或）"政治中国"的记述，如《清史稿·邦交志二》载："十四年春，英人麻葛蕳督兵入藏，藏人筑卡御之，为英属印兵所逐。藏人旋又攻哲孟雄境之日纳宗，又败。先是，藏地国初归附，自英侵入印度后，藏遂与英邻。乾隆年，英印度总督曾通使班禅求互市，班禅谓当请诸中国，议未协而罢。"①同卷载："外务部王大臣以约内第一款有'英国国家允认中国为西藏之上国'一语最有关系，电绍仪使改'上国'为'主国'，费利夏持不可。"②《清史稿·地理志一》记："有清崛起东方，历世五六。太祖、太宗力征经营，奄有东土，首定哈达、辉发、乌拉、叶赫及宁古塔诸地，于是旧藩札萨克二十五部五十一旗悉入版图。世祖入关翦寇，定鼎燕都，悉有中国一十八省之地，统御九有，以定一尊。"③

上述有些文字不是引用清朝历史上的"叙述"，而是《清史稿》纂修者的叙述，这也说明在民国初年，"中国"一词无论是在地理层面，还是在政治层面上，就其涵盖的范围而言，依然是多元的。

不仅如此，在一些清人的叙述中，两种"中国"的地理范围同时出现，如《清史稿·交通志一》载："六年，刘铭传入觐，疏言：'自古敌国外患，未有如今日之多且强也。一国有事，各国环窥，而俄地横亘东、西、北，与我壤界交错，尤为心腹之忧。俄自欧洲起造铁路，渐近浩罕，又将由海参崴开路以达珲春，此时之持满不发者，以铁路未成故也。不出十年，祸且不测。日本一弹丸国耳，师西人之长技，恃有铁路，亦遇事与我为难。舍此不图，自强恐无及矣。自强之道，练兵造器，固宜次第举行。然其机括，则在于急造铁路。铁路之利，于漕务、

---

① 《清史稿》卷一五四《邦交志二》，第 4535 页。
② 《清史稿》卷一五四《邦交志二》，第 4551 页。
③ 《清史稿》卷五四《地理志一》，第 1891 页。

赈务、商务、矿务、厘捐、行旅者，不可殚述，而于用兵尤不可缓。中国幅员辽阔，北边绵亘万里，毗连俄界；通商各海口，又与各国共之。画疆而守，则防不胜防，驰逐往来，则鞭长莫及。惟铁路一开，则东西南北呼吸相通，视敌所趋，相机策应，虽万里之遥，数日可至，百万之众，一呼而集。且兵合则强，分则弱。以中国十八省计之，兵非不多，饷非不足，然此疆彼界，各具一心，遇有兵端，自顾不暇，征饷调兵，无力承应。若铁路告成，则声势联络，血脉贯通，裁兵节饷，并成劲旅，防边防海，转运枪炮，朝发夕至，驻防之兵即可为游击之旅，十八省合为一气，一兵可抵十数兵之用。将来兵权饷权，俱在朝廷，内重外轻，不为疆臣所牵制矣。方今国计绌于边防，民生困于厘卡。各国通商，争夺利权，财赋日竭，后患方殷。如有铁路，收费足以养兵，则厘卡可以酌裁，裕国便民，无逾于此。今欲乘时立办，莫如筹借洋债。中国要路有二：南路一由清江经山东，一由汉口经河南，俱达京师；北路由京师东通盛京，西达甘肃。若未能同时并举，可先修清江至京一路，与本年拟修之电线相为表里。'"① 这段文字里"中国幅员辽阔，北边绵亘万里，毗连俄界"中的"中国"应当指的是表示清朝直接控御范围的"政治中国"，而"以中国十八省计之"则使用的又是相当于"九州"的"地理中国"（或传统的"政治中国"）。

总体而言，基本可以认为，清代前中期，由于清朝所控制的地理范围与明朝近似，"地理中国"和"政治中国"两者涵盖的范围也就近似，在使用中似乎并无太大差异。但随着清朝控制的地域范围的扩展，"政治中国"的范围也不断扩大。但传统的"地理中国"的概念并没有消失，甚至到晚清依然存在，且其有时也有着"政治"的意味，最为典型的就

① 《清史稿》卷一四九《交通志一》，第4427—4428页。

是以杨守敬《历代舆地沿革险要图》为代表的历史地图集。但更为传统的指代"北方地区"的"中国"的概念在清代已经极少被使用。

小　结

根据上文的分析，大致而言，王朝时期"中国"一词的含义包括如下几个方面。

"地理中国"，这可能是"中国"的多重含义中出现最早的，但随着时间的流逝其指代不断发生变化。在先秦时期它主要指的是"关东地区"；秦汉直至魏晋南北朝时期，其含义扩展到了整个北方地区，但最晚到汉代已经出现了将"中国"的范围等同于"九州"的认知，不过使用频率较少；隋唐时期，"地理中国"的地域范围具有了一定的灵活性，甚至可以扩展到包括之前不属于"中国"的区域，与"九州"不断接近，但其传统的用以指代"北方地区"的用法并没有消失；北宋时期，"地理中国"基本等同于"九州"；在宋金和宋元时期，"地理中国"传统的指称"北方地区"的用法再次复兴；元朝直至清末，"地理中国"的范围基本指"九州"，但其传统的指称"北方地区"的用法在某些场景中依然会被使用，只是数量极少。

从现有的资料来看，"政治中国"的含义，可能最早形成于隋唐时期，但至五代和北宋时期其含义才被广泛使用，即指代某一王朝直接控制区域上的"国"，且与王朝的正统性建立了联系。需要说明的就是，"政治中国"也是有着地理范围的，即某一王朝直接控制的区域，但在清代中期之前，其并不是可以无限扩张的，基本被限定在"九州"之内。清朝中期之后，统治者开始有意扩展"政治中国"的地理范围，"政治中国"超出了"九州",相当于清朝直接控制的范围。

"文化中国",最早起源于先秦,且后世一直存在,但论证方式在不同时期或者基于不同目的而存在差异。不过需要明确的就是,"文化中国"并不是独立存在的,简言之,"文化中国"的提出是为了论证某种"地理中国"和"政治中国"的合法性,或者说"文化中国"是作为"地理中国"和"政治中国"的附属品而存在的。

还需要说明的就是,王朝时期"中国"一词的三个方面,甚至三个方面中不同的含义都是并存的,而且在一些语境下,尤其是在宋代之后,"地理中国""政治中国"和"文化中国"有时无法明确区分开来。如宋明时期,"政治中国"与"地理中国"涵盖的地理范围基本一致,因此将众多语境中的"中国"理解为"政治中国"或"地理中国"都是可以的。

不仅如此,虽然通常在分裂时期,"文化中国"才能更为清晰地被识别出来,但由于"文化中国"中的"文化"与"中国"两词很早就已经被密切地联系起来,以至于一提到"中国",当时的人以及很多"四夷"都会联想到"中国"在经济、文化、政治等方面的"优越性",或者至少是在文化层面上的优越性,因此"地理中国"和"政治中国"也就不可避免地带有"文化中国"的烙印,几乎文献中所有的"中国"在某种程度上都可以被理解为"文化中国"。

总体而言,王朝时期,"中国"一词的含义是多元的,要理解文献中出现的为数众多的"中国"一词的确切含义,不仅必须回到当时的语境中,还要理解当时以及之前经常用于这些"语境"中的"中国"一词的含义,而这也正是以往众多关于"中国"的研究所忽略的。

让问题变得复杂的原因就是,我们现代人总是认为在某一语境中的"中国"一词的概念应当是统一的,或者应当是大致统一的,但实际上,古人似乎并不如此认为，这一点在雍正的《大义觉迷录》中展现得最为明显，现举其中具有代表性的几段进行分析。

> 在逆贼等之意，徒谓本朝以满洲之君，入为中国之主，妄生此疆彼界之私，遂故为讪谤诋讥之说耳。不知本朝之为满洲，犹中国之有籍贯。舜为东夷之人，文王为西夷之人，曾何损于圣德乎？[①]

这段中的两个"中国"似乎就有着不同的含义，前者可以被理解为代表"九州"的"地理中国"，或者范围为"九州"的"政治中国"，这点应当没有太大疑问。但后一个"中国"则让人感到迷惑，如果其与前一个"中国"意思一致的话，那么结合"本朝以满洲之君，入为中国之主"来看，显然是将"满洲"与"中国"并列，因此"犹中国之有籍贯"这样的比喻以及由此为"满洲"统治"中国"确立法理基础的说法也就不能成立。如果指的是清朝控制范围的"政治中国"的话，那么就其涉及地理范围而言，与前一个"中国"显然不是一个"中国"。

> 且逆贼吕留良等，以夷狄比于禽兽，未知上天厌弃内地无有德者，方眷命我外夷为内地主。若据逆贼等论，是中国之人皆禽兽之不若矣！又何暇内中国而外夷狄也？自詈乎？詈人乎？
>
> 且自古中国一统之世，幅员不能广远，其中有不向化者，则斥之为夷狄。如三代以上之有苗、荆楚、猃狁，即今湖南、湖北、山西之地也。在今日而目为夷狄可乎？至于汉、唐、宋全盛之时，北狄、西戎世为边患，从未能臣服而有其地，是以有此疆彼界之分。

---

① 《大义觉迷录》，沈云龙主编《近代中国史料丛刊》第36辑，台北：文海出版社，1966，第4页。

自我朝入主中土,君临天下,并蒙古极边诸部落,俱归版图,是中国之疆土开拓广远,乃中国臣民之大幸,何得尚有华夷中外之分论哉!①

在第一段中,雍正已经承认自己为"外夷",则其中的"中国"无论是代表"九州"的"地理中国",或者是范围为"九州"的"政治中国"都可以成立,但从其强调与"外夷"的关系而言,"地理中国"的可能性更大一点,而在第二段中,由于"中国"的幅员可以扩展,其中的"中国"似乎更倾向于"政治中国"。

且如中国之人,轻待外国之入承大统者,其害不过妄意诋讥,蛊惑一二匪类而已,原无损于是非之公,伦常之大。倘若外国之君入承大统,不以中国之人为赤子,则中国之人,其何所托命乎?况抚之则后,虐之则仇,人情也,若抚之而仍不以为后,殆非顺天合理之人情也。假使为君者,以非人情之事加之于下,为下者其能堪乎?为君者尚不可以非人情之事加之人于下,岂为下者转可以此施之于上乎?②

在这一段中,雍正显然认为"满洲"是"外国",这段中的"中国"显然指的是在地理范围上不包括"满洲"的代表"九州"的"地理中国",或者范围为"九州"的"政治中国"。

此外,雍正还使用了"文化中国"的概念,即:

---

① 《大义觉迷录》,第8页。

② 《大义觉迷录》,第14页。

孔子曰："君子居是邦也，不非其大夫。"况其君乎！又曰："夷狄之有君，不如诸夏之亡也。"夫以春秋时百里之国，其大夫犹不可非，况我朝奉天承运，大一统太平盛世，而君上尚可谤议乎？且圣人之在诸夏，犹谓夷狄为有君，况为我朝之人，亲被教泽，食德服畴，而可为无父无君之论乎？韩愈有言："中国而夷狄也，则夷狄之；夷狄而中国也，则中国之。"历代从来如有元之混一区宇，有国百年，幅员极广，其政治规模颇多美德，而后世称述者寥寥。其时之名臣学士，著作颂扬，纪当时之休美者，载在史册，亦复灿然具备，而后人则故为贬词，概谓无人物之可纪，无事功之足录，此特怀挟私心识见卑鄙之人，不欲归美于外来之君，欲贬抑淹没之耳。[①]

此处笔者并不想指出雍正《大义觉迷录》中的问题，而是想让读者意识到，在该文中，雍正为确立统治"中国"以及"天下"的正统性，在进行论述时，基于不同的需要使用了"中国"不同的概念，无论他是有意的还是无意的，这都展现了"中国"概念的多元性和可塑性。这也使作为现代人的我们在理解"中国"一词的含义时变得更为困难。

而且，通过前文的叙述，我们还可以看到，王朝时期，"王朝"与"中国"是不对等的，即"中国"只是"王朝"的一部分，且是最为核心的部分。

此外，我们还需要注意"中国"一词出现的语境。大致而言，王朝时期，"中国"一词出现最多的语境就是与"夷狄""四夷""天下"有关，以及分裂时期与其他"王朝"交往有关的语境中。表4-1列出了二十四史中"中国"一词在"四夷"列传中出现的比例，显然，只要正史中有"四夷"列传，那么这些列传就往往是全书"中国"一词出现

---

① 《大义觉迷录》，第15页。

频率最高的部分，在某些正史中其比重甚至占到了四分之三。还需要说明的是，出现在"四夷"列传之外的"中国"一词，通常也与"夷狄""四夷"和"天下"等语境有关。

表4-1　二十四史中"中国"一词在"四夷"列传中出现的比例

著作名	全书中"四夷"列传部分"中国"一词出现的数量（次）	全书中"中国"一词出现的总次数（次）	"四夷"部分"中国"一词出现的百分比（%）
史记	匈奴列传，10 南越列传，7 东越列传，2 西南夷列传，1 大宛列传，2 共计，22	112	19.64
汉书	匈奴传上，9 匈奴传下，22 西南夷两粤朝鲜传，10 西域传上，2 西域传下，4 共计，47	157	29.94
后汉书	东夷列传，2 南蛮西南夷列传，5 西羌传，2 西域传，9 南匈奴列传，5 乌桓鲜卑列传，8 共计，31	75	41.33
三国志	乌丸鲜卑东夷传，14	47	29.79
晋书	四夷传，13	91	14.29
宋书	索虏传，5 夷蛮传，3 共计，8	21	38.10

著作名	全书中"四夷"列传部分"中国"一词出现的数量（次）	全书中"中国"一词出现的总次数（次）	"四夷"部分"中国"一词出现的百分比（%）
南齐书	东南夷传，4 魏虏传，3 共计，7	12	58.33
梁书	诸夷传，23	30	76.67
陈书	0	6	0
魏书	西域传，8 蠕蠕匈奴宇文莫槐徒河段就六眷高车传，5 氐吐谷浑宕昌高昌邓至蛮獠等传，6 高句丽百济勿吉失韦豆莫娄地豆于库莫奚契丹乌洛侯传，4 共计，23	58	39.66
周书	异域传下，5	9	55.56
北齐书	0	3	0
北史	高丽百济新罗勿吉奚契丹室韦豆莫娄地豆干乌洛侯流求倭传，11 蛮獠林邑赤土真腊婆利传，5 氐吐谷浑宕昌邓至白兰党项附国稽胡传，2 西域传，12 蠕蠕匈奴宇文莫槐徒何段就六眷高车传，6 突厥西突厥铁勒传，8 共计：44	72	61.11
南史	夷貊传上，9 夷貊传下，10 共计，19	27	70.37

著作名	全书中"四夷"列传部分"中国"一词出现的数量（次）	全书中"中国"一词出现的总次数（次）	"四夷"部分"中国"一词出现的百分比（%）
隋书	东夷传，10 南蛮传，3 西域传，5 北狄传，7 共计，25	52	48.08
旧唐书	突厥传上，16 突厥传下，5 回纥传，7 吐蕃传上，5 吐蕃传下，1 南蛮西南蛮传，5 西戎传，8 东夷传，12 北狄传，6 共计：65	173	37.57
新唐书	回鹘传上，5 回鹘传下，9 沙陀传，1 北狄传，3 东夷传，8 西域传上，11 西域传下，8 南蛮传上，3 南蛮传中，4 南蛮传下，8 共计：60	203	29.56
旧五代史	外国列传第一，4 外国列传第二，9 共计，13	36	36.11

著作名	全书中"四夷"列传部分"中国"一词出现的数量（次）	全书中"中国"一词出现的总次数（次）	"四夷"部分"中国"一词出现的百分比（%）
新五代史	四夷附录第一，20 四夷附录第二，19 四夷附录第三，34 共计：73	136	53.68
宋史	外国传一，1 外国传二，5 外国传三，9 外国传四，2 外国传五，12 外国传六，10 外国传七，12 外国传八，1 蛮夷传一，1 蛮夷传二，1 蛮夷传三，4 蛮夷传四，1 共计：59	347	17.00
辽史	二国外记，0	14	0
金史	外国传上，0 外国传下，0	14	0
元史	外夷传一，2 外夷传三，4 共计，6	42	14.29
明史	四川土司传一，3 云南土司传一，2 云南土司传二，1 云南土司传三，15 贵州土司传，1 广西土司传一，1 外国传一，16 外国传二，8	282	64.54

续表

著作名	全书中"四夷"列传部分"中国"一词出现的数量（次）	全书中"中国"一词出现的总次数（次）	"四夷"部分"中国"一词出现的百分比（％）
明史	外国传三，14 外国传四，9 外国传五，8 外国传六，14 外国传七，17 外国传八，7 外国传九，15 西域传一，17 西域传二，6 西域传三，10 西域传四，18 共计，182	282	64.54

在这些语境中使用"中国"一词，应当是非常好理解的，因为"王朝"是"普天之下"的，因此王朝在与"四夷"或者"外国"交往时，如果用"王朝"名或者"天下之号"，那么两者显然是不对等的。基于此，使用代表了王朝正统性、文化优越性以及王朝直接统治范围的"政治中国"或者"地理中国"的"中国"一词也就成为一种必然的选择。

如果理解了这一点，那么我们就不会再认为《尼布楚条约》中出现"中国"一词有什么特殊之处了，因为这是在王朝时期与"外国""蛮夷"交往和交流时习惯使用和必然选择使用的词语。《尼布楚条约》现存只有拉丁文、满文和俄文本，缺乏对应的中文本，且各种文本的表述都存在一些差异，但《清实录》中收录了条约签订后清廷根据满文本译出的汉文本，录入如下：

大清国遣大臣与鄂罗斯国议定边界之碑。

一，将由北流入黑龙江之绰尔纳，即乌伦穆河，相近格尔必齐河为界。循此河上流不毛之地，有石大兴安以至于海，凡山南一带流入黑龙江之溪河，尽属中国。山北一带之溪河，尽属鄂罗斯。

一，将流入黑龙江之额尔古纳河为界，河之南岸属于中国，河之北岸属于鄂罗斯。其南岸之眉勒尔客河口所有鄂罗斯房舍，迁移北岸。

一，将雅克萨地方鄂罗斯所修之城，尽行除毁。雅克萨所居鄂罗斯人民及诸物，尽行撤往察汉汗之地。

一，凡猎户人等断不许越界。如有一二小人，擅自越界捕猎偷盗者，即行擒拿送各地方该管官。照所犯轻重惩处。或十人或十五人，相聚持械捕猎，杀人抢掠者，必奏闻，即行正法，不以小故沮坏大事。仍与中国和好，毋起争端。

一，从前一切旧事不议外。中国所有鄂罗斯之人，鄂罗斯所有中国之人，仍留不必遣还。

一，今既永相和好，以后一切行旅，有准令往来文票者，许其贸易不禁。

一，和好会盟之后，有逃亡者，不许收留，即行送还。[1]

在条约的正文中，并没有出现"清朝"一词，使用的都是"中国"一词，基于上文的分析，这是王朝时期必然的用法，并不像有些学者阐释的，具有什么特殊性。

---

[1] 《清实录·圣祖仁皇帝实录》卷一四三，康熙二十八年十一月至十二月，中华书局，1985，第578页。

　　不仅如此，虽然我们现代人心目中"中国"一词是中性的，是一个国家的"国号"，但在王朝时期，由于"中国"与"四夷"相对，且也主要出现在与"四夷"有关的语境中，再加上"天下秩序"观念的影响，以及"文化中国"的存在，其实际上不仅是一个"褒义词"，更是对与其对话或者交涉的"四夷"的贬低。就这点而言，虽然《尼布楚条约》的条文在今人看来是平等的，但在王朝时期的语境下，其并不是一个"平等"的条约，而是"中国"对俄国的"恩赐"。其实翻阅一下《尼布楚条约》签订前后的一些文献也能看到清人对俄国人的这种态度，如《尼布楚条约》订立之初，议政王大臣等就奏称："鄂罗斯国人，始感戴覆载洪恩，倾心归化，悉遵往议大臣指示，定其边界。此皆我皇上睿虑周详，德威遐播之所致也。"[1] 还有一个佐证就是黄兴涛描述的"1871年，中日两国在商讨立约标题时，日方就认为题头与日本并称的'中国'称谓有失妥当，'中国系对己邦边疆荒服而言，约内两国相称，明书国号为正'……在条约付署之际，又再度重申了不可用'中国'作为条约起首处国家之称的理由：'中国，东起满洲、朝鲜，西至西藏、后藏、昆仑山，若将其域内称作中国，那么其域外之地岂不是要被视作外夷？说到底就是要以'中国'自居。'"[2] 深受中华文化影响的日本，显然明白在王朝时期"中国"一词的这一内涵。

---

[1]　《清实录·圣祖仁皇帝实录》卷一四三，康熙二十八年十一月至十二月，第578页。

[2]　黄兴涛：《重塑中华：近代中国"中华民族"观念研究》，北京师范大学出版社，2017，第43页。

结论

"王朝"和"中国"的转型

如果只是就涉及的主题而言，本书并没有太多新意，甚至也没有深化对"王朝"时期"天下秩序"的认知。不过，本书的创新之处大致可以分为以下三个层面。

一是"历史事实"的层面。本书首次认真梳理了王朝时期"中国"一词的各种含义及其演变；通过论证认为王朝时期的"大一统"虽然涉及地理空间，但"疆域统一"并不是其关心的主旨；本书还提出"天下"一词确实指的是"普天之下"，且没有狭义和广义之分。

二是研究方法和视角的层面。本书强调这方面的研究应当尽量"回到历史现场"，而不应基于研究者的需要，从"后见之明"的角度去理解王朝，进而认为这些也是古人的认知；本书还提出"线性史观"和"辉格的历史解释"等相关问题，尤其是近代"中国"转型的研究并无益处，只会增加无数种没有太大学术价值的"历史叙述"。

三是理解历史的层面。本书认为"王朝"涵盖的地理空间为"天下"，而这一"天下"之中存在着由"华夷"构成的"天下秩序"，"中国"虽然是"王朝"的最为核心的部分，但其绝不等于"王朝"，学界对这些内容应并不陌生。但有意思的是，在众多相关研究以及在众多应以这些"理解"为基础的研究中，许多研究者又忘记了这些"理解"或者对其"视而不见"。因此，结合上述三个层面，本书希望未来的研究者应当真正将这些"理解"化为"理解",而不是在研究中带入我们今人的众多"理解"且由此忽视对"历史事实"的"复原"。

到了这里还需要回答的一个问题就是王朝时期的"中国"是如何"转型"为"现代中国"的。与李怀印等研究者论述的"线性的"以及"辉格的历史解释"的"现代中国的形成"相比,"转型"一词强调的是"断裂"以及"转化为"另外一种事物,就本书所涉及的"天下秩序"而言,强调的是近代王朝"天下秩序"的崩溃,以及王朝对现代所谓"万国平等"的"国际秩序"的接受,以及原本多义的"中国"转化为含义明确的作为现代主权国家的"中国"的过程。这种论述认为这一"历史过程"不是"线性的",甚至也不是"必然的"。

晚清王朝与欧洲列强的冲突,可以看成两种"天下观"之间的冲突。在这场冲突中,处于上升期的欧洲列强,战胜了已经过了强盛期,制度日趋僵化、日益缺乏开放性和进取心的清朝,王朝传统"天下观"的崩溃也是必然。但由于这种"天下观"已经深入文化的骨髓,且在这种"天下观"中"中国"长期居于统治地位,因此在冲击之下,"中国"依然花费了近百年的时间才将这种"天下观"彻底抛弃。

而就"中国"的"转型"而言,过程则更为复杂,现就这一词语在清朝的三种不同层面的含义,即以往研究中所论述的"政治中国""地理中国"和"文化中国"分别进行简要论述。

如本书第四章所述,由于清朝努力扩大"政治中国"的地理范围,将其扩展到了清朝直接统驭的范围,因此在与列强的碰撞中,随着王朝"天下秩序"的崩溃以及王朝对所谓"万国平等"的现代主权国家概念逐渐接受,这一"政治中国"也就逐渐转化为现代的主权国家,虽然这一过程花费了近百年的时间。不仅如此,"普天之下莫非王土"的凌驾于"中国"之上的"王朝(清朝)"的概念逐渐消解之后,虽然可能清人最初不太理解现代"国家"的概念，但对于作为一个"国家"的"中国"的概念则是相对熟悉的，"中国"作为一个"国家"的称号也很容易就取代了"天下之号"的"清"，成为"国号"。与此同时，随着各种条约的签订，"政治中国"的疆域也就逐渐固化为现代主权国家的"领土"。

"地理中国"这一概念，则可能延续到了清朝末年，甚至民国初年，典型的就是杨守敬的《历代舆地沿革险要图》，"杨图各时代都只画中原王朝的直辖版图，除前汉一册附有一幅西域图外，其余各册连王朝的羁縻地区都不画，更不要说与中原王朝同时并立的各边区民族政权的疆域了。所以杨守敬所谓《历代舆地图》，起春秋讫明代，基本上都只画清代所谓内地 18 省范围以内的建置，不包括新疆、青、藏、吉、黑、内蒙古等边区"，也即只绘制了"地理中国"。[①] 不过，随着现代国家概念的诞生，以及"中国"被越来越多人看作一个现代国家，到了民国时期，大多数人越发不理解"地理中国"的含义，或者说"中国"一词的这一层含义很快就被大多数人所忘记。在面对日本和西方用"中国本部"一词来试图达到侵略或者分裂中国的目的时，民国时期的研究者们虽然认为这一词语存在问题，但绝大多数的反驳者都没有意识到对方所用的"中国"在王朝时期指的只是"地理中国"，或者至多是持续至清朝前期的受到"地理中国"影响的"政治中国"，而不是清朝中期及其之后的"政治中国"，因此"中国本部"从本质上而言，只是一个地理名词，而不是一个"政治"单元，用"中国本部"来对中国的领土进行限定本身就是不成立的，且即使将"中国"视为一个国，其与现代国家也存在本质差异。民国时期的学者已经如此，现代的研究者更是没有意识到这一词语的根源，无论是欧美"新清史"研究者的相关论述，还是

---

① 当然也有可能指的是清朝中期之前的"政治中国"，但那个"政治中国"的形成与"地理中国"之间存在千丝万缕的联系。

不同意这些论述的中国学者实际上都没有理解问题的本质。一旦理解了这一问题的本质，那么显然也就很容易发现那些用"中国本部"或者其简称（即"中国"）来指摘现代中国的研究的漏洞，甚至不值得驳斥了。

近代以来，随着中西方文化的碰撞，"中国"在政治、文化、经济以及心理等方面的优越地位不断受到冲击，"文化中国"也因此不断被消解。为了应对这一心理上的落差，随着"中华民族"概念的提出以及被广泛接受，"中华优秀传统文化"这一概念最终取代了"文化中国"，成为当时居于弱势的中国人寻求民族复兴的心理基础。不过，在笔者看来，一个国家和一个民族的文化自信并不能只是建立在对传统文化的挖掘上，更应当建立在挖掘传统文化精髓基础的创新上，其重点在于当下而不是过往，因此在当代，"中国"一词其"文化中国"的含义很有可能会"复兴"，这一转变不仅是这个时代的反映，也是时代的需要。

需要说明的是，上述这些叙述本身也不是完全客观的，也不能完全做到"回到历史现场"，且也有着前提，但这样的解释与之前的研究相比，没有涉及因果解释和对历史发展脉络的讨论，而只是基于"前见"对涉及的"历史事实"的"复原"，避免了"线性史观"以及"辉格的历史解释"，即并没有强调王朝时期的"（政治）中国"必然会发展为现代的"中国"。

本部分还要说明一下本书讨论"天下""天下秩序""大一统"和"中国"这些概念在王朝时期的含义的意义。

近代以来，随着王朝和"天下秩序"的崩溃，以及"文化中国"原本"优势"地位的丧失，欧美建立的世界秩序以及文化对中国的传统文化产生了一定冲击，其中也包括对历史的叙述方式的冲击，这点只要看一下本书序言中对"中国疆域沿革史"历史书写的演变，以及附录对李怀印著作的书评就能明白;此外,用"中国历史"一词作为关键词在四库全书数据库中进行检索,居然得不到一个检索结果,更强化了这一认知。正是由于这一原因,虽然以往我们在研究王朝历史时,无论是在宏观的还是微观的历史叙事中都使用了大量传统的词语,如本书讨论的"天下""天下秩序""大一统"和"中国",还有本书中大量使用的"王朝"一词,但对于这些词语的理解大都是基于现代欧美的概念。如将"天下"区分为广义和狭义的,对于其原因,渡边信一郎总结为两者之间"存在着难以逾越的鸿沟。布阵于鸿沟两侧的,则分别是国民国家论与帝国国家论这两大阵营。国民国家论,是对欧洲近代所创造的资本主义政治社会进行分析并概念化的产物;而帝国概念则源自欧洲古典时代,是从其与资本主义经济间的关系出发,论述欧洲近代殖民主义扩张的国家论。对于前近代中国之天下,均源于欧洲的国民国家概念与帝国概念,都首先面临是否适用的问题"。[1]因此这一区分本身就受到了现代欧美概念的强烈影响。此外,在几乎所有使用"大一统王朝"这一词语的研究中,研究者都将"大一统"理解为"疆域统一",这一错误认知的根源虽然表面上是学者从未对这一词语在王朝时期的含义和演化进行过梳理,但问题是,为什么长期以来学界忽视了这一对于讲求"实证"的历史学而言必须进行的研究?显而易见的答案就是,现代研究者受到现代"领土国家"的影响,将"大一统"默认转化为了"大统一",且认为这就是这一词语在王朝时期必然的含义。还有,"中国"一词在王朝时期有着多种含义,这点并不是本人的创见,很多研究者对此也是了解的,但在众多以"中国"为基础的研究中又几乎都忽视了这一点,而将"中国"默认为是一个"国家",甚至是近似于"领土国家"的"疆域国家",显然这也是受到现代欧美概念的影响。"王朝"一词更是如此,

---

① 〔日〕渡边信一郎:《中国古代的王权与天下秩序——从日中比较史的视角出发》,第15页。

由于众所周知的"普天之下莫非王土",因此"王朝"显然不等于"国家",但面对如此常识性的认知,还有众多研究者仍将"王朝"等同于"国家",甚至在某些研究中使用了"王朝国家"这样难以理解、自相矛盾的词语,这同样是受到现代欧美概念的影响。且在王朝时期,"王朝"绝对不等于"中国",但自近代以来,无论是在"中国通史",还是在各种专题研究中,两者都被等同起来,其原因同样不言自明。

由此,笔者想提出的一个问题就是,这样的"中国史"虽然在某种程度上确实是"中国史",但这是我们中国人的"中国史",还是现代欧美人的"中国史"?如果理解了这一问题,也就不难理解为什么会有"现代中国的形成"以及"新清史"这样的研究了。除了政治原因之外,显然是王朝时期的"王朝""中国"等概念超出了研究者的理解范畴,因而他们只能通过有意无意的曲解来将王朝时期的概念转化为他们能够理解的概念,并基于"线性史观",认为欧美近现代的历史必然会再现于王朝,也即王朝迟早会发展为现代国家,会自然而然地融入以欧美历史为标准建立的所谓的现代国际秩序。但由于王朝与欧美国家的历史确实存在众多差异,在他们眼中"现代中国的形成"并不像欧美国家那么"典型"或者有着极为明确的"线性",因而"现代中国的形成"也就成为一个需要不断讨论和解释的问题。但王朝的"天下"和"天下秩序"与现代的国家秩序根本"不兼容",因此从"后见之明"和"线性史观"出发,也就会得出无穷多的解释,虽然他们有的论证着"中国作为一个现代国家的历史正当性",有的论证着"中国作为一个现代国家的历史不正当性"。

如果理解了上述这些,那么也就会理解本书的意义,即本书希望为未来中国人真正自己的历史书写奠定一些基础,回归"中国话语"。这也就再次回答了本书序言中提出的那个问题:谁的"中国"!谁的"天下"!

李怀印《现代中国的形成：1600—1949》简评

"现代中国的形成"，或者更为直接的"现代中国的历史合法性"是众多清史以及近现代史研究者所关注的问题。2022年，李怀印教授的《现代中国的形成：1600—1949》一书由广西师范大学出版社出版，对这一问题给出了他自己的回答。在第一章"导论"中，李怀印对该书的视角和涉及的时段进行了概述。大致而言，其解释的视角是基于对现代国家形成有着重要意义的地缘政治（还包括疆域）、财政和军事实力以及政治认同这三个要素的分析，同时将所研究的历史时期，即1600年至1949年分为三个时段，并按照在"现代中国形成"中的作用赋予各个时段以不同的"特点"，即清朝前中期是"早期近代疆域国家的形成"，晚清和民国初年是"迈向近代主权国家"，而从大致20世纪20年代直至1949年则为"统一集权的现代国家之肇建"。李怀印还将"现代中国的形成"的路径称为"中国道路的独特性"，且认为"中国迈向现代民族国家的道路，之所以不同于其他国家的历史经验，可归诸前近代和近代的三项历史遗产"，[①]具体而言"首先是汉族人口的巨大规模和同质性"，[②]"第二项遗产是清代国家的边疆建设"[③]以及"第三项遗产是

---

① 李怀印：《现代中国的形成：1600—1949》，第37页。

② 李怀印：《现代中国的形成：1600—1949》，第37页。

③ 李怀印：《现代中国的形成：1600—1949》，第38页。

国家财权、军权和行政权的地方化"，①并认为"其（指的是中国）超大的规模，首先源自华夏民族自身数千年来的开疆拓土和对周边部族的同化，由此得以形成一个原初形态的'中国'……同时，清朝作为一个外来的王朝所独有的地缘战略格局，也使之有必要整合边陲，以确保它对内地的控制。正是清代以前原初中国的遗产和清朝的疆域整合这两者的结合，解释了现代中国国家为什么得以建立在一个如此辽阔的领土之上"，②"现代中国国家在结构上如此紧固，首先还是获益于原初中国所馈赠的遗产，即在同质人口的基础上所产生的一个高度集权和统一的政府体制，后者对来自国家内部的离心力起到有力的抑制作用，并排除了权力分配上产生多元机制的可能性……现代中国国家形成的另一个重要背景，则是前面一再强调的晚清和民国早期国家权力的非集中化……总之，前近代的族群和政治传统，加上 20 世纪的再集中化努力，使得现代中国国家结构之异常强固"。③此外，就李怀印的论述来看，这本著作所反驳的是以往"国家形成的经典论述中所流行的'帝国—民族国家'二分法，及其所隐含的从帝国到民族国家的目的论"，④也就是说他希望反驳长期占据主流的以西方历史为标准的一种历史叙事。

　　该著作出版之后，在学界引起了一些关注，并获得了较高评价。⑤不过，通读该书之后，笔者对该书的学术价值和历史研究方法有着不同认识，这也是撰写本部分的目的。不过受制于笔者的知识结构，对该书

---

① 李怀印：《现代中国的形成：1600—1949》，第 39 页。

② 李怀印：《现代中国的形成：1600—1949》，第 40 页。

③ 李怀印：《现代中国的形成：1600—1949》，第 40—41 页。

④ 李怀印：《现代中国的形成：1600—1949》，第 41 页。

⑤ https://mp.weixin.qq.com/s?src=11&timestamp=1647250961&ver=3676&signature=cN-0PEdyhd7blc*Es8DvIOOMSnIkTU1-pNbF*Zae8ucS1VDGSL-lYcfRUGB0qQgonWlqAy3orJc2IUSCCuAti2lTE-VVDYs6HBWFV8mjcSX81vRWwd1BU7CbfRiSt0eH&new=1.

的评价主要局限于该书整体的论述逻辑，及其所使用的"中国""疆域"等概念和由此而来的李怀印对"清朝"的理解。

一 "回到历史现场"与"后见之明"

就研究逻辑而言，李怀印在书中谈到该书希望"抛开制约人们认知过程的那套逻辑，回到历史之中，以认识事实的真相；同样重要的是要去了解这套逻辑本身是如何被建构的，而且是如何用来建构历史的。只有回到历史过程之中，掌握真相，我们才能解构被既往的逻辑所建构的历史，并把自己从这套逻辑的束缚中解脱出来"。[①] 这一论述颇有史学理论的意味，简言之，作者希望"回到历史现场"，即"掌握真相""回到历史之中，以认识事实的真相"，从而摆脱以往基于"后见之明"构建的"辉格的历史解释"，即"要去了解这套逻辑本身是如何被建构的，而且是如何用来建构历史的"，"我们才能解构被既往的逻辑所建构的历史，并把自己从这套逻辑的束缚中解脱出来"。而这样做的目的，即反驳以往"国家形成的经典论述中所流行的'帝国—民族国家'二分法，及其所隐含的从帝国到民族国家的目的论"，或者说就是以往以西方历史和价值观为核心的对世界以及世界各国历史的构建。如果他能实践上述论说中的论证逻辑的话，那么确实他的这一研究将在说服力上超越之前的研究，并开创一种新的"现代中国的形成"的解释路径。但现在的问题就是，他在该书的论证中是否做到了"回到历史现象"以及摆脱"后见之明"？

[①] 李怀印：《现代中国的形成：1600—1949》，第369页。

在历史研究中，我们只能通过研读各种史料"回到历史现场"，但史料本身的问题、对"史料"解读过程中不可避免掺杂的主观性，以及研究者的立场、视角和价值观等，都使我们不可能真正"回到历史现场"，因此当我们研究历史的时候，都不可避免地会带有研究者的主观性，以及受到研究者所处时代的影响。[①] 这一点不仅是后现代史学的认知，[②] 也是量子物理学的认知，[③] 也是目前科学哲学的认知，[④] 受到篇幅限制，在此不再展开讨论。不过即使如此，在研究历史问题时，研究者应当意识到在研究中使用的概念、价值观、认知方式等的古今差异，即意识到我们使用的概念、价值观和认知方式等是我们今人的，还是我们尽量"复原"的古人的，这也就可以在"回到历史现场"和"后见之明"之间进行明确的区分。

具体到《现代中国的形成》一书，李怀印在分析清朝"疆域"的时候，使用了"帝国""边疆""国家"等术语，但"帝国"一词并不存在于王朝时期，[⑤] 而"边疆""国家"在王朝时期也有着与今天不同的含义。[⑥] 更不用说他对作为该书核心概念的直至清末的王朝时期的"中国"一词多元含义的忽视，都使他没有"回到历史现场"，也没有做到在现有史料情况下，尽可能地"回到历史现场"，甚至也许他都没有意识到这些问题，因此他这方面的研究不可避免地受到他所处时代、学术背景

① 对此可以参见成一农《我们需要什么样的历史学？》，中西书局，2021。

② 参见彭刚主编《后现代史学理论读本》，北京大学出版社，2016。

③ 对此通俗的介绍可以参见曹天元《上帝掷骰子吗？——量子物理学史话》，北京联合出版公司，2013。

④ 对此可以参见〔英〕A.F. 查尔默斯《科学究竟是什么？》，鲁旭东译，商务印书馆，2018。

⑤ 成一农、陈涛：《王朝是"帝国"吗？——以寰宇图和职贡图为中心》，《云南大学学报》（社会科学版）2022 年第 1 期。

⑥ 成一农：《中国古代的"天下观"和"疆域观"及其转型》，《中国古代舆地图研究》（修订版），第 640 页。

以及所习惯的学术范式的影响。[①]

　　不仅如此，从整体而言，李怀印对"现代中国的形成"的解释视角是基于对现代国家形成有着重要意义的地缘政治（其中包括疆域）、财政军事实力以及政治认同这三个要素的分析，虽然他对为什么选择这三个要素作为分析的切入点做了详细的说明，但无论如何，这显然已经远远不是"回到历史过程之中，掌握真相"，而是基于现代"国家"的视角来对"现代中国的形成"进行"重构"和"解释"，且以此为基础，来挑选符合这一视角的材料并对这些材料从符合这一视角的角度进行"重构"和"解释"，甚至将这段历史塑造成完美符合这种"解释"的历史过程。[②] 所以，实际上，李怀印是从其自身的立场出发，在"制造"一个"现代中国的形成"过程。因此他的研究同样是基于现代研究者的立场、视角和理论来对历史进行分析，显然已经远远脱离了其所主张的"回到历史之中，以认识事实的真相"这一研究前提。

　　因此，李怀印的研究，在本质上是用自己的解释逻辑来取代之前的逻辑，用自己构建的"历史"来试图替代之前构建的"历史"，同样属于"后见之明"甚至"辉格的历史解释"，与他所针对的之前的那些研究相比，他的研究在这方面并无本质的区别。

　　实际上，所有历史研究，甚至包括对历史细节的具体考据，都不可避免地会带有"后见之明"，且我们也无法验证我们得到的结论是否属于"事实的真相"，以及结论距离"事实的真相"的远近，因此"回到历史之中，以认识事实的真相"只是历史学者一个当前无法企及的"梦想"。那么，这就带来了两个值得讨论问题：第一，我们构建不同

---

① 　对于该书"历史事实"方面更为详细的分析，参见本章第二节的讨论。

② 　对于该书论述逻辑更为详细的分析，参见本章第三节的讨论。

的"历史"的目的是什么；第二，构建出来的不同的"历史"相互之间是如何竞争和更替的。其中关于第一个问题的讨论，也就导向了本章的结论，对此我们将在本章的小结中进行讨论，此处先对第二个问题进行讨论。

构建出来的不同的"历史"相互之间的竞争和更替，熟悉历史学研究的人应当并不陌生。无论是回顾世界史、国别史、中国史这类"宏大叙事"的时候，还是回顾针对某一问题的专题研究的时候，我们都可以看到，曾经存在过诸多不同的叙事模式。以本书序言中讨论过的"中国疆域沿革史"为例，在王朝时期，实际上并没有"疆域沿革史"这样的论述，更没有"中国疆域沿革史"这样的研究，少量的与"疆域"有关的叙述往往附属于"政区沿革"，且当时绘制的所谓"历史地图集"基本局限于"九州"。真正意义的"中国疆域沿革史"诞生于近代，但最初其所描述的也主要是王朝直接统驭的地理范围。1949 年之后，关于"中国疆域沿革史"涉及的地理范围存在多种观点，直至 20 世纪 70 和 80 年代，才确定为 1840 年之前清朝的疆域，此后其他观点才逐渐势弱。上述这些关于"中国疆域沿革史"的不同历史叙述之间的竞争以及更替，实际上在于不同时期产生的对"中国"的不同认知，而这些认知又受到不同时代的时代背景和需求的影响。[1]

对于这种不同时代相互竞争的"历史"及其更替，我们可以用托马斯·库恩的"科学的范式"[2]来解释，不过这点与本章讨论的问题没有直接关系，为了便于理解，此处引用吴国盛的总结："你要是非要问什么是科学，库恩的答案很简单：'科学家们做的事情就是科学'。只有在传统

---

[1]　对此参见成一农、陈涛《"中国疆域沿革史"历史书写发展脉络研究》，《思想战线》2022 年第 1 期。

[2]　〔美〕托马斯·库恩：《科学革命的结构》，金吾伦等译，北京大学出版社，2004。

范式出现了大量反常的科学革命时期，科学家们才被迫思考'什么问题是真正的科学问题''什么样的解决办法是真正科学的解决办法'，但最终的裁决方案也不是一个可以通过逻辑和理性来解决的方案，更多的是一种非理性的历史裁决，就像德国物理学家普朗克在他自传里所说的：'一个新的科学真理并不是通过说服对手让他们开悟而取得胜利的，往往是因为它的反对者最终死去，熟悉它的新一代成长起来。'"① 不同时代相互竞争的"历史"及其更替，主要受到历史因素，或者说社会变革的影响，并不能看成一种"进步"，虽然在工具理性层面有时它会被认为是一种"进步"。

库恩"科学的范式"主要讨论的是历史因素或者社会变革对研究范式的影响，具体到历史研究，我们面对的则是问题的另外一个层面，即在同一时代中，或者说在相同的时代背景中，我们经常会遇到针对相同问题的不同的回答方式并得出不同的答案。那么我们面对的问题就是，为什么我们会更相信其中一种或者一些回答，而不太认同另外一种或者一些回答。这实际上可以归结到研究论述的说服力，而研究论述的说服力，除了学者的名望等"场外因素"之外，还受到对"事实的真相"的陈述和论证逻辑两个方面的影响。下面分别就这两个方面对李怀印《现代中国的形成：1600-1949》一书进行分析。

二 清朝、"中国"的性质及其"疆域"

虽然如前文所述，我们无法验证作为论述依据的对"事实的真相"

---

① 吴国盛：《什么是科学》"自序"，广东人民出版社，2016，第7页。

的陈述是否就是"事实的真相",以及它距离"事实的真相"的远近,但作为读者我们可以看到对于"事实的真相"的不同陈述在说服力上的差异,并被其中一种或一些所说服。由于笔者并不从事清史和近现代史方面的研究,因此无法对李怀印全书的"事实的真相"进行全面的评析,因此此处仅对书中与"清朝""天下""中国"等相关问题进行评析。

在书中,李怀印将"清朝"甚至历代王朝称为"国家"和"疆域国家",如"将中国由明朝所代表的以汉人为主体的原初型族群国家,经过清朝至 18 世纪 50 年代为止的军事征讨和行政整合,再造为一个多族群的疆域国家"。[①] 但这样的认知显然远远脱离了"历史事实"。

首先要明确的就是,历代王朝所统治的是整个"天下",或者是一种大家都已经习以为常的说法"普天之下莫非王土"。关于王朝时期"天下"及其范围,在本书第一章中已经进行了讨论。虽然现存的文献中确实有着对广义和狭义"天下"的描述,甚至对广义"天下"的描述在地理范围上也是存在差异的,但实际上两者的内涵是一致的。虽然在今人看来,文献中的"天下"有广义和狭义两种,但对古人而言,两者是一致的,即使谈及广义的"天下",但大多数场景下,其中有意义和价值的只是狭义的"天下";[②] 同时即使他们谈及的是狭义的"天下",但其本质上暗含的仍是广义的"天下"。

如果理解了这一点,那么显然在王朝时期,"清朝"并不是一个国家,而是一种位于"国家"之上的存在,这点其实只要看一下《皇清职

[①]　李怀印:《现代中国的形成:1600—1949》,第 11 页。

[②]　除了那些表示王朝对"天下"影响力的语境,或者表达"华夷一统"的语境,如"天下万国"。

贡图》^①以及王朝时期绘制的以《大明混一图》为代表的"天下图"就能明了。因此，如果"回到历史现场"，那么显然就不能将明朝称为"原初型族群国家"，也不能将清朝称为"疆域国家"，且在这种观念之下，清人也不可能存在具有现代意味的"疆域"的观念，或者至少其对"疆域"的认知与我们所熟知的观念是存在很大差异的。^②

到了这里比较明确的就是，虽然李怀印强调"事实的真相"，但其实他根本没有理解王朝、王朝时期的"天下"以及"天下秩序"，实际上他还是用西方现代的概念来理解清朝，并加以解析，远远没有做到对"事实的真相"的追求。

问题到了这里并没有结束，就该书最为核心的"事实的真相"——"中国"而言，李怀印更是没有对这一概念进行"回到历史现场"的理解。"中国"一词在王朝时期的含义非常复杂，而对此笔者在本书的第四章中已经进行了详细的梳理，此处不再赘述。对于本部分的讨论而言，需要强调的是，王朝时期"中国"一词的多重含义在清朝依然都在使用，甚至在某些语境中，我们也难以区分其具体所指。那么李怀印讨论的"现代中国的形成"中的"中国"，虽然应当指的是具有政治含义的"政治中国"，且这一词语在现代已经不再是多义的，但回到清朝的"历史现场"，研究者就不得不面对这一词语在不同语境下的多义以及多种含义的混杂，如果不理解这一点，那么讨论"现代中国的形成"显然在起点上就存在问题。而且，李怀印在书中认为清朝的"中国"已经是一个"近代疆域国家"，但这样的认知忽略了在"王朝"之下的"国家"

---

① 齐光：《解析〈皇清职贡图〉绘卷及其满汉文图说》，《清史研究》2014 年第 4 期。

② 成一农：《中国古代的"天下观"和"疆域观"及其转型》，《中国古代舆地图研究》（修订版），第 640 页。

与"近代疆域国家"之间的差异，尤其是在"疆域"观念上的差异。①
不仅如此，对"现代中国的形成"的讨论显然不能忽视"中国"这一词
语的各种含义在"现代中国形成"过程中的作用以及各自的流变。更为
重要的是，结合前文对"天下"的简要讨论，可以看到"清朝"与"中
国"并不是同义词，"中国"②是统驭"天下"的"清朝"的一部分以及
核心，且历代王朝都是如此。但李怀印从始至终都忽视了这个对其研究
至关重要的"历史的事实"，且从其论述来看，他应当是默认"中国"
在清朝只是一个"国"，且"清朝"和"中国"是一致的，如"在其历
史的大部分时间里，清朝并不寻求通过战争获得邻国的土地。它将自
己定位为一个上承明朝、统治整个中国的正统王朝，并以内地各省为
其全部的财源；而对边疆各地区，则以军队加以驻守，以确保其地缘
战略上的安全"，③"清朝移都北京后，清楚地将自己界定为明朝的继承
者，即一个版图扩大之后的'中国'（不仅包括内地省份，也包含边疆
地区）的正统王朝"，④这些陈述放置在王朝背景下显然存在根本性的
错误，显而易见，这是我们现代人基于"后见之明"的认知。

　　总而言之，李怀印在分析"清朝"时没有"回到历史过程"，更
谈不上复原"历史的真相"，这使他对作为他研究"初始状态"的"清
朝""疆域"和"中国"的论述不仅缺乏说服力，而且也不成立。且与
他所针对的那些研究相比，他的研究在这方面并没有本质上的差异，因
此就作为研究出发点的"历史事实"而言，该书并无突破。

---

① 　成一农：《中国古代的"天下观"和"疆域观"及其转型》，《中国古代舆地图研究》（修订
　　版），第 640 页。
② 　此处"中国"指的是相当于清朝直接控制的地域空间的"政治中国"。
③ 　李怀印：《现代中国的形成：1600—1949》，第 21 页。
④ 　李怀印：《现代中国的形成：1600—1949》，第 25 页。

三　"以果推因""线性史观"和"辉格的历史解释"

按照前文所引李怀印的论述，他应当是将他所反驳的以往相关研究视为"后见之明"，并对此持否定态度，而他自己则希望"回到历史之中，以认识事实的真相"，也就是说他的论证逻辑是希望讨论"历史的事实"自身的演变，也即从清人对"中国"的认知以及当时"中国"入手，讨论"中国"随着历史的演变而发生的演变。但如前文所述，他远远没有"回到历史现场"，至少在分析清朝历史的时候，还带有浓厚的现代西方概念的色彩，因此其论证逻辑实际上同样属于"后见之明"。

如果再具体分析的话，李怀印这本书的论证逻辑大致就是从"现代中国"这一毋庸置疑的事实出发，基于研究视角（就该书而言，指的是对于现代国家形成有着重要意义的地缘政治、财政军事实力以及政治认同），对历史进行回溯，并寻找那些符合其视角的史料，且从有利于这一视角的角度进行解读和分析，如在"中文版前言"中他就指出："一个现代国家的形成，离不开四个基本要素，即领土、人口、政府和主权。所以，我们要认识现代中国，至少须回答：中国作为一个以汉人为主体的内地各省和以少数民族为主体的各边疆所组成的多民族国家，在19世纪之前是如何成形并得以维系的？"[1] 基于这一视角和涉及的要素（领土、人口、政府和主权），他在第二章至第六章中对相关问题进行了讨论，也就忽视了他认为无关的问题，当然这也是所有历史研究中不可避免的，毕竟我们的视角决定了我们可以看到的"历史事实"，同时也决

---

[1]　李怀印：《现代中国的形成：1600—1949》"中文版前言"，第1页。

定了我们有意和无意忽视的"历史事实"。

不仅如此，这样的研究在逻辑上还属于"以果推因"，即通过我们已经看到的结果，推断出如此的原因，且李怀印在研究中脱离了"历史的事实"或者说其没有尽量"回到历史之中，以认识事实的真相"，也就缺乏了"历史的事实"这一标准，因此他几乎所有对"原因"的讨论都是基于"后见之明"来进行的，而理论上，这样的"以果推因"可以从"果"推导出无数言之成理的"因"。不仅如此，量子物理学已经对传统的"因果关系"提出了挑战，且很多学科也都认知到了"因果"的复杂性，从而放弃了对"因果"问题的讨论，如地理学转向追求"相关性"。

虽然历史研究不可避免地也要讨论"因果"问题，但被广泛接受的对于"因果"的讨论，通常是基于对"因"和"果"以及两者之间的"联系"等"历史事实"进行具有说服力的"复原"，即先"回到历史现场""顺时而观"，然后再基于"后见之明"的视角进行分析，但李怀印对于"因果"的分析显然并不是如此，他是基于"果"在"历史事实"中选择"因"或者以"后见之明"的视角通过史料解读出所需的"因"。

而且，就李怀印"现代中国的形成"的研究而言，其在逻辑层面实际上还存在这样一种"暗示"，即清朝的"中国"已经为其后来转型为现代"中国"奠定了一些基础，由此我们还看到了"线性史观"的影子，即就王朝本身而言，即使没有西方的"干扰"，"现代中国的形成"也是迟早的事情。虽然李怀印的著作反对的是当前以西方历史为中心的"线性史"，如："因此，欧洲中心主义一直在变，如果说它在二战之前是一种赤裸裸的种族决定论，强调不同种族之间的反差，并据此为西方的帝国主义和殖民主义背书的话，冷战时期则体现为一种制度决定论，强调两大阵营之间的不同政治经济和价值观之间的对垒，而在后冷战和全球化时代，种族决定论改头换面，以文明决定论的形式大行其道，只不过现在已经从 19 世纪西方白种国家对非白种的国家或群落的单向征服，变成了西方主导的'文明'世界与'非文明'势力之间的双向对抗。"[①] 但他的分析本质上还是"线性史观"，只是将对"现代化过程"的描述尽可能摆脱了"西方历史"的束缚，但实际上我们通常使用的"现代化"一词以及对"现代化过程"的历史叙述本质上还是"西方"的。这可能也是我们现在强调"中国式现代化"的原因之一。

当然，尽管李怀印自己可能并没有意识到他的研究受到"线性史观"的影响，但书中他对"清代在中国历史上的特殊性"的简要分析，仍揭示了"线性史观"对其思维方式的影响甚大，因为他显然认为清朝的"特殊性"使清朝不同于历史上的其他王朝，才能够使"中国现代化"。具体到"清代在中国历史上的特殊性"，李怀印归结了以下几点：就统治方式而言，清朝是"复合型集权自主"，大致就是边疆与内地两套不同的治理体系以及中央和省级行政体制中的复合结构；在财政上清朝有着"集权国家的低成本"，即清朝的性质处于"在帝国与主权国家之间"；以及"清朝在多大程度上是'中国'的？"我们此处暂且不对这些论述进行分析，而是在他的论述中，可以看到他几乎没有将清朝与之前的历代王朝，尤其是像汉、唐、元这样曾经统驭过广大地域的王朝进行比较，只是就清朝本身"自说自话"，从他的论述中我们根本看不出"清代在中国历史上的特殊性"，因此实际上李怀印并没有对这一问题做出什么实质性的有学术意义的讨论。从论证逻辑来说，他似乎已经默认了"清代在中国历史上的特殊性"，然后才进行他认为"有道理"的叙述，这再次验证了其研究属于"后见之明"和"线性史"，也使他

①　李怀印：《现代中国的形成：1600—1949》，第 372 页。

的研究进一步缺乏说服力。

　　问题到了这里并没有结束，因为即使清朝有其特殊性，但还需要回答的一个问题就是，与其他王朝相比，这些特殊性是否足够特殊，以至于可以被视为"中国现代化"的基础。就笔者看来，这一问题同样是一个无法回答的问题，除非我们采用"后见之明"和"线性史观"的论证方式。到了这里，我们可以试想另外一种历史的可能，即如果没有列强入侵，或者说没有西方的影响，那么清朝的历史走向可能完全不同，根本不会走向所谓的"现代化"，或者至少不会走向现在这样的"现代化"。虽然这是一种对历史的假设，但如果对其进行论证的话，也不是没有证据，就"中国"和"疆域"而言，清人虽然努力扩大"政治中国"的范围，但并没有对局限于"九州"的"地理中国"产生太大的影响，如清末绘制的大量历史地图集，其绘制范围依然是传统的代表了"九州"的"中国"，①且传统的"华夷观念"在鸦片战争之后很久依然占据主导地位。此处笔者并不想就这一假设展开讨论，而想说明的是，李怀印的这种带有"线性史观"色彩的论述并不是唯一一种对历史的"合理"解释，且从本质上，他的出发点依然是他在书中各处所反对的西方主导的话语体系。

　　总体而言，就论述逻辑而言，李怀印对"现代中国的形成"的论证带有明确的"后见之明"，暗含着"线性史观"，同时带有强烈的"以果推因"色彩，与他所反驳的之前的相关研究相比，他的研究在这些方面都没有本质的区别，且在本质上同样受他反对的西方主导的话语体系的影响。当然，如果再深入一点，由于李怀印采用"后见之明"和"线性史观"的论证方式，并选择"恰当"的"史实"以及"恰当"的对史料

---

① 参见成一农、陈涛《"中国疆域沿革史"历史书写发展脉络研究》，《思想战线》2022 年第 1 期。

的解读方式（实际上是曲解），通过他的论述，最终"中国"必然完美地在他所提出的时间范围内"形成"。因此这种论述方式还带有些"辉格的历史解释"的色彩。

小结　"现代中国"是"形成"的吗？

通过上文的分析，我们可以看到李怀印对"现代中国的形成"的研究，无论是在对"历史的事实"的复原方面，还是在论证逻辑方面，与之前的研究相比，都没有本质的区别，且在这两方面都存在非常严重的缺陷，因此他的研究也就缺乏说服力。如果说李怀印的研究在欧美汉学界具有代表性的话，那么似乎这也说明欧美汉学界的研究在理论和方法上已经"平庸"，甚至有些"落后"。此外，就该书所涉及的问题而言，李怀印对"现代中国的形成"的论述本身也不是唯一一种对这段历史的"合理"解释，只是又增加了一种"历史叙述"而已。

需要强调的就是，虽然笔者对李怀印"以果推因""后见之明"和"辉格的历史解释"提出了批评，但笔者并不是否定这些研究视角的价值。在运用这些研究视角的时候，首先要明确的一点就是，运用这些方法，我们可以构建出无数不同的历史解释和历史叙述，那么构建如此多不同的"历史"的目的是什么？我们也就回到了之前提出的那个问题。

对于构建"历史"的目的，笔者在《我们需要什么历史学？》一书中曾有解释，即"立足当前，认知过往，影响未来"，其目的在于影响未来，当然这也不是笔者的发明，以前也有不止一位历史学家有着相近甚至相似的论说。因此，学者"立足的当前"存在差异，且对希望影响的"未来"的认知也存在差异，构建出的"历史"也就存在差异，也就形成了众多的"历史"。李怀印的著作也是如此,这点他在书中多处也有所提及,即他的目的是论证"中国作为一个现代国家的历史正当性",[①]而其所"立足的当前"则是其在该书序言中提到的组成现代国家的四个要素,并由此构建清朝以来"现代中国的形成"的历史,其实明白了这一点,也就会对上文提及的其研究逻辑的"后见之明"和"线性史观"以及"辉格的历史解释"看得更为清晰。当然,这也就与李怀印所反驳的之前学者构建的"历史"形成了多元的"历史"。不过,这样论述出来的"中国作为一个现代国家的历史正当性"是否像李怀印自己以及某些研究者所认为的那样"强有力"?通过前文的分析,显然答案是否定的。

到了这里我们就可以认识到,从"后见之明"和"线性史观"以及"辉格的历史解释"的角度来讨论"现代中国的形成"并不是对"历史事实"的研究,而是一个我们现代人如何理解这段历史的问题。我们对历史可以有着无数种理解和解释,因此单纯讨论这一问题永远不可能达成什么共识,甚至没有太大的学术意义。

可能我们还需要回答这样一个问题,即如何从历史的角度回答"现代中国的形成",并避免"后见之明"和"线性史观"以及"辉格的历史解释"?在笔者看来,在考虑这一问题之前,首先要考虑的一个前置问题就是"现代中国"是"形成"的吗?而这是一个在以往研究中完全被忽视的,但对于这一讨论又非常重要的问题。"形成"一词指的是通过发展变化而成为某种事物或出现或发生某种情况,那么,"现代中国的形成"这一问题可以理解为"古代中国"或者"王朝"是如何通过发展变化而成为"现代中国"的。这似乎是一个顺理成章的问题,不仅"现

---

① 李怀印:《现代中国的形成:1600—1949》"中文版前言",第2页。

代中国"如此，在历史学中我们还经常探讨类似的问题，如某某制度的形成、某某王朝的形成等也是如此。但正如前文所论述的，我们无法真正回到历史现场，因此所有研究所能做到的就是基于各种史料，对我们认知的"相关过程"进行力所能及的"复原"，虽然这样的研究已经尽可能避免了"后见之明"和"线性史观"以及"辉格的历史解释"，但在我们对"相关过程"进行"复原"时，仍不可避免地掺杂了研究者的认知、立场和价值观等，所谓的对"形成"的"复原"研究，也只是一种"构建"和"解释"，甚至可以说正是这些研究构建了研究对象的"形成"。具体到"现代中国"，正是以往的这些研究构建了"现代中国"的"形成"，而且是"现代中国"的不同"形成"过程和方式。因此，"现代中国的形成"本身虽然是一个客观的历史过程，但作为历史学者，我们可能永远无法真正揭示这一过程，而只能通过我们的研究来使"现代中国""形成"。总之，"现代中国"确实是"形成"的，但不是以我们认为的那些方式"形成"的。

不仅如此，正如李怀印所述，之所以要回答"现代中国的形成"，是因为其背后的问题是"中国作为一个现代国家的历史正当性"，而这显然更不是一个历史问题。而且，在笔者看来，"中国作为一个现代国家的历史正当性"作为一个问题本身就不成立。欧美各国"现代国家"的形成路径并不一致，基于"后见之明"以及"辉格的历史解释"总能为"一个现代国家的历史正当性"和"一个现代国家的历史不正当性"提出各种相互竞争、难分高下的论述，因此这样的讨论在历史层面是没有意义的。需要强调的是，这里的"一个现代国家"可以指称当前世界上的任何一个国家。而且，"一个现代国家的正当性"更多应当来自现代国际秩序和国际法等，就此而言，"中国"作为"一个现代国家的正当性"就不应该是一个需要研究的问题，除非现有与此有关的现代国际秩序和各种国际法等不再被广泛承认。

　　还要强调的就是，如果回溯这一问题的背景的话，就会清晰地看到，所谓"现代中国的形成"这样的问题本身就是在西方话语体系下出现的！试问为什么很少有人讨论"现代美国的形成"或者"现代美国的历史正当性"？所以，仅就这一问题本身，李怀印的著作就不可能达成其摆脱西方话语体系的目的。

　　最后，对于我们中国人而言，"现代中国"就在这里，其正当性是毋庸置疑的！

参考文献

一 古籍

（汉）司马迁:《史记》，中华书局，1963。

（汉）班固:《汉书》，中华书局，1964。

（晋）陈寿:《三国志》，中华书局，1964。

（宋）范晔:《后汉书》，中华书局，1965。

（梁）沈约:《宋书》，中华书局，1974。

（梁）萧子显:《南齐书》，中华书局，1972。

（北齐）魏收:《魏书》，中华书局，1974。

（隋）王通:《元经》，文渊阁四库全书电子版。

（唐）魏徵等:《隋书》，中华书局，1973。

（唐）令狐德棻等：《周书》，中华书局，1974。

（唐）房玄龄等：《晋书》，中华书局，1974。

（唐）李延寿：《北史》，中华书局，1974。

（唐）李延寿：《南史》，中华书局，1975。

（唐）姚思廉：《梁书》，中华书局，1973。

（唐）李吉甫：《元和郡县图志》，中华书局，1983。

（唐）皇甫湜：《皇甫持正集》，文渊阁四库全书电子版。

（后晋）刘昫等：《旧唐书》，中华书局，1975。

（宋）王存：《元丰九域志》，中华书局，1985。

（宋）薛居正等：《旧五代史》，中华书局，1976。

（宋）乐史：《太平寰宇记》，王文楚等点校，中华书局，2007。

（宋）徐梦莘：《三朝北盟会编》，文渊阁四库全书电子版。

（宋）欧阳修等：《新唐书》，中华书局，1975。

（宋）欧阳修：《新五代史》，中华书局，1974。

（宋）欧阳修：《居士集》，《欧阳修全集》，李逸安点校，中华书局，2001。

（宋）宗泽：《宗忠简集》，文渊阁四库全书电子版。

（宋）张方平：《乐全集》，文渊阁四库全书电子版。

（宋）石介：《徂徕石先生文集》，陈植锷点校，中华书局，1984。

（宋）李焘：《续资治通鉴长编》，中华书局，1995。

（宋）徐梦莘：《三朝北盟会编》，上海古籍出版社，1987。

（宋）李心传：《建炎以来系年要录》，中华书局，1956。

（元）脱脱等：《宋史》，中华书局，1977。

（元）脱脱等：《辽史》，中华书局，1974。

（元）脱脱等：《金史》，中华书局，1975。

（元）郝经:《郝氏续后汉书》,文渊阁四库全书电子版。

〔明〕姚士观等编校《明太祖文集》,文渊阁四库全书电子版。

（明）宋濂等:《元史》,中华书局,1976。

（明）杨士奇:《东里集》,文渊阁四库全书电子版。

（明）杨士奇等编《历代名臣奏议》,文渊阁四库全书电子版。

（明）李贤:《大明一统志》,三秦出版社,1990。

（明）王世贞:《弇山堂别集》,明万历十八年翁良瑜雨金堂刻本。

（明）丘濬:《大学衍义补》,文渊阁四库全书电子版。

（明）丘濬:《重编琼台稿》,文渊阁四库全书电子版。

《圣祖仁皇帝亲征平定朔漠方略》,文渊阁四库全书电子版。

《御批历代通鉴辑览》,文渊阁四库全书电子版。

（清）张廷玉等:《明史》,中华书局,1974。

《嘉庆重修一统志》,中华书局,1986。

（清）徐乾学等编注《御选古文渊鉴》,文渊阁四库全书电子版。

（清）图里琛:《异域录》,文渊阁四库全书电子版。

《钦定皇舆西域图志》,文渊阁四库全书电子版。

《钦定平定金川方略》,文渊阁四库全书电子版。

《平定两金川方略》,文渊阁四库全书电子版。

赵尔巽等:《清史稿》,中华书局,1977。

二　专著

〔英〕A.F.查尔默斯:《科学究竟是什么?》,鲁旭东译,商务印书馆,2018。

曹天元:《上帝掷骰子吗? ——量子物理史话》,北京联合出版公司，2013。

成一农:《我们需要什么样的历史学?》，中西书局，2021。

〔日〕渡边信一郎:《中国古代的王权与天下秩序——从日中比较史的视角出发》，徐冲译，中华书局，2008。

葛剑雄:《中国历代疆域的变迁》，商务印书馆，1997。

葛兆光:《宅兹中国》，中华书局，2011。

顾颉刚、史念海:《中国疆域沿革史》，商务印书馆，1938。

胡阿祥:《吾国与吾名：中国历代国号与古今名称研究》，江苏人民出版社，2018。

黄时鉴、龚缨晏《利玛窦世界地图研究》，上海古籍出版社，2004。

黄兴涛:《重塑中华：近代中国"中华民族"观念研究》，北京师范大学出版社，2017。

李怀印:《现代中国的形成：1600—1949》，广西师范大学出版社，2022。

李孝聪编著《美国国会图书馆藏中文古地图叙录》，文物出版社，2004。

彭刚主编《后现代史学理论读本》，北京大学出版社，2016。

邱靖嘉:《天地之间：天文分野的历史学研究》，中华书局，2020。

唐晓峰:《从混沌到秩序：中国上古地理思想史述论》，中华书局，2010。

童书业:《中国疆域沿革略》，开明书店，1946。

〔美〕托马斯·库恩:《科学革命的结构》，金吾伦等译，北京大学出版社，2004。

许宏:《最早的中国》，科学出版社，2009。

邹逸麟:《中国历史地理概述》(初版)，福建人民出版社，1993。

三　论文

白寿彝：《论历史上祖国国土问题的处理》，《光明日报》1951 年 5 月 5 日。

毕奥南：《历史语境中的王朝中国疆域概念辨析——以天下、四海、中国、疆域、版图为例》，《中国边疆史地研究》2006 年第 2 期。

苍铭、张薇：《〈皇清职贡图〉的"大一统"与"中外一家"思想》，《云南师范大学学报》（哲学社会科学版）2019 年第 3 期。

晁天义：《"大一统"含义流变的历史阐释》，《陕西师范大学学报》（哲学社会科学版）2021 年第 3 期。

陈连开：《论中国历史上的疆域与民族》，《中央民族学院学报》1981 年第 4 期。

成一农：《"实际"与"概念"——从古地图看"中国"陆疆疆域认同的演变》，《新史学》第 19 辑，大象出版社，2017。

成一农：《从古地图看中国古代的"西域"与"西域观"》，《首都师范大学学报》（社会科学版）2018 年第 2 期。

成一农、陈涛：《王朝是"帝国"吗？——以寰宇图和职贡图为中心》，《云南大学学报》（社会科学版）2022 年第 1 期。

成一农、陈涛：《"中国疆域沿革史"历史书写发展脉络研究》，《思想战线》2022 年第 1 期。

管彦波：《明代的舆图世界："天下体系"与"华夷秩序"的承转渐变》，《民族研究》2014 年第 6 期。

何兹全：《中国古代史教学中存在的一个问题》，《光明日报》1959 年 7 月 5 日。

胡阿祥：《"中国"名号考述》，《历史地理》第 17 辑，上海人民出版社，2001。

黄纯艳：《绝对理念与弹性标准：宋朝政治场域对"华夏""中国"观念的运用》，《南国学术》2019年第2期。

赖毓芝：《图像帝国：乾隆朝〈职贡图〉的制作与帝都呈现》，《"中央研究院"近代史研究所集刊》第75期，2012年。

李大龙：《有关中国疆域理论研究的几个问题》，《西北民族论丛》第8辑，中国社会科学出版社，2012。

李大龙：《汉武帝"大一统"思想的形成及实践》，《北方民族大学学报》（哲学社会科学版）2013年第1期。

李大龙：《"中国"与"天下"的重合：古代中国疆域形成的历史轨迹——古代中国疆域形成理论研究之六》，《中国边疆史地研究》2007年第3期。

李元晖、李大龙：《"大一统"思想的形成与实践——多民族国家中国疆域的形成和发展》，《西北民族大学学报》（哲学社会科学版）2016年第1期。

梁治平：《"天下"的观念：从古代到现代》，《清华法学》2016年第5期。

刘清涛：《60年来中国历史疆域问题研究》，《中国边疆史地研究》2009年第3期。

鲁西奇：《中国历史学的空间取向》，《社会科学战线》2021年第8期。

〔日〕平势隆郎：《战国时代的天下与其下的中国、夏等特别领域》，载甘怀真编《东亚历史上的天下与中国概念》，台北：台大出版中心，2009。

齐光：《解析〈皇清职贡图〉绘卷及其满汉文图说》，《清史研究》

2014 年第 4 期。

孙祚民:《中国古代史中有关祖国疆域和少数民族的问题》,《文汇报》1961 年 11 月 4 日。

谭其骧:《历史上的中国和中国历代疆域》,《中国边疆史地研究》1991 年第 1 期。

王尔敏:《"中国"名称溯源及其近代诠释》,《中国近代思想史论》,社会科学文献出版社,2003。

杨德忠:《元代的职贡图与帝国威望之认证》,《美术学报》2018 年第 2 期。

杨念群:《"大一统"与"中国""天下"观比较论纲》,《史学理论研究》2021 年第 2 期。

杨念群:《"大一统":诠释"何谓中国"的一个新途径》,《南方文物》2016 年第 1 期。

杨振红:《"县官"之由来与战国秦汉时期的"天下"观》,《中国史研究》2019 年第 1 期。

赵永春:《从复数"中国"到单数"中国"——试论统一多民族中国及其疆域的形成》,《中国边疆史地研究》2011 年第 3 期。

张其昀:《中国历代疆域的变迁》,《地理教育》第 1 卷第 8 期,1936 年。

张其昀:《中国历代疆域的变迁（续）》,《地理教育》第 1 卷第 9 期,1936 年。

周伟洲:《历史上的中国及其疆域、民族问题》,《云南社会科学》1989 年第 2 期。

朱圣明:《有层次的"天下"与有差别的"政区"——兼论秦汉天下格局视域下的人群划分与认同建构》,《中国边疆史地研究》2014 年第 1 期。

图书在版编目（CIP）数据

天下、中国与王朝：中国古代政治地理结构再认知 /
成一农著 . -- 北京：社会科学文献出版社 , 2025. 6.
（九色鹿）. -- ISBN 978-7-5228-4505-0

Ⅰ . D691.2

中国国家版本馆 CIP 数据核字第 2024TL2489 号

·九色鹿·

天下、中国与王朝
——中国古代政治地理结构再认知

著　　者 / 成一农

出 版 人 / 冀祥德
责任编辑 / 赵　晨　白纪洋
责任印制 / 岳　阳

出　　版 / 社会科学文献出版社·历史学分社（010）59367256
　　　　　　地址：北京市北三环中路甲29号院华龙大厦　邮编：100029
　　　　　　网址：www. ssap. com. cn
发　　行 / 社会科学文献出版社（010）59367028
印　　装 / 三河市东方印刷有限公司

规　　格 / 开　本：787mm × 1092mm　1/16
　　　　　　印　张：20.25　字　数：255千字
版　　次 / 2025年6月第1版　2025年6月第1次印刷
书　　号 / ISBN 978-7-5228-4505-0
定　　价 / 89.80元

读者服务电话：4008918866